臺灣歷史與文化 研究輯刊

二　編

第 17 冊

「歌仔冊」中的臺灣歷史詮釋
——以張丙、戴潮春起義事件敘事歌爲研究對象（第二冊）

丁鳳珍 著

花木蘭文化出版社

國家圖書館出版品預行編目資料

「歌仔冊」中的臺灣歷史詮釋——以張丙、戴潮春起義事件敘
事歌為研究對象（第二冊）／丁鳳珍 著 — 初版 — 新北市：
花木蘭文化出版社，2013〔民 102〕
目 4+196 面；19×26 公分
（臺灣歷史與文化研究輯刊 MM 編；第 17 冊）
ISBN：978-986-322-241-5（精裝）
1. 臺灣文學　2. 說唱文學　3. 文學評論
733.08　　　　　　　　　　　　　　　　　102002852

ISBN-978-986-322-241-5

9 789863 222415

臺灣歷史與文化研究輯刊
二 編　第十七冊　　　　　　　ISBN：978-986-322-241-5

「歌仔冊」中的臺灣歷史詮釋
——以張丙、戴潮春起義事件敘事歌為研究對象（第二冊）

作　　者　丁鳳珍
總 編 輯　杜潔祥
出　　版　花木蘭文化出版社
發 行 所　花木蘭文化出版社
發 行 人　高小娟
聯絡地址　235 新北市中和區中安街七二號十三樓
　　　　　電話：02-2923-1455／傳真：02-2923-1452
網　　址　http://www.huamulan.tw 信箱 sut81518@gmail.com
印　　刷　普羅文化出版廣告事業
初　　版　2013 年 3 月
定　　價　二編　28 冊（精裝）新臺幣 56,000 元

「歌仔冊」中的臺灣歷史詮釋
——以張丙、戴潮春起義事件敘事歌爲研究對象
（第二冊）

丁鳳珍　著

目次

第五章　《新刊臺灣陳辦歌》的
歷史詮釋

　　張丙起義事件發生於道光 12 年（1832）到道光 13 年（1833）的臺灣西
部平原，本章先將《新刊臺灣陳辦歌》中的人物予以分類，討論《新刊臺灣
陳辦歌》對此一事件的論述重點與詮釋立場；接著再以當時人記當時事的第
一手史料文獻加以比較，包含：收錄當時各級官員與清宣宗往來公文的《大
清宣宗成皇帝實錄》〔註1〕；曾在道光 13 年（1833）任職臺灣道台的周凱（1779
～1837）所整理的〈記臺灣張丙之亂〉〔註2〕；鳳山縣貢生鄭蘭在道光 15 年
（1835）所寫的〈勘平許逆紀事（並序）〉〔註3〕。期望透過這樣的比較，論
證《新刊臺灣陳辦歌》對此一歷史事件獨具的詮釋觀點。

第一節　《新刊臺灣陳辦歌》對起義者的詮釋

　　在《新刊臺灣陳辦歌》中，從陳辦寫起，接著張丙出場，相約攻城開國

〔註1〕　《大清宣宗成皇帝實錄》中與臺灣有關的部份收錄在《清宣宗實錄選輯》一
　　　　書。（臺灣銀行經濟研究室/編，《清宣宗實錄選輯》，南投：臺灣省文獻委員會
　　　　/印行，1997.6.30。本書依據 1964 年 2 月臺灣銀行發行的臺灣文獻叢刊第 188
　　　　種重新勘印。）
〔註2〕　周凱〈記臺灣張丙之亂〉，《內自訟齋文集》（臺灣銀行經濟研究室/編輯，臺灣
　　　　文獻叢刊第 82 種，台北：臺灣銀行/發行，1960.5），pp.31～43。
〔註3〕　鄭蘭〈勘平許逆紀事（並序）〉，盧德嘉，《鳳山縣採訪冊》〈藝文二・兵事（下）〉
　　　　（《臺灣方志集成・清代篇——第一輯》，高賢治/主編，第 28 冊，台北：宗
　　　　青圖書出版公司/印行，轉印自：臺灣銀行「臺灣文獻叢刊第 73 種」），pp.425
　　　　～433。

的兄弟共計有 21 人。依出場先後次序，人名如後：陳辦、張丙、詹通、黃城、黃奉、劉港、劉仲、蔡恭、陳連、江七、候虎、番婆、劉邦鼎、歐綜、吳三江、陳水、欲沂、許成、白良、柯神庇、張洪。本節先討論被論述較多的個別人物，接著討論《新刊臺灣陳辦歌》如何來稱呼、論述這些起義群眾，最後來看《新刊臺灣陳辦歌》如何來解釋這些群眾武裝反抗清國政府的行爲，探討《新刊臺灣陳辦歌》對此一行爲所採取的觀點與立場。爲了釐清與突顯《新刊臺灣陳辦歌》獨具的歷史詮釋，筆者將以統治論述來加以比較。

一、對個別革命領袖的論述

在統治論述中指出張丙案中有四大股首：陳辦、陳連、張丙、詹通〔註4〕；其中有辦、張丙、詹通三人在《新刊臺灣陳辦歌》受到較多的描述，另外黃城、黃奉、劉仲、蔡恭等人的描述也比其他人來得多一些。

（一）陳辦（？～1833）

1.《新刊臺灣陳辦歌》中的陳辦兄

《新刊臺灣陳辦歌》由陳辦拉開序幕，這首歌仔先介紹陳辦，指出是「嘉義崙仔人氏」（嘉義縣打貓西堡北崙仔莊，在今嘉義縣新港鄉北崙村）。陳辦「平生風流結朋友」；接著論述陳辦的福佬人村莊與「粵庄」的「客仔」的衝突。從歌詞看來，陳辦這一方的行爲顯然是被動的與受害的一方，先是客家人侵佔屠殺陳辦莊人的牛，接著客家人仗著官方「總理」相挺，凌虐陳辦的母親和妻子，使得官府與客家人成爲陳辦等人共同的敵人，逼使陳辦不循正常司法途逕告狀求助，轉而尋求張丙等「兄弟」的協助。最後陳辦被押往北京「割肉分身屍」。

陳辦在《新刊臺灣陳辦歌》中，只出現在開場及結尾，中間攻城略地的戰役中，張丙及詹通才是主角。這首歌詩會以陳辦來當題目，很有可能是因爲陳辦村莊的閩客械鬥是導火線，是此一歷史的序幕。

在《新刊臺灣陳辦歌》中對陳辦很尊敬，稱他爲「兄」，並將他塑造成好打抱不平的悲劇英雄，他勇敢和惡勢力對抗，加上家人被害，讓他的行爲更加合理化與悲壯。

〔註4〕見《大清宣宗成皇帝實錄》（臺灣銀行經濟研究室/編，《清宣宗實錄選輯》，南投：臺灣省文獻委員會/印行，1997.6.30，p.123）。

2. 統治論述中的逆首陳辦

（1）《大清宣宗成皇帝實錄》與官員的奏摺（1832～1833）

在《大清宣宗成皇帝實錄》與官員的奏摺中，指出陳辦是四大股首之一，稱他爲「嘉義賊匪」、「著名逆首」、「逆首」、「匪徒」、「臺灣逆犯」〔註5〕。雖然陳辦多次被提及，但是對他的描述顯得單薄；在道光 12 年（1832）10月 26 日清宣宗接獲臺灣道平慶奏報：「閏 9 月 24 日，義義匪徒陳辦等滋事。」〔註6〕其後，又說陳辦所做的事是「焚搶」、「戕官攻城」，直到道光 12 年（1832）11 月 25 日清宣宗接獲閩浙總督程祖洛的奏摺，才進一步指出促使陳辦焚搶的原因在於「義義匪徒等因與粵莊爭牛細故」，陳辦毀了客家人的村莊，因爲抗拒官府追捕，才起來反抗政府；〔註7〕道光 13 年 6 月 29 日清穆宗據福州將軍瑚松額的奏摺，指出與陳辦發生閩客械鬥的「張阿凜本係被搶事主」，因此他才會「誤牽陳實牛隻作抵」〔註8〕。但是在《新刊臺灣陳辦歌》卻指出陳辦的村莊才是「被搶事主」，客家莊民是惡意牽牛、殺牛，而非「誤牽」。

在《大清宣宗成皇帝實錄》中，陳辦起初被誤以爲只是「小股首」〔註9〕，後來被指爲四大逆首之一。道光 13 年（1833）1 月 5 日清宣宗接獲總兵劉廷斌奏報：「嘉義縣新南港總理林振賢等督率莊民林欽瑞等生擒逆首陳辦」〔註10〕，可見陳辦是被臺灣人捉拿去獻給清國統治者；清宣宗數次強調要將陳辦押解到京城，「盡法懲治」，「以彰國憲而快人心」。〔註11〕道光 13 年（1833）6 月 26 日陳辦在北京「伏法」〔註12〕。

〔註5〕 見《大清宣宗成皇帝實錄》（臺灣銀行經濟研究室/編，《清宣宗實錄選輯》，南投：臺灣省文獻委員會/印行，1997.6.30，pp.87、88、90、96、99、102、107、116～118、120～123、127、135、139、148）。

〔註6〕 見《大清宣宗成皇帝實錄》（臺灣銀行經濟研究室/編，《清宣宗實錄選輯》，南投：臺灣省文獻委員會/印行，1997.6.30，p.87）。

〔註7〕 見《大清宣宗成皇帝實錄》（臺灣銀行經濟研究室/編，《清宣宗實錄選輯》，南投：臺灣省文獻委員會/印行，1997.6.30，p.99）。

〔註8〕 見《大清宣宗成皇帝實錄》（臺灣銀行經濟研究室/編，《清宣宗實錄選輯》，南投：臺灣省文獻委員會/印行，1997.6.30，p.149）。

〔註9〕 見《大清宣宗成皇帝實錄》（臺灣銀行經濟研究室/編，《清宣宗實錄選輯》，南投：臺灣省文獻委員會/印行，1997.6.30，p.107）。

〔註10〕 見《大清宣宗成皇帝實錄》（臺灣銀行經濟研究室/編，《清宣宗實錄選輯》，南投：臺灣省文獻委員會/印行，1997.6.30，p.120）。

〔註11〕 見《大清宣宗成皇帝實錄》（臺灣銀行經濟研究室/編，《清宣宗實錄選輯》，南投：臺灣省文獻委員會/印行，1997.6.30，pp.120、127、135、139）。

〔註12〕 見《大清宣宗成皇帝實錄》（臺灣銀行經濟研究室/編，《清宣宗實錄選輯》，南

（2）周凱（1779～1837）〈記臺灣張丙之亂〉

周凱在〈記臺灣張丙之亂〉中，以張丙為此一事件的首謀，對張丙的敘述多於陳辦。周凱指出陳辦是「巨盜」〔註13〕，而在《新刊臺灣陳辦歌》中完全沒有指出陳辦是「盜」，只說陳辦愛結交朋友，能為人打抱不平。

對於陳辦村莊與客家人村莊的恩怨，周凱在〈記臺灣張丙之亂〉中指出：一開始是因為陳辦的族人「摘粵人張阿凜芋葉」，結果被張阿凜侮辱；陳辦於是替族人出氣，毀壞張阿凜的芋田。在道光 12 年（1832）閏 9 月 10 日，張阿凜帶人放火燒了陳辦的房子，並牽走陳辦村人的牛；陳辦於是和陳連、張丙、詹通……等人，帶領 300 人前去攻擊雙溪口客家村莊，結果失敗，還受傷。〔註14〕在《新刊臺灣陳辦歌》中，完全沒有提到陳辦族人摘客家人芋葉一事，直接牛隻被牽走唱起，突顯客家人的無理蠻橫，這首歌詩明顯站在 Holo 人的立場。

周凱指出陳辦、陳連由於無法攻下雙溪口客家莊，於是「焚掠」附近的「粵莊」；張阿凜於是也焚燒陳連的村莊。閏 9 月 25 日陳辦「搶大埔林汛防器械」〔註15〕，原本單純的閩粵械鬥，到此演變成攻擊官汛、強奪武器的事件。陳辦被臺灣鎮總兵劉廷斌、北路協副將葉長春、嘉義縣知縣邵用之追捕，最後逃竄到店仔口投靠張丙。張丙怒斥官府「專殺閩人」，於是「豎旗起事」。由上可知，周凱對於客家人與 Holo 人的敘述顯得比較中立，對於雙方互相的攻擊事件都有所敘述。

在張丙武裝攻擊官府之後，周凱在〈記臺灣張丙之亂〉中指出：「陳辦之約張丙也，無戕官意。」〔註16〕但是，陳辦的妻子卻在這個時候自殺身亡，

投：臺灣省文獻委員會/印行，1997.6.30，p.148）。

〔註13〕周凱〈記臺灣張丙之亂〉：「陳辦者，巨盜也，居嘉義之北崙仔莊。」（周凱《內自訟齋文集》，臺灣銀行經濟研究室/編輯，臺灣文獻叢刊第82種，台北：臺灣銀行/發行，1960.5，p.33）。

〔註14〕周凱〈記臺灣張丙之亂〉（周凱《內自訟齋文集》，原刊於 1840 年（道光 20年），臺灣銀行經濟研究室/編輯，臺灣文獻叢刊第 82 種，台北：臺灣銀行/發行，1960.5，p.33）。

〔註15〕周凱〈記臺灣張丙之亂〉（周凱《內自訟齋文集》，原刊於 1840 年（道光 20年），臺灣銀行經濟研究室/編輯，臺灣文獻叢刊第 82 種，台北：臺灣銀行/發行，1960.5，p.33）。

〔註16〕周凱〈記臺灣張丙之亂〉（周凱《內自訟齋文集》，原刊於 1840 年（道光 20年），臺灣銀行經濟研究室/編輯，臺灣文獻叢刊第 82 種，台北：臺灣銀行/發行，1960.5，p.34）。

於是陳辦正式加入張丙陣營，稱「僞元帥」。隨後，周凱對陳辦的記載不多，只是條列式的敘述：道光 12 年（1832）10 月 12 日陳辦攻擊笨港，失敗。〔註17〕10 月 30 日陳辦、陳連進攻大牌頭、雙溪口的客家莊，失敗。〔註18〕12 月陳辦被擒獲，送往臺灣府城。〔註19〕道光 13 年 2 月被押送到北京。〔註20〕由此可知，陳辦時常打敗仗，不是一個善戰的人。

關於陳辦妻子的死，周凱只說她自殺身亡，沒有交代細節；而在《新刊臺灣陳辦歌》中，則指出陳辦的妻兒被客家人捉走，在客莊被「慢凌遲」，歌中沒有提及她自殺或獲救，只說陳辦多次進攻客莊要救妻子，可是都失敗。《新刊臺灣陳辦歌》認爲陳辦攻擊客家莊是爲了救妻兒，理直氣壯。

（二）張丙（張炳）（？～1833）

1.《新刊臺灣陳辦歌》中的張丙兄

在《新刊臺灣陳辦歌》中，只有張丙被稱爲「大哥」：「張丙『大哥』自思量」、「張丙『大哥』思量智」、「『大哥』若要『唐山』錢」；有時張丙也被稱爲「兄」：「挪帖請出張丙『兄』」、「力的張丙、劉港『兄』」。

從《新刊臺灣陳辦歌》看來，張丙之所以會聚眾起義的導火線，在於要爲兄弟陳辦報仇。繼陳辦之後，張丙成爲整首歌仔中眞正的主角。他先是賄賂衙役，以緩朱太爺之勦辦；接著擒獲朱太爺，「審問」朱太爺，怒斥他是「貪官污吏」，並將他「剖心剜肉」，表明他們要「復漢滅滿」是因爲滿清政府的「奸貪狗官無道理」，所以他們要起義，想要以嘉義縣城來當做「帝都」。但是，後來張丙下令「斬殺自由」，恐怕也將因此縱容手下濫殺無辜，有損他「起義」的正當性；攻嘉義城的過程中，也讓「百姓哀怨哭連天」，可見張丙等人

〔註17〕 周凱〈記臺灣張丙之亂〉（周凱《內自訟齋文集》，原刊於 1840 年（道光 20 年），臺灣銀行經濟研究室/編輯，臺灣文獻叢刊第 82 種，台北：臺灣銀行/發行，1960.5，p.36）。

〔註18〕 周凱〈記臺灣張丙之亂〉（周凱《內自訟齋文集》，原刊於 1840 年（道光 20 年），臺灣銀行經濟研究室/編輯，臺灣文獻叢刊第 82 種，台北：臺灣銀行/發行，1960.5，p.37）。

〔註19〕 周凱〈記臺灣張丙之亂〉（周凱《內自訟齋文集》，原刊於 1840 年（道光 20 年），臺灣銀行經濟研究室/編輯，臺灣文獻叢刊第 82 種，台北：臺灣銀行/發行，1960.5，p.41）。

〔註20〕 周凱〈記臺灣張丙之亂〉（周凱《內自訟齋文集》，原刊於 1840 年（道光 20 年），臺灣銀行經濟研究室/編輯，臺灣文獻叢刊第 82 種，台北：臺灣銀行/發行，1960.5，p.42）。

誅殺「奸貪狗官」之後，並未眞正讓百姓因此受益，而是讓百姓捲入戰爭的無情戰火中。最後，張丙被押往北京，凌遲處死。

在《新刊臺灣陳辦歌》中，肯定張丙爲朋友兩肋的義舉，讚賞他敢於審判貪官污吏的勇氣，將他視爲百姓的救星；但是對於他後來無法約束手下，又一心只想攻城略地，而讓百姓成爲間接受害者，《新刊臺灣陳辦歌》也有些許批評。

2. 統治論述中的逆首張丙

（1）《大清宣宗成皇帝實錄》與官員的奏摺（1832～1833）

在《大清宣宗成皇帝實錄》與官員的奏摺中，稱張丙爲「嘉義賊匪」、「著名逆首」、「逆首」、「匪徒」、「臺灣逆犯」〔註 21〕。雖然張丙多次被提及，但是對他的描述也與陳辦一樣，顯得單薄；在道光 12 年（1832）10 月 28 日清宣宗接獲總兵劉廷斌奏報，張丙也只是滋事股首中的一位，〔註 22〕張丙所做的事是「戕官攻城」。

道光 13 年（1833）1 月 8 日清宣宗接獲福建路陸提督馬濟勝在茅港尾連勝的奏摺，報告道光 12 年（1832）11 月臺灣戰況，其中張丙雖率眾進攻，但他只是數位股首中的一位，地位並不突出。〔註 23〕後來才指出張丙是四大股首之一〔註 24〕，但是並未指出他是四大股首的首領；但是在《新刊臺灣陳辦歌》歌中，指出張丙是所有股首中的總大哥。

道光 13 年（1833）1 月 5 日清宣宗接獲總兵閩浙總督程祖洛奏摺，指出張丙已被擒拿。清宣宗數次強調要將張丙押解到京城，「盡法懲治」，「以彰國憲而快人心」。〔註25〕道光 13 年（1833）6 月 26 日張丙在北京「伏法」〔註26〕。

〔註21〕見《大清宣宗成皇帝實錄》（臺灣銀行經濟研究室/編，《清宣宗實錄選輯》，南投：臺灣省文獻委員會/印行，1997.6.30，pp.88、90、107、115～118、120～121、124～129、135、139、148～149）。

〔註22〕見《大清宣宗成皇帝實錄》（臺灣銀行經濟研究室/編，《清宣宗實錄選輯》，南投：臺灣省文獻委員會/印行，1997.6.30，p.88）。

〔註23〕見《大清宣宗成皇帝實錄》（臺灣銀行經濟研究室/編，《清宣宗實錄選輯》，南投：臺灣省文獻委員會/印行，1997.6.30，pp.120、127、135、139）。

〔註24〕見《大清宣宗成皇帝實錄》道光 12 年 12 月 17 日諭：「其單開大股首四名張丙、陳連、黃番婆、詹通。」（臺灣銀行經濟研究室/編，《清宣宗實錄選輯》，南投：臺灣省文獻委員會/印行，1997.6.30，p.107）。

〔註25〕見《大清宣宗成皇帝實錄》（臺灣銀行經濟研究室/編，《清宣宗實錄選輯》，南投：臺灣省文獻委員會/印行，1997.6.30，pp.120、127、135、139）。

〔註26〕見《大清宣宗成皇帝實錄》（臺灣銀行經濟研究室/編，《清宣宗實錄選輯》，南

　　道光 13 年（1833）1 月 26 日清宣宗諭指出：張丙的叔叔張裕在甘蔗林中
被生擒，被福建路陸提督馬濟勝處死。〔註27〕道光 13 年（1833）6 月 29 日清
宣宗在諭中指出，經過福州將軍瑚松額審訊，張垂是張丙的兒子、張狗是張
丙的弟弟，張丙死前供出「賊匪大股首 27 股，小股首 14 股，共 41 股」，清
宣宗下令一一清查捉拿。〔註 28〕。由此可知，張丙有幾位家人參與起義，他
家人更因為他而被連坐。

　　（2）周凱（1779～1837）〈記臺灣張丙之亂〉

　　周凱的〈記臺灣張丙之亂〉，從張丙開始寫起，並將題目定名為「記臺灣
張丙之亂」，以張丙為此一事件的首謀；不同於《新刊臺灣陳辦歌》以陳辦為
題，從陳辦寫起，認為陳辦家人與族人受客家人欺凌，此一事件的導火線。

　　周凱在〈記臺灣張丙之亂〉中指出張丙在店仔口賣魚，是一個「無賴」，
喜歡結交「亡命」之人，在地方上「一呼數百人」響應，與「群盜」往來，「又
以小忠、小信庇其鄉鄰」，因此在地方上名聲響亮。〔註29〕從這一段介紹可知
周凱對於張丙持負面的態度，與《新刊臺灣陳辦歌》中誅殺貪官污吏的「張
丙兄」有所不同；《新刊臺灣陳辦歌》肯定張丙的見義勇為，而周凱則認為這
是張丙以「小忠、小信」來沽名釣譽。

　　促使張丙後來與官兵對抗的導火線，周凱提出兩點說明：一是劫米事件，
二是陳辦事件。先是，道光 12 年（1832）夏季臺灣發生旱災，各村莊都禁止
將米運出鄉里，張丙是店仔口禁米的首領；商人陳壬癸在店仔口買了數百石
的米，請生員吳贊運送出鄉，途中被吳房與詹通劫米；吳贊狀告嘉義縣知縣
邵用之，指出張丙與盜賊串通，知縣擒斬吳房，並捉捕張丙；張丙責怪知縣
是非不分，並要捉吳贊，吳贊舉家逃入縣城，張丙認為嘉義縣知縣邵用之收
受賄賂，對官府極為不滿。接著，陳辦與客家人械鬥，官兵只追捕陳辦，陳
辦逃向張丙處，張丙認為官府「專殺閩人」，於是和詹通「豎旗起事」。〔註30〕

　　　　投：臺灣省文獻委員會/印行，1997.6.30，p.148）。

〔註27〕見《大清宣宗成皇帝實錄》（臺灣銀行經濟研究室/編，《清宣宗實錄選輯》，南
　　　　投：臺灣省文獻委員會/印行，1997.6.30，p.148）。

〔註28〕見《大清宣宗成皇帝實錄》（臺灣銀行經濟研究室/編，《清宣宗實錄選輯》，南
　　　　投：臺灣省文獻委員會/印行，1997.6.30，pp.128～129）。

〔註29〕周凱〈記臺灣張丙之亂〉（周凱《內自訟齋文集》，原刊於 1840 年（道光 20
　　　　年），臺灣銀行經濟研究室/編輯，臺灣文獻叢刊第 82 種，台北：臺灣銀行/
　　　　發行，1960.5，p.32）。

〔註30〕周凱〈記臺灣張丙之亂〉（周凱《內自訟齋文集》，原刊於 1840 年（道光 20

　　在《新刊臺灣陳辦歌》只提到陳辦與客家人的衝突，完全沒有提到店仔口禁米與劫米事件，並指出張丙會起義，是因爲陳辦久攻客莊不下，於是寫請帖請張丙協助，張丙因此才起義。在周凱筆下的張丙，有更大的主動性與更多的論述。道光12年（1832）10月1日，張丙大肆呼朋引伴，「僞稱開國大元帥」，年號「天運」，以「戕殺穢官」爲起事的理由，下令捉拿官兵的人有賞，還殺了兩名「淫掠」百姓的人，希望藉此取得百姓的支持。並大封同黨爲「僞元帥」、「僞先鋒」、「僞軍師」等官職。以張丙爲「總大哥」，大、小股共計42股，各股首與僞元帥稱「大哥」。〔註31〕

　　10月3日，張丙率「諸賊」包圍嘉義縣城。10月4日，張丙另派人搶官汛奪取武器，又派人迎戰臺灣鎮總兵劉廷斌，劉廷斌躲入嘉義縣城中，張丙用「皮檔」、「竹梯」攻城，失敗。10月8日張丙「四出騷索，逼脅附和」。10月11日「張丙遣賊復掠鹽水港」。10月14日張丙再度進攻嘉義縣城，連攻三日，攻不下。10月23日張丙放火燒嘉義縣城北門，與官兵、義勇互有傷亡。10月30日張丙又分股圍攻嘉義縣城，失敗。於是張丙失去總大哥的威武與地位，手下一一各自爲股。張丙終於放棄攻城，「與諸賊分掠民莊以爲食」，引起百姓的合力抗拒。〔註32〕11月18日張丙率領一萬多人與福建陸路提督馬濟勝的軍隊在鐵線橋交戰，張丙敗逃；11月22日張丙又領兩萬多人，親自在前面與官兵肉搏戰，最後仍被官兵擊敗。〔註33〕12月張丙被擒獲，送往臺灣府城監禁。道光13年（1833）2月被押往北京。

　　周凱對張丙的敘述雖多，但是多爲負面的論述，張丙在周凱筆下顯得戰鬥力不佳，既無法攻下嘉義縣城，又無法擊敗福建陸路提督馬濟勝的軍隊；從殺貪官的英雄淪落爲搶奪民家的盜匪；手下一個個離去，總大哥的威信蕩然無存，促使最後張丙必須親自在陣前與官兵肉搏戰，以取得手下的信任與

　　　年），臺灣銀行經濟研究室/編輯，臺灣文獻叢刊第 82 種，台北：臺灣銀行/
　　　發行，1960.5，pp.32～33）。

〔註31〕周凱〈記臺灣張丙之亂〉（周凱《內自訟齋文集》，原刊於 1840 年（道光 20
　　　年），臺灣銀行經濟研究室/編輯，臺灣文獻叢刊第 82 種，台北：臺灣銀行/
　　　發行，1960.5，p.34）。

〔註32〕詳見周凱〈記臺灣張丙之亂〉（周凱《內自訟齋文集》，原刊於 1840 年（道光
　　　20 年），臺灣銀行經濟研究室/編輯，臺灣文獻叢刊第 82 種，台北：臺灣銀行
　　　/發行，1960.5，pp.34～36）。

〔註33〕詳見周凱〈記臺灣張丙之亂〉（周凱《內自訟齋文集》，原刊於 1840 年（道光
　　　20 年），臺灣銀行經濟研究室/編輯，臺灣文獻叢刊第 82 種，台北：臺灣銀行
　　　/發行，1960.5，p.39）。

尊敬，可惜最後卻損兵折將。在《新刊臺灣陳辦歌》中，張丙也是總大哥，歌中對張丙的敘述以正面居多，但也指出他攻嘉義縣城時，城中百姓成爲無辜的受害者。

（三）詹通（？～1833）

1.《新刊臺灣陳辦歌》中的詹通兄

在《新刊臺灣陳辦歌》中，有一次稱詹通爲「詹通兄」，其它時候都直接稱他的姓名；在這首歌詩中，詹通無疑是第三主角，他的份量僅次於張丙與陳辦；不過，整首歌仔中，詹通的形象都是負面的。詹通一共出場五次，第一次是列名張丙結盟兄弟中；第二次是張丙派他去協攻嘉義城，結果他使城內百姓「著大驚」，不但向百姓勒索保護費，還強姦民女；第三次是他被馬大人的軍隊打敗，羞憤之餘，和他的手下姦淫鹽水鎮的婦女；第四次是詹通被安溪寮庄民設計，被灌醉而活捉送官，「詹通黃掛稱先鋒，賜的酒肉醉半死」寫出詹通被拍馬屁後，得意忘形的情形，顯見他的有勇無謀；第五次是詹通被押往京城，被慢慢凌遲而死。

綜觀《新刊臺灣陳辦歌》對詹通的論述，詹通是一個十足的土匪淫賊，而且好大喜功，有勇無謀，和張丙先前所殺的朱太爺一樣，都是會貪汙的奸貪之輩，同時歌仔中沒有寫到張丙對詹通的約束與懲罰，使得張丙的起義失去正義的立足點。

2. 統治論述中的逆首詹通

（1）《大清宣宗成皇帝實錄》與官員的奏摺（1832～1833）

在《大清宣宗成皇帝實錄》與官員的奏摺中，指出詹通是四大股首之一，稱他爲「嘉義賊匪」、「著名逆首」、「逆首」、「匪徒」、「臺灣逆犯」〔註34〕。雖然詹通多次被提及，但是對他的描述也很單薄，大多只是舉出他的名字，三言兩語交代他的所作所爲。一開始，詹通只是名列眾多「賊夥」之一，後來他被列爲四大股首之一。〔註35〕

〔註34〕見《大清宣宗成皇帝實錄》（臺灣銀行經濟研究室/編，《清宣宗實錄選輯》，南投：臺灣省文獻委員會/印行，1997.6.30，pp.88、90、99、107、109～110、112～114、116～118、120、122～123、127、135、139、148～149）。

〔註35〕見《大清宣宗成皇帝實錄》道光12年12月17日諭：「其單開大股首四名張丙、陳連、黃番婆、詹通。」（臺灣銀行經濟研究室/編，《清宣宗實錄選輯》，南投：臺灣省文獻委員會/印行，1997.6.30，p.107）。

道光 12 年（1832）11 月 25 日清宣宗接獲閩浙總督程祖洛奏摺，指出當陳辦作亂之後，詹通同時響應，在嘉義縣城以南作亂，「搶劫衙署汛防，拒殺民兵，戕害府、縣將弁，攻圍縣城，勢甚猖獗。」〔註 36〕

道光 12 年（1832）12 月 24 日清宣宗接獲福建巡撫魏元烺奏摺，指出詹通已經被擒獲。〔註 37〕12 月 26 日又接獲魏元烺奏摺，指出詹通是戕害臺灣府知府呂志恒的「要犯」，應當凌遲處死。〔註 38〕道光 13 年（1833）1 月 7 日清宣宗接獲福建路陸提督馬濟勝奏摺，請求清宣宗獎勵「擒獲詹通之武生林騰瑞」。清宣宗數次強調要將詹通押解到京城，「盡法懲治」，「以彰國憲而快人心」。〔註 39〕道光 13 年（1833）6 月 26 日張丙在北京「伏法」〔註 40〕。道光 13 年（1833）6 月 29 日清宣宗在諭中指出，經過大學士審訊，得知詹通的父親詹經尚在，清宣宗下令捉拿。〔註 41〕

（2）周凱（1779～1837）〈記臺灣張丙之亂〉

周凱在〈記臺灣張丙之亂〉中指出詹通與張丙一起豎旗謀反，詹通封為「偽元帥」，與張丙佔據店仔口以南的地盤。〔註 42〕詹通的父親詹經派他的長兄詹日新去殺詹通，詹通頭額受刀傷，沒有死，詹日新被旁邊的「賊」殺死。〔註 43〕道光 12 年（1832）11 月 23 日詹通被擒送交福建陸路提督馬濟勝。〔註 44〕12

〔註 36〕見《大清宣宗成皇帝實錄》（臺灣銀行經濟研究室/編，《清宣宗實錄選輯》，南投：臺灣省文獻委員會/印行，1997.6.30，p.99）。

〔註 37〕見《大清宣宗成皇帝實錄》（臺灣銀行經濟研究室/編，《清宣宗實錄選輯》，南投：臺灣省文獻委員會/印行，1997.6.30，p.109）。

〔註 38〕見《大清宣宗成皇帝實錄》（臺灣銀行經濟研究室/編，《清宣宗實錄選輯》，南投：臺灣省文獻委員會/印行，1997.6.30，p.113）。

〔註 39〕見《大清宣宗成皇帝實錄》（臺灣銀行經濟研究室/編，《清宣宗實錄選輯》，南投：臺灣省文獻委員會/印行，1997.6.30，pp.120、127、135、139）。

〔註 40〕見《大清宣宗成皇帝實錄》（臺灣銀行經濟研究室/編，《清宣宗實錄選輯》，南投：臺灣省文獻委員會/印行，1997.6.30，p.148）。

〔註 41〕見《大清宣宗成皇帝實錄》（臺灣銀行經濟研究室/編，《清宣宗實錄選輯》，南投：臺灣省文獻委員會/印行，1997.6.30，pp.128～129）。

〔註 42〕周凱〈記臺灣張丙之亂〉（周凱《內自訟齋文集》，原刊於 1840 年（道光 20 年），臺灣銀行經濟研究室/編輯，臺灣文獻叢刊第 82 種，台北：臺灣銀行/發行，1960.5，pp.33～34）。

〔註 43〕周凱〈記臺灣張丙之亂〉（周凱《內自訟齋文集》，原刊於 1840 年（道光 20 年），臺灣銀行經濟研究室/編輯，臺灣文獻叢刊第 82 種，台北：臺灣銀行/發行，1960.5，p.33）。

〔註 44〕周凱〈記臺灣張丙之亂〉（周凱《內自訟齋文集》，原刊於 1840 年（道光 20 年），臺灣銀行經濟研究室/編輯，臺灣文獻叢刊第 82 種，台北：臺灣銀行/

月被押往臺灣府城大牢監禁。〔註45〕道光 13 年（1833）2 月被押往北京。周凱對詹通的敘述只有這些，原因可能是詹通大多與張丙一同行動，周凱因而省略詹通的事蹟。而在《新刊臺灣陳辦歌》中，詹通的形象鮮明，是一個讓百姓痛苦的土匪淫賊。

（四）黃城、黃奉（？～1832）

1. 《新刊臺灣陳辦歌》中的黃城、黃奉兄弟

在《新刊臺灣陳辦歌》黃城與黃奉是兄弟，住在水沙連九龍庄，以黃城為主。他二人一共出現三次，第一次是名列張丙的結盟兄弟；第二次是張丙請他二人去攻打斗六門，黃城與斗六門的「張洪」裡應外合，得到「義民」倒戈相助，因此順利攻下斗六門，還放火燒死「馬總」（馬步衢）；第三次黃城被擒，「斗六黃城不知死」這句歌詞，含蓄的說出黃城要為他在斗六門的屠殺付出生命；而黃奉則是「英雄」被「殺半死」。

《新刊臺灣陳辦歌》對黃城與黃奉的描寫，沒有負面的批評，在論述斗六門的戰況時，還省略了黃城等人屠殺的斗六門縣丞方振聲等官兵與家屬的慘狀。最後還以「英雄」來稱黃奉。

2. 統治論述中的黃城

（1）《大清宣宗成皇帝實錄》與官員的奏摺（1832～1833）

在《大清宣宗成皇帝實錄》中，嘉義賊匪有「黃鳳」〔註46〕、「黃奉」〔註47〕，筆者猜測是同一人，因為「鳳」與「奉」都讀做「hong7」；在《大清宣宗成皇帝實錄》與官員的奏摺中，未見特別將黃奉與黃城兩人合在一起論述，對黃奉的敘述很少；對黃城的敘述就稍為多一些，但也都只是點到為止。黃奉在同治 1 年閏 9 月參與陳辦作亂，是股首之一；又，黃城被稱為「彰化匪首」、「逆首」、「偽帥」。〔註48〕

〔註45〕 發行，1960.5，p.39）。
〔註45〕 周凱〈記臺灣張丙之亂〉（周凱《內自訟齋文集》，原刊於 1840 年（道光 20 年），臺灣銀行經濟研究室/編輯，臺灣文獻叢刊第 82 種，台北：臺灣銀行/ 發行，1960.5，p.41）。
〔註46〕 見《大清宣宗成皇帝實錄》（臺灣銀行經濟研究室/編，《清宣宗實錄選輯》，南投：臺灣省文獻委員會/印行，1997.6.30，p.88）。
〔註47〕 見《大清宣宗成皇帝實錄》（臺灣銀行經濟研究室/編，《清宣宗實錄選輯》，南投：臺灣省文獻委員會/印行，1997.6.30，p.90）。
〔註48〕 見《大清宣宗成皇帝實錄》（臺灣銀行經濟研究室/編，《清宣宗實錄選輯》，南投：臺灣省文獻委員會/印行，1997.6.30，pp.99、107、115、122）。

道光 12 年（1832）11 月 25 日清宣宗接獲閩浙總督程祖洛奏摺，指出當陳辦作亂之後，彰化縣南方有黃城聚眾響應，「離縣城數里的莿桐腳、加犁莊均被焚毀。」〔註49〕道光 12 年（1832）12 月 27 日清宣宗接獲閩浙總督程祖洛奏摺，指出：「彰化匪首黃城自攻破斗六門之後，侵入彰化、西螺等處。」〔註50〕黃城作亂的區域以彰化縣與嘉義縣界爲主，他所作的惡行是焚村與搶劫等強盜行徑，第一受害的人百姓，而不是清國的官員。道光 12 年（1832）12 月 28 日清宣宗接獲黃城被生擒的奏摺。

（2）周凱（1779～1837）〈記臺灣張丙之亂〉

周凱〈記臺灣張丙之亂〉中有黃城的記載，但未見有黃奉或黃鳳。周凱指出黃城是「彰化賊」，道光 12 年（1832）10 月 30 日黃城因爲在彰化縣無法拓展地盤，於是率領一千多人南下，打算投靠張丙。黃城攻擊斗六門汛，11 月 3 日他與斗六門監生張清紅（張紅頭）裡應外合，攻佔斗六門汛，官兵共有兩百多人被殺。黃城以黃雛萊爲「僞縣丞」，自己率軍南下協助張丙，12 月黃城被擒獲，官兵將剖開黃城身體，取他的心臟來祭拜斗六門死亡的官兵。〔註51〕周凱對黃城的記載與《新刊臺灣陳辦歌》大同小異，在斗六門戰役中，都著重在黃城與斗六門守備馬步衢兩人的對決。又，周凱稱黃城爲賊，《新刊臺灣陳辦歌》稱黃城爲兄弟。

（五）劉仲、蔡恭（？～1832）

1.《新刊臺灣陳辦歌》中的劉仲哥、蔡恭

劉仲與蔡恭在《新刊臺灣陳辦歌》一起出現，所佔篇幅並不多；歌中稱劉仲爲「劉仲哥」、「劉仲」，稱蔡恭爲「蔡恭」、「蔡恭賊夥」。他二人領兵與馬濟勝的軍隊作戰，「連連敗的二三陣」，造成劉仲與蔡恭的股眾「驚惶當不起」，因此，他二人造謠以激勵士氣，結果還是吃了敗戰。在這首歌詩中，劉仲與蔡恭以敗戰角色出場，這兩個人的戰鬥能力不佳，但是動歪腦筋的能力還是有，可惜也是一事無成。歌中對劉仲比較尊敬，還稱他爲哥；但對蔡

〔註49〕見《大清宣宗成皇帝實錄》（臺灣銀行經濟研究室/編，《清宣宗實錄選輯》，南投：臺灣省文獻委員會/印行，1997.6.30，p.99）。

〔註50〕見《大清宣宗成皇帝實錄》（臺灣銀行經濟研究室/編，《清宣宗實錄選輯》，南投：臺灣省文獻委員會/印行，1997.6.30，p.107）。

〔註51〕周凱〈記臺灣張丙之亂〉（周凱《內自訟齋文集》，原刊於 1840 年（道光 20 年），臺灣銀行經濟研究室/編輯，臺灣文獻叢刊第 82 種，台北：臺灣銀行/發行，1960.5，pp.40～41）。

恭則有一處加上「賊夥」二字，歌者似乎對蔡恭的負面感覺較多。

2. 統治論述中的賊匪劉仲、蔡恭

（1）《大清宣宗成皇帝實錄》與官員的奏摺（1832～1833）

在《大清宣宗成皇帝實錄》中，稱劉仲、蔡恭為「賊匪」、「賊夥」、「股首」，對劉仲、蔡恭的敘述不多，都只是點到為止。在清宣宗的諭中劉仲自成一股，是股首。〔註52〕道光 12 年（1832）12 月 17 日清宣宗接獲閩浙總督程祖洛奏摺，指出劉仲、劉謀、蔡恭等三人是四大股匪的「股夥」。〔註53〕道光 13 年（1833）1 月 8 日清宣宗接獲福建路陸提督馬濟勝在茅港尾連勝的奏摺，報告道光 12 年（1832）11 月臺灣戰況，其中劉仲、蔡恭在嘉義縣茅港尾曾率眾包圍官兵，後來被馬濟勝擊潰；隨後，劉仲、蔡恭又參與鐵線橋戰役，依然被馬濟勝擊潰。〔註54〕道光 12 年（1832）11 月底劉仲被福建陸路提督馬濟勝的軍隊擒獲。〔註55〕

（2）周凱（1779～1837）〈記臺灣張丙之亂〉

周凱〈記臺灣張丙之亂〉中，指出劉仲是張丙的「偽先鋒」，蔡恭是張丙旗下的股首。〔註56〕10 月 4 日劉仲率眾在嘉義縣城外突襲臺灣鎮總兵劉廷斌，劉總兵被武爭王得蟠率義勇保護入城。10 月初張丙率眾圍攻嘉義縣城時，劉仲、蔡恭潛回大穆降，計畫攻擊臺灣府城，因於他們派去府城臥底的奸細被捉，才又揮軍北向。蔡恭於是屯兵在麻豆莊。10 月 19 日，蔡恭與劉仲等人率股眾在曾文溪擊敗官兵，搶奪軍火一批。11 月 8 日蔡恭攻擊福建陸路提督馬濟勝軍隊，被擊敗。11 月 28 日劉仲被紳士義民捉拿獻官，被殺。〔註57〕至於

〔註52〕見《大清宣宗成皇帝實錄》（臺灣銀行經濟研究室/編，《清宣宗實錄選輯》，南投：臺灣省文獻委員會/印行，1997.6.30，p.110）。

〔註53〕見《大清宣宗成皇帝實錄》（臺灣銀行經濟研究室/編，《清宣宗實錄選輯》，南投：臺灣省文獻委員會/印行，1997.6.30，p.107）。

〔註54〕見《大清宣宗成皇帝實錄》（臺灣銀行經濟研究室/編，《清宣宗實錄選輯》，南投：臺灣省文獻委員會/印行，1997.6.30，p.124）。

〔註55〕見《大清宣宗成皇帝實錄》（臺灣銀行經濟研究室/編，《清宣宗實錄選輯》，南投：臺灣省文獻委員會/印行，1997.6.30，p.95）。

〔註56〕周凱〈記臺灣張丙之亂〉（周凱《內自訟齋文集》，原刊於 1840 年（道光 20 年），臺灣銀行經濟研究室/編輯，臺灣文獻叢刊第 82 種，台北：臺灣銀行/發行，1960.5，p.34）。

〔註57〕周凱〈記臺灣張丙之亂〉（周凱《內自訟齋文集》，原刊於 1840 年（道光 20 年），臺灣銀行經濟研究室/編輯，臺灣文獻叢刊第 82 種，台北：臺灣銀行/發行，1960.5，pp.35～40）。

蔡恭的下場，未見於周凱記載。

周凱雖有指出「賊眾訛傳馬公營有銀二十萬」〔註58〕，但沒有如《新刊臺灣陳辦歌》指出是蔡恭與劉仲的出的主意。在周凱的論述中，蔡恭與劉仲的形象不如《新刊臺灣陳辦歌》來得鮮明生動。

二、對起義者的稱呼

（一）《新刊臺灣陳辦歌》中的「兄」、「英雄」v.s.「賊仔」、「賊夥」

在《新刊臺灣陳辦歌》中，尊稱起義的領導者爲「大哥」、「兄」、「英雄」；而他們手下的無名股眾卻被稱爲「賊馬」、「賊小子」、「賊仔」。

1.「大哥」、「兄」、「哥」、「英雄」

只有張丙被稱爲「大哥」，例如：「張丙『大哥』自思量」、「張丙『大哥』思量智」；有時張丙也被稱爲「兄」，如：「挪帖請出張丙『兄』」。

張丙以外的其他結盟兄弟多被稱爲「兄」，如：「一位姓陳名辦『兄』」、「回家問著陳辦『兄』」、「請出南路許成『兄』」、「辦棹就請詹通『兄』」、「力的張丙劉港『兄』」。被稱爲「哥」的只有劉仲，如：「拔營遇的劉仲『哥』」。

最後這些兄弟一一被擒被殺，《新刊臺灣陳辦歌》稱他們是「個個『英雄』」卻被殺半死。

《新刊臺灣陳辦歌》之採取這種正面的稱謂來稱呼這些武裝領袖，應該是因爲他們的初衷多在於具有正義感，有勇氣對抗貪官污吏，爲百姓除害；即使他們所作所爲不見得都是正確與值得肯定的，但是，整體來看這些人物時，《新刊臺灣陳辦歌》對他們的勇氣與正義感給予肯定。

2.「賊」、「賊馬」、「賊仔」、「賊夥」、「賊小子」

不同於「兄」、「哥」、「英雄」等尊稱，《新刊臺灣陳辦歌》以「賊」來稱呼無名股眾。

「賊馬」是與官府對抗的武裝反抗勢力，「賊馬」常與「官兵」的「軍馬」及助官勦賊的「義民」、「民壯」對照出現。如：「『賊馬』興旺救不起」、「『賊馬』追趕迫半死」、「點起『賊馬』到鹽水」、「『賊馬』暗埋文昌祠」、「軍師欲

〔註58〕周凱〈記臺灣張丙之亂〉（周凱《內自訟齋文集》，原刊於 1840 年（道光 20 年），臺灣銀行經濟研究室/編輯，臺灣文獻叢刊第 82 種，台北：臺灣銀行/發行，1960.5，p.39）。

沂調『賊馬』、『『賊馬』驚惶當不起」。此外，也有以「賊兵」稱之，如：「將銀來送『賊兵』餉」。

「賊」又與「忠義」相對比，如：「請『賊』來殺伊『忠義』」，「賊」指張丙的人馬，「忠義」指被殺的嘉義縣知縣「邵太爺」。

此外，也有稱張丙的人馬為「賊仔」：「『賊仔』一時無計智」、「個個『賊仔』携布袋」、「『賊仔』大半归陰司」。也有稱「賊夥」、「賊夥伴」、「賊小子」：「蔡恭『賊夥』真不是」、「『賊夥』個二出氣伊」、「招集十二『賊夥伴』」、「『姿娘』罵的『賊小子』」。

《新刊臺灣陳辦歌》之採取「賊」這種負面的稱謂來稱呼這些武裝群眾，顯然是因為他們所作所為也不是很正派，特別是他們反抗官府的同時，無辜的百姓也常因此遭殃，他們焚搶村莊，讓百姓的身家姓命與財產無法保障，特別是有賊仔還強暴婦女，行為讓人無法苟同。

（二）統治論述中的「台匪」、「匪徒」、「賊匪」、「逆匪」

1.《大清宣宗成皇帝實錄》與官員的奏摺（1832～1833）

在《大清宣宗成皇帝實錄》與官員的奏摺中，稱呼臺灣這一群反抗官府的群眾為「賊匪」、「賊夥」、「匪徒」、「逆匪」、「醜」、「賊夥」、「賊」、「匪」等，全部都是負面的稱呼。

道光12年（1832）10月26日清宣宗接獲臺灣道平慶奏報：「閩莊匪徒造謠煽惑」，抗拒官府逮捕，殺害官員。清宣宗諭：「臺灣人情浮動，素分氣類；現在聚眾屢次拒捕，罪大惡極，亟應及早殲除。」〔註59〕由於清宣宗認為臺灣人浮氣躁，他要求官員「保固城池」，「解散脅從，撫良安善」，迅速將賊匪「趕緊撲滅」，「以鎮人心而嚴捍衛」；由全國各省調集兵力，攻剿臺灣匪徒。〔註60〕

起初，清宣宗認為臺灣這些賊匪是「烏合之眾」〔註61〕，「諒不難迅就剿除」；隨後，道光12年11月2日清宣宗又接獲臺灣道平慶的奏摺，平慶指出：「劉廷斌在下加冬一帶進剿，殺賊甚多；無如附和者眾，賊勢不能稍減。」

〔註59〕見《大清宣宗成皇帝實錄》（臺灣銀行經濟研究室/編，《清宣宗實錄選輯》，南投：臺灣省文獻委員會/印行，1997.6.30，pp.85～86）。

〔註60〕見《大清宣宗成皇帝實錄》（臺灣銀行經濟研究室/編，《清宣宗實錄選輯》，南投：臺灣省文獻委員會/印行，1997.6.30，pp.85～89）。

〔註61〕見《大清宣宗成皇帝實錄》（臺灣銀行經濟研究室/編，《清宣宗實錄選輯》，南投：臺灣省文獻委員會/印行，1997.6.30，p.88）。

由此可知，武裝反抗政府的人愈來愈多，臺灣官兵無法剿平。〔註62〕11 月 6 日清宣宗收到福建巡撫魏元烺奏摺，進一步指出：「賊匪聚有萬餘」，清宣宗諭：「此次嘉義縣賊匪，旬日之間，何至聚眾萬餘？其中必有附和被脅之人。總須散其黨餘，無使愈積愈多。」〔註63〕可是臺灣鎮道一直無法有效遏止反抗軍的聲勢，直到道光 12 年（1832）10 月 28 日福建陸路提督馬濟勝從鹿耳門登陸，官兵才「連獲勝仗」，「賊匪四處奔逃」，陸續擒獲「賊匪各股首」。〔註64〕除了四大匪首要押解到北京城；其他被捕逆夥，一律在台「正法」；「其匪匪如有應搜捕者，務須淨絕根株，無留遺孽。」〔註65〕

清宣宗及其官員是起義者所要攻擊的對象，雙方是敵對的立場。《新刊臺灣陳辦歌》雖然也採取「賊」這種負面的稱謂來稱呼武裝群眾，但是，歌中沒有想要對這些人趕盡殺絕的敘述，作者採取的立場比較中立。

2. 周凱（1779～1837）〈記臺灣張丙之亂〉

周凱在〈記臺灣張丙之亂〉稱呼臺灣這一群反抗官府的群眾為「賊」，張丙、黃城是「北路賊」，鳳山縣許成、臺灣縣林海是「南路賊」。〔註66〕對張丙等人的官銜都加一「偽」字，如「偽元帥」、「偽先鋒」。〔註67〕

3. 鄭蘭〈勦平許逆紀事（並序）〉（1835）

鳳山縣貢生鄭蘭在道光 15 年（1835）所寫的〈勦平許逆紀事（並序）〉對於張丙等「北匪」簡單帶過，他的寫作重點在於鳳山縣的「南匪」，記述響應張丙的許成，以及假義民之名行劫掠之實的「粵匪」李受等人的惡行。鄭蘭稱這些攻擊官署的人為「匪」、「賊匪」、「逆賊」、「賊人」、「逆」，稱他們的

〔註62〕見《大清宣宗成皇帝實錄》（臺灣銀行經濟研究室/編，《清宣宗實錄選輯》，南投：臺灣省文獻委員會/印行，1997.6.30，p.90）。

〔註63〕見《大清宣宗成皇帝實錄》（臺灣銀行經濟研究室/編，《清宣宗實錄選輯》，南投：臺灣省文獻委員會/印行，1997.6.30，p.91）。

〔註64〕詳見《大清宣宗成皇帝實錄》（臺灣銀行經濟研究室/編，《清宣宗實錄選輯》，南投：臺灣省文獻委員會/印行，1997.6.30，pp.110～111）。

〔註65〕見《大清宣宗成皇帝實錄》（臺灣銀行經濟研究室/編，《清宣宗實錄選輯》，南投：臺灣省文獻委員會/印行，1997.6.30，p.127）。

〔註66〕周凱〈記臺灣張丙之亂〉（周凱《內自訟齋文集》，原刊於 1840 年（道光 20 年），臺灣銀行經濟研究室/編輯，臺灣文獻叢刊第 82 種，台北：臺灣銀行/發行，1960.5，p.32）。

〔註67〕周凱〈記臺灣張丙之亂〉（周凱《內自訟齋文集》，原刊於 1840 年（道光 20 年），臺灣銀行經濟研究室/編輯，臺灣文獻叢刊第 82 種，台北：臺灣銀行/發行，1960.5，p.34）。

首領爲「逆首」。〔註68〕除了採用以上統治論述的慣用語之外，鄭蘭還使用了許多文學詞語來怒罵這些人，如：「箇箇鬼幽，群群人痞」、「么麼（妖魔）」、「跳梁」「小醜（小丑）」〔註69〕，說這些人本來是「無賴狂徒」、「有名慣盜」〔註70〕。由於鄭蘭的敘述側重在這些「賊匪」對百姓的迫害，因此，他對這些人的評語都很嚴厲，他的敘述顯得情感激動，讓人看了血脈噴張。

《新刊臺灣陳辦歌》以嘉義縣的股首爲描述重點，對於南路的情形，只有指出張丙請出「許成兄」一起攻城，許成名列「開國功臣」，就沒有再進一步論述許成；歌中稱許成爲兄，是一種敬稱，對他沒有任何負面的論述。

三、對起義事件的看法

（一）《新刊臺灣陳辦歌》中的「復漢滅滿」、「謀亂」

1.「復漢滅滿」、「開國」

《新刊臺灣陳辦歌》從客家人欺壓福佬人（陳辦村莊）寫起，後來卻演變成張丙等人的起義，《新刊臺灣陳辦歌》以誅殺滿清政府的「貪官汙吏」指出張丙等人要「復漢滅滿」，也就是要消滅滿清政權，恢復明鄭時期以漢人統治臺灣的政權，有反清復明的意涵。但是在「『開國』功臣有名字」句中，顯示張丙想要做的是開創一個新的國家，並以嘉義縣當「帝都」，而張丙自己則要當「龍」，也就是一國之君。

2.「謀亂」、「謀反」

就張丙等人而言，他們要做的事是「開國」，而就滿清統治政府而言，他們這樣的舉動就是「造反」。在《新刊臺灣陳辦歌》也有以「謀亂」、「謀反」等詞來論述張丙等人的舉動。如：張丙與諸兄弟結盟時，就說：「謀亂」這種事情需要陳水的協助，又說「泥鰍」需要水才能變成「龍」，於是請吳三江來

〔註68〕 見鄭蘭〈勦平許逆紀事（並序）〉（盧德嘉《鳳山縣採訪冊》〈藝文二·兵事（下）〉，《臺灣方志集成·清代篇──第一輯》，高賢治/主編，第28冊，台北：宗青圖書出版公司/印行，pp.425〜433）。

〔註69〕 見鄭蘭〈勦平許逆紀事（並序）〉（盧德嘉《鳳山縣採訪冊》〈藝文二·兵事（下）〉，《臺灣方志集成·清代篇──第一輯》，高賢治/主編，第28冊，台北：宗青圖書出版公司/印行，pp.425〜426）。

〔註70〕 見鄭蘭〈勦平許逆紀事（並序）〉（盧德嘉《鳳山縣採訪冊》〈藝文二·兵事（下）〉，《臺灣方志集成·清代篇──第一輯》，高賢治/主編，第28冊，台北：宗青圖書出版公司/印行，p.425）。

擔任軍師。

　　所謂「成者爲王，敗者爲寇」，最後，張丙等人一一被擒被凌遲，歌仔的作者就唱道：「『勸』恁世上『忍』一時，不通思量只『謀意』。」因爲反亂在八個月內就結束，逞一時的英雄，卻造成自己全身的「骨肉慢慢痛半死」，死狀慘痛。從此可知，在《新刊臺灣陳辦歌》中會勸人不要謀反，原因不在於統治者的地位不可以推翻；而是因爲統治者的武力與威權，臺灣人難以相抗衡。如果硬要與統治者作對，不但無法成功，更會被凌虐到死。

（二）統治論述中的閩客械鬥與官逼民反

1.《大清宣宗成皇帝實錄》與官員的奏摺（1832～1833）

　　在《大清宣宗成皇帝實錄》與官員的奏摺中，認定此一事件的起因，在於閩南移民侵犯客家移民的村莊，引起「閩客械鬥」，官府因而介入平亂，結果閩南移民殺害官員，讓事情因而擴大。對於陳辦、張丙等人反抗官府的舉動，大多認爲他們是土匪強盜，搶劫民家與官衙，四處放火鬧事；雖然目無王法，但卻不是意圖造反的革命者。如：道光 12 年（1832）10 月 26 日清宣宗接獲臺灣道平慶奏報：「閩莊匪徒造謠煽惑」，攻擊客家村莊，隨後閩莊匪徒又抗官拒捕，四處逃竄，「攻毀大墩等莊，傷斃男婦，擄掠幼孩」，接著又攻擊官衙，殺害官兵，搶奪武器及衣物。〔註 71〕此後，官員對此一事件的性質，論述多與此相同。

　　道光 12 年（1832）12 月 17 日清宣宗接獲閩浙總督程祖洛奏摺，指出張丙、黃城等賊匪「黏貼告條，混造年號，詞語狂悖」。〔註 72〕此後，才認爲張丙等人公開表明要推翻清國政權。清宣宗痛斥：「膽敢僞造年號，深堪髮指。」〔註 73〕質問：「僞造年號，係何字樣？何人所用？何人起意？渠魁究屬何人？」〔註 74〕

　　道光 13 年（1833）3 月 22 日清穆宗據福州將軍瑚松額奏摺，指出：「研

〔註 71〕見《大清宣宗成皇帝實錄》（臺灣銀行經濟研究室/編，《清宣宗實錄選輯》，南投：臺灣省文獻委員會/印行，1997.6.30，pp.85～86）。

〔註 72〕見《大清宣宗成皇帝實錄》（臺灣銀行經濟研究室/編，《清宣宗實錄選輯》，南投：臺灣省文獻委員會/印行，1997.6.30，p.107）。

〔註 73〕見《大清宣宗成皇帝實錄》（臺灣銀行經濟研究室/編，《清宣宗實錄選輯》，南投：臺灣省文獻委員會/印行，1997.6.30，p.123）。

〔註 74〕見《大清宣宗成皇帝實錄》（臺灣銀行經濟研究室/編，《清宣宗實錄選輯》，南投：臺灣省文獻委員會/印行，1997.6.30，p.113）。

訊該匪等起釁根由，係以貪官污吏妄殺無辜爲詞。」〔註75〕清宣宗於是要求查探臺灣官員是不是有瀆職不法的行爲。在張丙等人被押送到北京問斬之後，道光13年（1833）7月1日清穆宗諭內閣：「上年臺灣逆匪張丙等滋事，其始因搶米起釁，經吳贊牽控張丙；該縣不辦包米，轉出賞格，查拏張丙。其陳辦因搶芋、搶牛起釁，攻打粵莊，事本細微；若得一良有司秉公辦理，自可息爭弭釁。乃邵用之不協輿情，呂志恒果於自用，遂至戕官攻城，竟同負嵎之勢。」〔註76〕明確指出臺灣官員的失職，才會激起民怨，促使張丙等人走向造反一途。也就是說，清宣宗認爲張丙等人之所以會造反，並不是蓄意如此；而是官逼民反的結果。

2. 周凱（1779～1837）〈記臺灣張丙之亂〉

周凱在〈記臺灣張丙之亂〉中指出張丙作「亂」，源自於嘉義縣知縣邵用之處理不當，讓張丙以爲官府貪污、不公不義，又偏袒客家人，專殺 Holo 人，因此才決定「謀反」。〔註77〕從「謀反」與「倡亂」等用詞，可見周凱否定張丙的行爲。周凱指出張丙「僞稱開國大元帥，年號天運，以戕殺穢官爲名。」〔註78〕爲張丙的作亂提出一個比較合理的解釋，顯見張丙本來無意謀反，而是官逼民反。

3. 鄭蘭〈勦平許逆紀事（並序）〉（1835）

鳳山縣貢生鄭蘭在道光15年（1835）所寫的〈勦平許逆紀事（並序）〉對於鳳山縣的「南匪」行爲充滿負面的批評，鄭蘭指許成等人的行爲是「豎逆旗」，罵他們「只圖醉飽，罔顧微軀」，他們的結合有如「蟻聚」，搜刮百姓所有的米穀，勒索每一戶人家，所作所爲盡是蹂躪百姓。特別是「粵匪」李受等人，「假義旗」而劫掠閩莊，災民紛紛逃難。〔註79〕

〔註75〕見《大清宣宗成皇帝實錄》（臺灣銀行經濟研究室/編，《清宣宗實錄選輯》，南投：臺灣省文獻委員會/印行，1997.6.30，p.139）。

〔註76〕見《大清宣宗成皇帝實錄》（臺灣銀行經濟研究室/編，《清宣宗實錄選輯》，南投：臺灣省文獻委員會/印行，1997.6.30，p.151）。

〔註77〕見周凱〈記臺灣張丙之亂〉（周凱《內自訟齋文集》，原刊於1840年（道光20年），臺灣銀行經濟研究室/編輯，臺灣文獻叢刊第82種，台北：臺灣銀行/發行，1960.5，pp.32～33）。

〔註78〕見周凱〈記臺灣張丙之亂〉（周凱《內自訟齋文集》，原刊於1840年（道光20年），臺灣銀行經濟研究室/編輯，臺灣文獻叢刊第82種，台北：臺灣銀行/發行，1960.5，p.34）。

〔註79〕見鄭蘭〈勦平許逆紀事（並序）〉（盧德嘉《鳳山縣採訪冊》〈藝文二・兵事（下）〉，

第二節　《新刊臺灣陳辦歌》對客家人的詮釋

（一）《新刊臺灣陳辦歌》中的「客仔」

《新刊臺灣陳辦歌》是一首以臺灣福佬語寫成的歌仔，作者想必是一位福佬人，因此歌中批評客家人的無理與蠻橫，並稱客家人為「客仔」，這是一種輕蔑的稱法。

張丙等人之所以會結盟起義，《新刊臺灣陳辦歌》認為導火線在於客家人欺壓福佬人，而官方又袒護客家人，讓客家人更加囂張，促使「漳、泉人人」怒氣沖天，於是呼朋引伴，壯大聲勢來自我保護與反擊敵人，最後終於演變成戕官攻城的起義。

1. 稱客家庄為「粵庄」、「客庄」；稱客家人為「客仔」

《新刊臺灣陳辦歌》以「粵庄」或「客庄」來稱呼客家人的聚落，如：「『粵庄』牽伊個牛牯」、「招集人馬攻『客庄』」。

《新刊臺灣陳辦歌》以「客仔」來稱呼客家人，如：「『客仔』就請吃牛肉」、「双溪『客仔』驚惶惶」。「仔」字在台語中有「小」或輕視的意思，「客仔」應當是一種輕視的稱呼。〔註80〕

2. 客家人的形象：無賴的土匪

《新刊臺灣陳辦歌》的作者是福佬人，這首歌仔從福佬人陳辦的村莊受到客家村莊的侵犯寫起，導致陳辦的村莊「漳、泉人人」怒氣沖天，顯然，陳辦的村莊是受害者，而客家庄則是加害者。客家人在這首歌仔中的形象都是負面的，就如同無賴與土匪一般可惡。一開始的福、客仇恨，來自於客家人強行牽走陳辦「庄老」的牛，受害者前往客家庄討牛，客家人卻假裝好心「請吃牛肉」，最後，擺明了說：「若卜活牛再出世。」接著沒有進一步提及客家人是否有賠償牛主人的損失。但是從牛主人氣得回村庄找陳辦替他討回公道，以及隨後福佬人「招集人馬攻客庄」的舉動看來，客家人的確是引起一場械鬥的起釁者。

福、客仇恨的深化，來自於驚慌的客家人找來官府當靠山，而且再度侵入陳辦的村莊，並將陳辦列為挑釁的主角，陳辦的妻兒被客家人捉走，他的

《臺灣方志集成·清代篇——第一輯》，高賢治/主編，第 28 冊，台北：宗青圖書出版公司/印行，pp.425～433）。

〔註80〕筆者小時候也常聽長輩以「客人仔」稱呼客家人，語帶輕視意味。

妻子在客家庄被「慢凌遲」，陳辦的母親也受到「迫辱」，致使陳辦與客家人
有著深仇大恨。

陳辦為了報仇與救回妻兒，率眾攻客家庄，但是客家庄四周有著密密的
「竹圍」，陳辦久攻不下，情急之下，才會「挪帖請出張丙兄」，終於演變成
張丙等人起義。

（二）統治論述中的粵人

1.《大清宣宗成皇帝實錄》與官員的奏摺（1832～1833）

在《大清宣宗成皇帝實錄》與官員的奏摺中，認定張丙等人作亂造反的
起因，在於閩南移民侵犯客家移民的村莊，引起「閩客械鬥」，官府因而介入
平亂，結果閩南移民殺害官員，讓事情因而擴大。道光 12 年（1832）11 月 25
日清宣宗接獲閩浙總督程祖洛的奏摺，指出「嘉義匪徒等因與粵莊爭牛細
故」，「閩匪」於是毀了客家人的村莊，因為抗拒官府追捕，才起來反抗政府。
〔註81〕

與陳辦的閩莊發生衝突的粵莊帶頭者是張阿凜，在道光 13 年 6 月 29 日
清穆宗據福州將軍瑚松額的奏摺中指出：客家人「張阿凜本係被搶事主，既
經控縣，復因陳辦聞拏逃逸、焚其房屋，並誤牽陳實牛隻作抵，致陳辦藉口
攻莊，張阿凜復糾眾回攻。」因此清廷認為張阿凜也是肇事元凶，因為他帶
領客家人與閩南人械鬥，讓陳辦有藉口作亂焚搶，因此判定將張阿凜「發極
邊足四千里充軍。」〔註82〕

在《大清宣宗成皇帝實錄》與官員的奏摺中，客家人本來是受害者，因
此客家人報請官府捉拿陳辦等人；但是在《新刊臺灣陳辦歌》卻指出陳辦的
村莊才是「被搶事主」，客家莊民是惡意牽牛、殺牛，而非「誤牽」，而且因
為官府偏袒客家人，才會逼使陳辦請出張丙等人造反，誅殺貪官污吏。

2. 周凱（1779～1837）〈記臺灣張丙之亂〉

周凱在〈記臺灣張丙之亂〉一開始就先分析臺灣居民的族群屬性，他指
出臺灣居民來自泉州、漳州以及廣東省沿海地區，福建省移民稱廣東移民為
「客」。周凱認為：「粵富而狡，閩強而悍」，「民情浮而易動」，並指出臺灣時

〔註81〕見《大清宣宗成皇帝實錄》（臺灣銀行經濟研究室/編，《清宣宗實錄選輯》，南
　　投：臺灣省文獻委員會/印行，1997.6.30，p.99）。
〔註82〕見《大清宣宗成皇帝實錄》（臺灣銀行經濟研究室/編，《清宣宗實錄選輯》，南
　　投：臺灣省文獻委員會/印行，1997.6.30，p.149）。

常發生械鬥，「閩、粵鬥則泉漳合；泉、漳鬥則粵伺勝敗，以乘其後。」自從臺灣納入清國版圖，作亂的人「皆閩人」。〔註83〕從周凱的論述可見他對於臺灣漢移民都持負面的態度，並指出客家人是奸詐狡滑的族群。

周凱在〈記臺灣張丙之亂〉中，記述兩件客家人事蹟：一是在道光12年（1832）閏9月，與陳辦村莊械鬥的「粵人張阿凜」〔註84〕；二是鳳山縣「粵莊奸民李受，又乘間假義民旗，焚殺閩莊阿里港七十餘處」。〔註85〕

周凱指出張阿凜住在雙溪口，是一個勢力強大的「粵莊」，道光12年（1832）閏9月，先是陳辦的族人摘了「粵人張阿凜」的芋葉，被張阿凜羞辱；於是陳辦為毀壞張阿凜芋田；接著張阿凜燒毀陳辦屋舍，又牽走陳辦村人的牛；陳辦於是找張丙等人助陣，但是不但攻不下雙溪口客家莊，還受傷；雙方械鬥引起官府的介入，官兵追捕陳辦，卻不追究張阿凜的過失。周凱沒有進一步探討張阿凜是否有向官員行賄，但是卻藉張丙，指出官兵偏袒客家人，因此才激起張丙謀反。

關於南路鳳山縣的「粵莊奸民李受」在道光12年（1832）冬季，假藉義民身分而劫掠 Holo 人村莊的事蹟，周凱稱李受為「奸民」，與他認為臺灣的客家人性「狡」相呼應。周凱指出10月23日鳳山縣粵莊監生李受「斂銀穀、聚義勇」，製作六面「臺灣府義民旗」，藉口鳳山縣閩人許成下令「滅粵」，李受以「自保」為理由，不前往臺灣府城協守，反而「乘機搶掠閩人」，攻擊「閩莊」。〔註86〕周凱將李受的作亂定位為閩、粵（福、客）械鬥，他指出許成先揚言要「滅粵」，才讓李受有機可乘。

周凱在〈記臺灣張丙之亂〉中分析李受的陰謀盤算，他指出李受以為許成一定會攻下鳳山縣城，到時候「粵人復之，可得功」，他可以陷害污蔑被他

〔註83〕見周凱〈記臺灣張丙之亂〉（周凱《內自訟齋文集》，原刊於1840年（道光20年），臺灣銀行經濟研究室/編輯，臺灣文獻叢刊第82種，台北：臺灣銀行/發行，1960.5，p.31）。

〔註84〕見周凱〈記臺灣張丙之亂〉（周凱《內自訟齋文集》，原刊於1840年（道光20年），臺灣銀行經濟研究室/編輯，臺灣文獻叢刊第82種，台北：臺灣銀行/發行，1960.5，p.33）。

〔註85〕見周凱〈記臺灣張丙之亂〉（周凱《內自訟齋文集》，原刊於1840年（道光20年），臺灣銀行經濟研究室/編輯，臺灣文獻叢刊第82種，台北：臺灣銀行/發行，1960.5，p.32）。

〔註86〕見周凱〈記臺灣張丙之亂〉（周凱《內自訟齋文集》，原刊於1840年（道光20年），臺灣銀行經濟研究室/編輯，臺灣文獻叢刊第82種，台北：臺灣銀行/發行，1960.5，p.37）。

所搶的閩莊爲「賊」，於是李受勾結「生番」（臺灣原住民），舉「義民旗」爲害閩莊；沒想到許成卻無法攻佔鳳山縣署，反而轉往臺灣縣。12 月 2 日臺灣道平慶計誘李受入獄。〔註87〕從周凱指出「粵人故智也」，可見他認爲臺灣的客家人實在是奸狡的人。

3. 鄭蘭〈勦平許逆紀事（並序）〉（1835）

在鳳山縣貢生鄭蘭在道光 15 年（1835）所寫的〈勦平許逆紀事（並序）〉中，所論述的客家人是鳳山縣的李受等人，這些客家人的形象十分惡劣，鄭蘭稱他們爲「粵匪」〔註88〕，稱李受爲「粵莊李匪」〔註89〕，指出他們假藉「義民」身分，行「攻掠焚搶屠莊」之實，鄭蘭痛罵李受等粵匪「蹂躪」「閩莊」。〔註90〕鄭蘭詩中以「福人」代稱 Holo 人（閩人），以「客子」代稱客家人，鄭蘭指出：「粵稱閩人爲福老，謂福建人也」〔註91〕；「客子指粵人，以其籍隸廣東，與我閩有主客之分也」〔註92〕，由此可見鄭蘭是 Holo 人（閩人）。鄭蘭指出由於李受等客家人的迫害，鳳山縣的「福人」棄家逃亡，很多人死在半路，無人收屍，而活著的人只能在「荒村度命」，客家人不但焚搶 Holo 人，還強暴 Holo 人的婦女，李受罪大惡極，Holo 人（閩人）「逆首許成，遜其威風。」〔註93〕對於協助李受的「粵舉人」曾偉中，鄭蘭批評他

〔註87〕見周凱〈記臺灣張丙之亂〉（周凱《內自訟齋文集》，原刊於 1840 年（道光 20 年），臺灣銀行經濟研究室/編輯，臺灣文獻叢刊第 82 種，台北：臺灣銀行/發行，1960.5，p.41）。

〔註88〕見鄭蘭〈勦平許逆紀事（並序）〉（盧德嘉《鳳山縣採訪冊》〈藝文二・兵事（下）〉，《臺灣方志集成・清代篇——第一輯》，高賢治/主編，第 28 冊，台北：宗青圖書出版公司/印行，p.427）。

〔註89〕見鄭蘭〈勦平許逆紀事（並序）〉（盧德嘉《鳳山縣採訪冊》〈藝文二・兵事（下）〉，《臺灣方志集成・清代篇——第一輯》，高賢治/主編，第 28 冊，台北：宗青圖書出版公司/印行，p.432）。

〔註90〕見鄭蘭〈勦平許逆紀事（並序）〉（盧德嘉《鳳山縣採訪冊》〈藝文二・兵事（下）〉，《臺灣方志集成・清代篇——第一輯》，高賢治/主編，第 28 冊，台北：宗青圖書出版公司/印行，p.427）。

〔註91〕見鄭蘭〈勦平許逆紀事（並序）〉（盧德嘉《鳳山縣採訪冊》〈藝文二・兵事（下）〉，《臺灣方志集成・清代篇——第一輯》，高賢治/主編，第 28 冊，台北：宗青圖書出版公司/印行，p.427）。

〔註92〕見鄭蘭〈勦平許逆紀事（並序）〉（盧德嘉《鳳山縣採訪冊》〈藝文二・兵事（下）〉，《臺灣方志集成・清代篇——第一輯》，高賢治/主編，第 28 冊，台北：宗青圖書出版公司/印行，p.428）。

〔註93〕見鄭蘭〈勦平許逆紀事（並序）〉（盧德嘉《鳳山縣採訪冊》〈藝文二・兵事（下）〉，《臺灣方志集成・清代篇——第一輯》，高賢治/主編，第 28 冊，台北：宗青

自毀前程〔註94〕；但是，鄭蘭對於部分客家人仍持肯定立場，如勸告李受千萬不要攻擊閩莊的「粵籍進士」黃鑲雲。〔註95〕最後，李受被官兵擒斬，鄭蘭誇道：「天網恢而不漏，雲霓沛其來蘇」。〔註96〕

　　從鄭蘭的論述看來，他既批判同爲閩人的許成，稱他爲許逆，又痛斥李受爲粵匪，他所認同的是統治者的立場，並站在儒生爲民申冤的立場，批判這些攻擊官署、掠奪百姓的逆匪。

第三節　《新刊臺灣陳辦歌》對官兵的詮釋

一、清國官員的形象

（一）《新刊臺灣陳辦歌》中的清國官員

　　在《新刊臺灣陳辦歌》對官員的稱呼有兩種，一是以「太爺」、「大老」、「大人」泛稱官員，二是以官員的職銜來稱呼他。這些稱謂都是敬稱，以下依稱謂分類，再舉例說明這些清國官員的形象。

1. 太　爺

　　在《新刊臺灣陳辦歌》中被泛稱爲「太爺」的官員有兩位，一是嘉義縣知縣邵用之，二是彰化縣南投縣丞朱懋。

　　「諸羅『太爺』聞反意」中的「諸羅太爺」應該就是嘉義縣知縣邵用之，陳辦、張丙等人都是嘉義縣人，起事地點也在嘉義縣。「邵『太爺』眞正是賢」的「邵太爺」應該也是指邵用之。邵用之在《新刊臺灣陳辦歌》的出現兩次，第一次是張丙等人起義之初，他聽到張丙等人要謀反的消息，於是派「衙役」去調查，沒想到衙役卻收受張丙的賄賂，「回覆並無只事志」，邵用之在此犯

圖書出版公司/印行，p.428）。

〔註94〕見鄭蘭〈勦平許逆紀事（並序）〉（盧德嘉《鳳山縣採訪冊》〈藝文二・兵事（下）〉，《臺灣方志集成・清代篇——第一輯》，高賢治/主編，第28冊，台北：宗青圖書出版公司/印行，pp.428～429、432）。

〔註95〕見鄭蘭〈勦平許逆紀事（並序）〉（盧德嘉《鳳山縣採訪冊》〈藝文二・兵事（下）〉，《臺灣方志集成・清代篇——第一輯》，高賢治/主編，第28冊，台北：宗青圖書出版公司/印行，p.427）。

〔註96〕見鄭蘭〈勦平許逆紀事（並序）〉（盧德嘉《鳳山縣採訪冊》〈藝文二・兵事（下）〉，《臺灣方志集成・清代篇——第一輯》，高賢治/主編，第28冊，台北：宗青圖書出版公司/印行，p.432）。

了用人不當的過失。邵用之第二次出現是帶了「民壯」要去救朱戀，結果因為張丙的「賊馬興旺」，救人不成，「忠義」的邵用之，反而被「賊」殺害。

從「邵太爺真正是『賢』」與「請賊來殺伊『忠義』」這兩句，可以看出《新刊臺灣陳辦歌》對邵用之的正面肯定與惋惜，邵用之在此是一位賢能的地方官，是一位忠義之官；相對的張丙的人馬是「賊馬」、「賊」，是負面的形象。

至於「朱太爺」，如果是指南投縣丞朱戀，就顯得不合情理，因為朱太爺他率領「義民」要去捉拿張丙等人，而張丙等人起事地點在嘉義縣，並不是彰化縣的南投縣丞的管轄區。在《新刊臺灣陳辦歌》中，「朱太爺」是唯一被直接點名為「貪官污吏」、「奸貪狗官」的官員，他先是帶義民要去捉張丙等人，結果他帶去的義民被「殺死一半」，他還被張丙抓來審判，直指他是貪污腐敗的狗官，因此還被「剮心剜肉」凌遲而死。這位被殺的「奸貪狗官」「朱太爺」也為張丙等人「復漢滅滿」的行動找到理由，營造出「官逼民反」的革命氣氛。

2. 大　老

在《新刊臺灣陳辦歌》中被泛稱為「大老」的官員有兩位，一是在曾文溪敗亡的「澎湖大老」，二是捉到詹通的「玉大老」。

「澎湖大老」在「安平大人」的指派下，帶著兵馬去解救被包圍的嘉義縣城，行軍到曾文溪的時候「軍馬死一半」，澎湖大老「被賊追」，最後被殺。這裡寫出張丙軍隊的強悍與官兵的軟弱無能，還被賊馬「橫腰斬殺」，顯見滿清政府派來駐台官員的無能。

「玉大人」是擒獲詹通最有功勞的人，在這首歌仔中，他以酒肉將「黃掛稱先鋒」的詹通灌醉，然後會同安溪寮莊民，將詹通綑綁。在這裡，透過有勇無謀的詹通，襯託出玉大人的智慧。

3. 大　人

在《新刊臺灣陳辦歌》中被泛稱為「大人」的官員有兩位，一是「安平大人」，二是「馬大人」。

「安平大人」應是代理臺灣府事的臺灣海防同知王衍慶，他派遣官兵前去嘉義縣救援臺灣鎮總兵劉廷斌。歌中對他的描寫僅止於此。

「馬大人」指的是從清國內地率兵來台救援的福建陸路提督馬濟勝，他是《新刊臺灣陳辦歌》中最神勇的官員，也是被論述最多的官員。歌仔敘述

到臺灣道台平慶向清廷求援兵，接著就寫到「調撥三馬去平台，直往下門配船企，順風順水駛鹿耳　登岸府城去看伊。」但是沒有指明領兵的人是「馬大人」；接下來寫清廷渡台援軍與張丙這邊的軍隊交戰的情形，清軍連戰皆捷，包含：「直攻西港斬添福」，擊敗劉仲、蔡恭的軍隊，還活擒張丙的「軍師欲沂」，並將他問斬。以上論述都沒有指明是「馬大人」的功蹟。

「馬大人」這三個字出現在這首歌仔中只有一次，就是劉仲、蔡恭散發的謠言：「馬大人唐山運銀米」，此後就沒有再出現。不過，以下又論及清廷援軍多次將詹通的軍隊擊敗，使得詹通「戰敗屢次無体面，姦淫鹽水人婦女」；也讓張丙這邊的人馬被「官兵追趕」到「無主意」，最後還「大半归陰司」。以上，都是描寫馬濟勝帶來的援軍之戰功。

4. 以官銜或官階稱之：「呂府」、「劉鎮」、「平道」、「馬總」、「溫陵一品」

在《新刊臺灣陳辦歌》中，也有以官銜來簡稱官員，有「呂府」、「劉鎮」、「平道」、「馬總」、「總理」，也有官階來稱呼官員，就是「溫陵一品」。

「呂府」指的是臺灣府知府呂志恒，一共出現兩次：一次是「呂府一時有主意」，一次是「呂府一命归陰司」。在歌詞中，呂志恒接到快報，說「朱太爺」與「邵太爺」都已經被張丙的軍隊所殺，嘉義縣城沒有地方官，情勢危急，於是呂志恒「點起民壯及軍馬，連夜趕到店仔口」要追捕張丙，但是反而被張丙的「賊馬追趕迫半死」，呂志恒也因此喪命。

「劉鎮」指的是臺灣鎮總兵劉廷斌，道光 12 年（1832）10 月他正在舉行例行的「北巡」工作，聽到張丙與詹通進攻嘉義縣城的消息後，他「整軍馬」，結果還被張丙的軍隊「殺的數陣退入城」，堂堂臺灣最高軍事領袖（總兵）卻敵不過匆促成軍的張丙軍隊，不過，歌仔接著以「守的加義是功勞」來肯定劉廷斌，但是，劉廷斌也只能困守在嘉義城內，對於接連發生在嘉義城外的戰事，完全無能為力，還要「安平大人」海防同知王衍慶派人前去解救他，可惜救兵也在半路就被張丙的軍隊擊潰。

「平道」指的是臺灣道台平慶，他只有出現一次，就是「平『道』一時商議智」。當張丙起義發生後，戕官事件頻傳，臺灣道台平慶於是「寫出表文」向清宣宗討救兵，請清廷「調撥三馬去平台」，因此清廷才派兵來臺灣平亂。

「馬總」指的是嘉義縣斗六門汛守備馬步衢，他的官銜是「守備」，為何稱他為「馬總」不得其詳。「馬總」一詞只出現一次：「力得『馬総』焚半死」，

此外「馬步衢」出現一次，即：「馬步衢實是不知智，眞心用了義民伊。」在《新刊臺灣陳辦歌》中，馬步衢是一位被「義民」出賣的官員，他「眞心」信任義民，結果義民卻和黃城的軍隊裡應外合，最後馬步衢被「焚死」。

「溫陵一品」指的應是王得祿，他在乾隆 35 年（1770）出生在諸羅縣（嘉義縣），他多次擊敗臺灣沿海的海盜，因此官至提督。當道光 12 年（1832）年張丙起義發生時，他人正寓居廈門養病，他募鄉勇協助清廷平定張丙，道光 13 年（1833）被封爲太子少保衛，道光 22 年（1842）病逝，又追封太子太師衛。「一品」是王得祿的官階，在《新刊臺灣陳辦歌》中，「溫陵一品」只有出現一次，就是：「劉鎮听說整軍馬，殺的數陣退入城，守的加義是功勞，溫陵一品來助戰，城上盡是女英靈，賊仔一時無計智，連圍一月不下伊。」從以上這段歌詞看來，「溫陵一品」在道光 12 年 10 月劉廷斌退守嘉義縣城時，加入了守城的行列，「城上盡是女英靈」也許是「溫陵一品」所召募的義民，因爲官兵是不可能有女性的。

（二）統治論述中的清國官員形象

1.《大清宣宗成皇帝實錄》與官員的奏摺（1832～1833）

在《大清宣宗成皇帝實錄》與官員的奏摺中，清宣宗對官員要求嚴厲，威赫官員絕不手軟；同時，駐台官員動輒得咎，清宣宗無法信任遠隔海外的臺灣官員，因此，要求閩浙總督程祖移駐廈門，就近掌控臺灣戰況，命令福建陸路提督馬濟勝、福州將軍瑚松額先後帶兵抵台平亂。

道光 12 年（1832）10 月 26 到 28 日間，清宣宗要求臺灣鎮總兵官劉廷斌、臺灣道平慶「保固城池」，將賊匪「趕緊撲滅」，「毋得稍延時日，致滋糜費。」〔註97〕

道光 12 年（1832）11 月 16 日，清宣宗質疑臺灣官員：「賊匪拒捕戕官，何以同在嘉義起事？知府呂志恒、知縣邵用之先後被戕，又何以同在嘉義地方？從前臺灣雖分地械鬥，並無抗拒官兵、戕害府縣之事；是否該知府不得民情，致有激變？」〔註98〕於是清宣宗令福州將軍瑚松額抵台「密加訪察」，指出「不得因該知府等業已被戕，稍有回護；臺灣文武官員，自鎮、道以至州、縣，如

〔註97〕見《大清宣宗成皇帝實錄》（臺灣銀行經濟研究室/編，《清宣宗實錄選輯》，南投：臺灣省文獻委員會/印行，1997.6.30，pp.85～89）。

〔註98〕見《大清宣宗成皇帝實錄》（臺灣銀行經濟研究室/編，《清宣宗實錄選輯》，南投：臺灣省文獻委員會/印行，1997.6.30，pp.85～89）。

有貪婪不法，辦理不善之處，即著據實陳奏，無得稍有隱飾。」〔註99〕

道光 13 年（1833）3 月 22 日清穆宗據福州將軍瑚松額奏摺，指出：「研訊該匪等起釁根由，係以貪官污吏妄殺無辜爲詞。」〔註100〕4 月 22 日清穆宗據福州將軍瑚松額、閩浙總督程祖洛奏摺，認定呂志恒與邵用之「平日實未有貪污、凌虐、激變情事，現已確鑿可信。」但是在張丙等人被押送到北京問斬之後，道光 13 年（1833）7 月 1 日清穆宗諭內閣，再度強調：「乃邵用之不協輿情，呂志恒果於自用，遂至戕官攻城，竟同負嵎之勢。及訊問該逆因而造反，尚稱地方官辦事不公」，「如果循聲卓著，該逆何能藉口？」〔註101〕明確指出臺灣官員的失職，才會激起民怨。

臺灣鎮劉廷斌，本在道光 12 年 9 月 9 日被升爲廣東陸路提督，但是臺灣隨即發生動亂；清宣宗在道光 13 年（1833）7 月 1 日痛斥：「總兵劉廷斌訓練不勤，營伍廢弛；該道平慶雖操守尚好，而不能防患未然，咎無可逭。是以將劉廷斌、平慶俱交部嚴加議處。」可見清宣宗對臺灣官員的能力十分重視，不允許官員做出「誤國殃民」的舉止，不久劉廷斌就病故，對他的議處也就中止。

在《大清宣宗成皇帝實錄》與官員的奏摺中，清宣宗對有功官員的獎賞也很大方，功勞最大的官員是福建陸路提督馬濟勝，道光 13 年（1833）12 月 5 日召見馬濟勝之後，清宣宗諭內閣，指出「臺灣逆匪張丙」等作亂，當時全台官兵有一萬四千多名，臺灣鎮領兵能力不足；「馬濟勝經魏元烺派往，獨帶兵二千渡台接仗，身先士卒，所向克捷，以少勝眾，十戰成功，各股賊匪紛紛潰散，逆首陸續就擒，不煩內地兵力。」清宣宗誇獎馬濟勝「厥功甚偉」，賞賜他御書「忠勇嚴明」扁額、二等子爵世職、雙眼花翎，准他在御前侍衛行走，在紫禁城騎馬。派馬濟勝前往臺灣的福建巡撫魏元烺也加恩賞戴花翎。

2. 周凱（1779～1837）〈記臺灣張丙之亂〉

道光 13 年（1833）7 月，周凱接任臺灣道，任期有 109 天，事後他寫下〈記臺灣張丙之亂〉，其中對於官員的敘述頗多。

〔註99〕見《大清宣宗成皇帝實錄》（臺灣銀行經濟研究室/編，《清宣宗實錄選輯》，南投：臺灣省文獻委員會/印行，1997.6.30，pp.98～99）。

〔註100〕見《大清宣宗成皇帝實錄》（臺灣銀行經濟研究室/編，《清宣宗實錄選輯》，南投：臺灣省文獻委員會/印行，1997.6.30，p.139）。

〔註101〕見《大清宣宗成皇帝實錄》（臺灣銀行經濟研究室/編，《清宣宗實錄選輯》，南投：臺灣省文獻委員會/印行，1997.6.30，p.151）。

　　在道光 12 年（1832）10 月張丙自立爲王時，周凱任職福建省興泉永道。在〈記臺灣張丙之亂〉中，周凱指出道光 12 年（1832）10 月 9 日福建巡撫魏元烺接獲臺灣動亂的報告，立即調兵遣將平台，他急派福建陸路提督馬濟勝率 2000 名士兵，又派金門鎭總兵竇振彪率兵 1300 名，副將謝朝恩率兵 1200 名。〔註 102〕道光 12 年（1832）11 月 28 日閩浙總督程祖洛抵達廈門，道光 13 年（1833）1 月欽差大臣福州將軍瑚松額與閩浙總督程祖洛抵達臺灣，「奉命澈查起釁根由及死事出力者與不職者」〔註 103〕；道光 13 年（1833）6 月欽差大臣福州將軍瑚松額離台內渡，7 月閩浙總督程祖洛也離台內渡。〔註 104〕事後這些官員都獲得獎賞。〔註 105〕

　　事平之後，臺灣鎭總兵劉廷斌、臺灣道平慶都被朝廷議處，不久劉廷斌在軍中病逝，平慶「因病乞休」。〔註 106〕周凱沒有進一步指出臺灣鎭總兵劉廷斌與臺灣道平慶被議處的詳細原因與處分內容；在〈記臺灣張丙之亂〉中，周凱記敘對於這兩位臺灣首長盡力剿賊的過程，事發之日，劉廷斌與賊交戰不力，周凱指出這是因爲「劉公以兵二百出巡，猝調不得至」〔註 107〕，敗戰在於兵力單薄，不在剿賊不力。周凱始終以「劉公」尊稱劉廷斌，可見他對劉廷斌的尊重，此外他還指出劉廷斌努力防守嘉義縣城，並派兵援救義首王得蟠。

〔註 102〕見周凱〈記臺灣張丙之亂〉（周凱《內自訟齋文集》，原刊於 1840 年（道光 20 年），臺灣銀行經濟研究室/編輯，臺灣文獻叢刊第 82 種，台北：臺灣銀行/發行，1960.5，p.32）。

〔註 103〕見周凱〈記臺灣張丙之亂〉（周凱《內自訟齋文集》，原刊於 1840 年（道光 20 年），臺灣銀行經濟研究室/編輯，臺灣文獻叢刊第 82 種，台北：臺灣銀行/發行，1960.5，pp.32、42）。

〔註 104〕見周凱〈記臺灣張丙之亂〉（周凱《內自訟齋文集》，原刊於 1840 年（道光 20 年），臺灣銀行經濟研究室/編輯，臺灣文獻叢刊第 82 種，台北：臺灣銀行/發行，1960.5，p.43）。

〔註 105〕官員受獎賞的記載見周凱〈記臺灣張丙之亂〉（周凱《內自訟齋文集》，原刊於 1840 年（道光 20 年），臺灣銀行經濟研究室/編輯，臺灣文獻叢刊第 82 種，台北：臺灣銀行/發行，1960.5，pp.42～43）。

〔註 106〕見周凱〈記臺灣張丙之亂〉（周凱《內自訟齋文集》，原刊於 1840 年（道光 20 年），臺灣銀行經濟研究室/編輯，臺灣文獻叢刊第 82 種，台北：臺灣銀行/發行，1960.5，pp.32、42）。

〔註 107〕見周凱〈記臺灣張丙之亂〉（周凱《內自訟齋文集》，原刊於 1840 年（道光 20 年），臺灣銀行經濟研究室/編輯，臺灣文獻叢刊第 82 種，台北：臺灣銀行/發行，1960.5，pp.34～35）。

關於臺灣道平慶，周凱沒有尊稱他爲「公」，但也詳述平慶力守臺灣府城的辛勞，並指出平慶計誘鳳山縣粵人李受，有功勞。從周凱的論述看來，劉廷斌與平慶都是平亂有功的人，完全沒有指出他們有失職應被議處的行爲。

對於斗六門陣亡的官員，周凱也有詳細記載，都是正面肯定的論述，包含斗六門縣丞方振聲、守備馬步衢、千總陳玉威及這些官員的眷屬，周凱指出他們壯烈成仁，死前還「罵賊」不屈。最後這些官兵入祀昭忠祠，並在斗六門建專祠，家人、幕友、家丁也從祀。〔註108〕

周凱對於官員的論述絕大多數都是正面的；負面的論述很少。對於被張丙等人所殺的嘉義知縣邵用之，周凱也沒有批評他，只是藉張丙的口，懷疑邵用之收受賄賂。而臺灣府知府呂志恒被殺，周凱也沒有進一步指出呂志恒平日爲官的情形。不過對於被張丙等人所殺的南投縣橙朱懋，周凱指出朱懋爲官名聲好，所以張丙等賊後悔殺了他。此外，嘉義都司許荊山躲藏在斗六門，當黃城攻擊斗六門時，許荊山「破竹圍遁」，他所砍出的逃生口，成爲黃城等人入內殺官的通道。周凱只有呈現這一事實，但是沒有進一步去批評許荊山的不當行爲。

3. 鄭蘭〈勦平許逆紀事（並序）〉（1835）

在鳳山縣貢生鄭蘭在道光15年（1835）所寫的〈勦平許逆紀事（並序）〉〔註109〕中，鄭蘭以「功有賞、罪必誅」來肯定清國朝廷對於官員的賞罰，鳳山縣知縣託克通阿、福建陸路提督馬濟勝、臺灣道平慶等官員都獲鄭蘭讚賞。鄭蘭對官員的論述以正面居多，不過也有批判少數貪生怕死的失職官員，如：山豬毛都司陳起鳳、參將翁遊龍、千總陳高山等。鄭蘭所述官員幾乎都屬鳳山縣。

臺灣道平慶親自到阿猴，設計誘捕粵匪李受，鄭蘭對平慶深表肯定與尊重。關於《新刊臺灣陳辦歌》中所論述的嘉義縣與臺灣府官兵，除了臺灣道以外，未見於鄭蘭的記載中。雖然鄭蘭也批評一些失職的官員，但是他對於清國的統治者依然持肯定的立場，身爲貢生的鄭蘭，所持的立場是統治論述。

〔註108〕見周凱〈記臺灣張丙之亂〉（周凱《內自訟齋文集》，原刊於1840年（道光20年），臺灣銀行經濟研究室/編輯，臺灣文獻叢刊第82種，台北：臺灣銀行/發行，1960.5，pp.40～41、42）。

〔註109〕見鄭蘭〈勦平許逆紀事（並序）〉（盧德嘉《鳳山縣採訪冊》〈藝文二·兵事（下）〉，《臺灣方志集成·清代篇——第一輯》，高賢治/主編，第28冊，台北：宗青圖書出版公司/印行，p.427）。

二、清國官兵的形象

（一）《新刊臺灣陳辦歌》中的「軍兵」、「官兵」

在《新刊臺灣陳辦歌》對官方軍隊（官兵）的稱呼有四種，一是以「軍馬」，二是「軍兵」，三是「大隊」，四是「官兵」。以下依此稱呼分類，討論官兵在這首歌詩中的整體形象。

1. 軍　馬

在《新刊臺灣陳辦歌》「軍馬」常會與「民壯」、「賊馬」一起出現。「軍馬」指的是官方的軍隊，臺灣的兵屬於綠營兵；「民壯」又稱爲「義民」、「鄉勇」，指的是協助官方的臺灣本地壯丁；「賊馬」指的就是起義的軍隊，在此指張丙這邊的軍隊。「軍馬」一詞共出現四次：「點起『民壯』及『軍馬』」、「『民壯』『軍馬』死一半」、「劉鎮听說整『軍馬』」、「曾門『軍馬』死一半」。

「軍馬」一詞在《新刊臺灣陳辦歌》中，都是指臺灣鎮總兵轄下的臺灣常備兵力，這是一支軟弱無能的軍隊，不但無法有效殺敵，還被殺死大半或圍困。

在張丙的軍隊殺了嘉義知縣邵用之、南投縣丞朱懋之後，臺灣府知府呂志恒率領「民壯」與「軍馬」，趕到嘉義縣店仔口，打算要勦平張丙等人，結果卻變成被「賊馬追趕」，不但呂志恒被殺，連官方的軍馬與民壯也「死一半」。可見當時臺灣官兵的不堪一擊。

臺灣鎮總兵劉廷斌是臺灣最高軍事領袖，當臺灣府知府、嘉義知縣、南投縣丞都被張丙的「賊馬」殺死之後，劉廷斌「整軍馬」，也要去勦平賊馬，結果，歌詞馬上唱道：「殺的數陣退入城」，堂堂總兵不但無法殺賊，還變成敗兵被賊追趕，只好躲在嘉義城中困守，而對城外的動亂無能爲力。劉廷斌的敗戰，再次證明臺灣綠營兵的軟弱無能。要不是有「溫陵一品」募集臺灣民壯來協助守城，其中還包含「女英靈」，嘉義縣城早就被「賊仔」攻下。

臺灣鎮總兵本來是要領兵與敵人正面迎戰的，但是卻躲在嘉義城中困守，於是「安平大人」（海防同知王衍慶）只好派「澎湖大老」（澎湖協標左營都司蔡長青）帶「軍馬」前去嘉義縣城解救總兵，結果，「軍馬」行進到曾文溪，又被賊「圍困」，逃脫之後，又「被賊追」，「澎湖大老」「一時無思量」，無計可施之下，被張丙的軍隊殺死，「軍馬」也「死一半」。

在《新刊臺灣陳辦歌》中，對「軍馬」敗戰的數次描寫，在在反映出當時清廷駐臺灣綠營兵的差勁，連自己的性命都無法保護，更別說是勦討「賊

馬」了。

2. 軍　兵

「軍兵」在《新刊臺灣陳辦歌》中出現一次，指的也是原本駐守臺灣的軍隊。當清廷派來的援軍在鹿耳門上岸之後，立即前往臺灣府城，結果第一眼看到的畫面是：「『義民』『軍兵』面失色」，臺灣綠營兵被張丙的軍隊嚇得驚慌失措，信心徹底崩潰。於是馬濟勝下令官兵嚴加操練，「城垛點火暗守更」，小心防備，此時的軍兵，不但不能出外平亂，更害怕臺灣府城繼嘉義城之後，被張丙的軍隊圍攻。

3. 大隊、官兵

「大隊」與「官兵」在《新刊臺灣陳辦歌》中出現一次，指的是清廷派來的援軍，其間也加上原本躲在臺灣府城的「軍兵」。當「操練精熟」之後，原本不堪一擊的政府軍隊，才開始打勝仗，「直攻西港斬添福」之後，還擊敗劉仲與蔡恭的軍隊，接著多次擊敗詹通的軍隊，變成張丙這邊的「賊夥」被「官兵」「追趕」到「無主意」，只得躲在竹林叢中。此時，百姓見到官兵開始打勝仗，於是紛紛向官方示好投誠，最後「賊仔」被百姓設計，吃了百姓的「豬肉米飯」之後，大半身亡。

（二）統治論述中的官兵

1.《大清宣宗成皇帝實錄》與官員的奏摺（1832～1833）

在《大清宣宗成皇帝實錄》與官員的奏摺中，可以見出清宣宗很在意臺灣的動亂，他命官員從全國各地調集兵力與糧餉，準備合攻臺灣。

在道光12年（1832）11月28日，據福建巡撫魏元烺所奏，清國共調派內地5000名兵力，加上臺灣原有兵1650名，共計6650名兵力，並籌足兵餉15萬兩。道光12年（1832）10月18日福建陸路提督馬濟勝從泉州帶2000名兵力渡海，10月28日到達鹿耳門；11月2日金門鎮總兵竇振彪也帶1300名兵力到臺灣，副將謝朝恩另帶1200名兵力到臺灣。〔註110〕道光13年（1833）1月7日，清宣宗接獲馬濟勝捷報，誇獎馬濟勝的軍隊戰鬥能力強，「無敵不催」。〔註111〕道光13年6月25日清宣宗諭軍機大臣：「上年馬濟勝所帶二千

〔註110〕見《大清宣宗成皇帝實錄》（臺灣銀行經濟研究室/編，《清宣宗實錄選輯》，南投：臺灣省文獻委員會/印行，1997.6.30，p.102）。

〔註111〕見《大清宣宗成皇帝實錄》（臺灣銀行經濟研究室/編，《清宣宗實錄選輯》，南投：臺灣省文獻委員會/印行，1997.6.30，p.122）。

餘名悉是漳、泉人，屢戰成功；且自去年冬至今半年，未有一卒滋事。」「可見將帥得人，不患兵丁不用命」。〔註112〕

相對於馬濟勝所率領的精兵，清宣宗對臺灣官兵多有責難。道光 13 年 6 月 25 日清宣宗據閩浙總督程祖洛奏〈臺灣營務情形摺〉，指出：「臺灣營務，大弊在於不勤訓練，不守汛地。上年護遊擊周進龍等督兵擒捕匪徒，中途遇賊，官兵開礮不能出聲，以致為賊所乘。」清宣宗諭軍機大臣，指出臺灣官兵這種行為是「可笑可恨」。因此他要求新任臺灣鎮總兵張琴，要大力整頓臺灣的軍隊。〔註113〕

2. 周凱（1779～1837）〈記臺灣張丙之亂〉

周凱在〈記臺灣張丙之亂〉中對於官兵的論述絕大多數都是正面的；負面的論述很少。雖然在一開始官兵無法制伏張丙等亂賊，還不斷被賊攻擊，但是周凱只是簡單陳述事實，沒有加上他對官兵的批判。周凱將批判的重心放在亂賊，指出臺灣是內地不法之徒的新天地，是「盜賊」的大本營，一旦臺灣鬧饑荒，這些人就會「滋事」，這些作亂的都是「強而悍」的「閩人」。周凱以賊的強悍來為敗戰被殺的官兵找到合理的台階下。同時，他強調官兵大多是力戰而死，雖死猶榮。此外對於堅守嘉義縣城的官兵，周凱也給予肯定的論述。

道光 12 年（1832）10 月 4 日，臺灣鎮總兵劉廷斌與賊交戰不力，周凱指出這是因為「劉公以兵二百出巡，猝調不得至」〔註114〕，周凱認為敗戰在於兵力單薄，不在剿賊不力。但是即使劉廷斌只帶 200 名官兵，但是遇危急竟無兵可調來救援，還要臺灣義勇解救官兵，可見臺灣官兵的戰力不佳。

對於斗六門陣亡的官兵，周凱也有詳細記載，都是正面肯定的論述，周凱指出他們壯烈成仁，死前還「罵賊」不屈。最後這些官兵入祀昭忠祠，並在斗六門建專祠，家人、幕友、家丁也從祀。〔註115〕

〔註112〕見《大清宣宗成皇帝實錄》（臺灣銀行經濟研究室/編，《清宣宗實錄選輯》，南投：臺灣省文獻委員會/印行，1997.6.30，p.147）。

〔註113〕詳見《大清宣宗成皇帝實錄》（臺灣銀行經濟研究室/編，《清宣宗實錄選輯》，南投：臺灣省文獻委員會/印行，1997.6.30，pp.146～147）。

〔註114〕見周凱〈記臺灣張丙之亂〉（周凱《內自訟齋文集》，原刊於 1840 年（道光 20 年），臺灣銀行經濟研究室/編輯，臺灣文獻叢刊第 82 種，台北：臺灣銀行/發行，1960.5，pp.34～35）。

〔註115〕見周凱〈記臺灣張丙之亂〉（周凱《內自訟齋文集》，原刊於 1840 年（道光 20 年），臺灣銀行經濟研究室/編輯，臺灣文獻叢刊第 82 種，台北：臺灣銀

3. 鄭蘭〈勦平許逆紀事（並序）〉（1835）

在鳳山縣貢生鄭蘭在道光15年（1835）所寫的〈勦平許逆紀事（並序）〉〔註116〕中，他對官兵的論述不多，因爲他將論述的重點放在「逆」「匪」與百姓身上，對義勇的論述也多於官兵。鄭蘭對官兵的論述以個別官員爲主，對於一般的官兵論述很少，他指出鳳山縣的官兵與義勇合作無間，讓許成無法攻下縣署。〔註117〕

第四節　《新刊臺灣陳辦歌》對義民、民壯的詮釋

（一）《新刊臺灣陳辦歌》中的「義民」與「民壯」

在《新刊臺灣陳辦歌》中，清廷鎮守臺灣的常備「軍馬」不堪一擊，於是臺灣本地的「民壯」紛紛加入戰局，協助官方軍隊去攻打張丙的軍隊，就清廷而言，臺灣民壯協助官軍是一種義舉，因此賜以「義民」之稱；此外，擒拿張丙等叛亂份子的百姓也升級爲「義民」。

1. 民　壯

「民壯」是臺灣籍的臨時傭兵。滿清統治臺灣期間禁止臺灣人當兵，臺灣的班兵都是由內地派來。不過，因爲臺灣人熟悉環境，加上官吏藉機貪汙，雇用臺灣兵又可免支付內地眷糧及行糧，尤其是戰爭爆發，兵力不足，因此時常需要台勇助戰。所以清領時期，臺灣兵不可或缺。〔註118〕由於不是編制內的正規軍，因此，無法稱爲「兵」，稱爲「台勇」、「民壯」。

「民壯」在《新刊臺灣陳辦歌》中，出現兩次，第一次是協助嘉義知縣邵用之，前去解救「朱太爺」；第二次是協助臺灣府知府呂志恒，前去店仔口平亂，兩次都慘敗，大半被殺。

行/發行，1960.5，pp.40～41、42）。

〔註116〕見鄭蘭〈勦平許逆紀事（並序）〉：「民勇聯爲指臂。」（盧德嘉《鳳山縣採訪冊》〈藝文二·兵事（下）〉，《臺灣方志集成·清代篇──第一輯》，高賢治/主編，第28冊，台北：宗青圖書出版公司/印行，p.426）。

〔註117〕見鄭蘭〈勦平許逆紀事（並序）〉（盧德嘉《鳳山縣採訪冊》〈藝文二·兵事（下）〉，《臺灣方志集成·清代篇──第一輯》，高賢治/主編，第28冊，台北：宗青圖書出版公司/印行，p.427）。

〔註118〕對臺灣人在清領時期當兵的研究，詳見許雪姬《清宮臺灣的綠營》〈第七章綠營中的臺灣兵──附台勇〉（中央研究院近代研究所專刊（54），臺北：國立中央研究院近代史研究所，1987.5初版，pp.380～383）。

當「朱太爺」被張丙捉來審問時，勇敢的「邵太爺」就「整起『民壯』來救伊」，結果，寡不敵眾，反被人氣「興旺」的「賊馬」包圍。接著「呂府」也動用「民壯及軍馬」，「連夜趕到店仔口」，被「賊馬」追趕，造成「民壯軍馬死一半」。由此看來，臺灣「民壯」助官時常要賠上性命，當「賊」反而可以保命，難怪會「賊馬興旺」。

2. 義 民

「義民」是指在變亂發生時期，協助清國統治者，討剿叛亂犯，維持地方安定的漢人。通常義民是以集體型態出現，也就是「民間自衛武裝組織」，帶頭的人就是「義首」。義民在平日是一般百姓，與固定領軍餉的營兵不同。在清國內地也有義民的出現。〔註119〕

「義民」在《新刊臺灣陳辦歌》中，與「民壯」是同義詞，出現三次：第一次是張丙等人結盟革命之初，「朱太爺」帶義民要去捉張丙等人；第二次是黃城攻打斗六門汛，斗六門的義民與黃城裡應外合；第三次是清廷來台援軍初抵臺灣府城時，看到「義民」和「軍兵」六神無主的模樣。

「義民」在《新刊臺灣陳辦歌》中，不全然是協助官方的角色。

協助朱太爺前去緝捕革命份子的「義民」，卻被張丙的軍隊「殺死一半」，歌仔在這裡沒有詳細論述義民與張丙等人交戰的情形，只說朱太爺被審問凌遲，所以無法對義民參戰的過程，有更深廣的了解。

「義民」第二次在斗六門出場，「張洪」應該就是「義首」張紅頭，因為張洪與黃城合作，所以表面上是助官的「義民」，卻與起義份子裡應外合，「『義民』先入營盤內」說明義民的幫助使得黃城能夠迅速攻佔斗六門汛。而斗六門汛守備馬步衢，在這首歌仔中被寫成是一個「不知智」的人，他「眞心」信任義民的協助，因而掉以輕心，使得黃城的軍隊可以順利進攻，也害他自己被燒死。在這一段歌詞中，寫出了「義民」的「不義」，也隱涵官員不應「眞心」相信義民，義民也是臺灣本地人，應當要加以提防。

「義民」第三次出現是在福建陸路提督馬濟勝率兵抵臺灣府城之後，當時臺灣府城內人人愁雲慘霧，義民也是，由此可見當時張丙等人勢力的強大，與當時臺灣道鎮的軟弱無能。

嘉義縣的「安溪寮」的村民也是義民，該莊上、下莊的莊民一起合作，

〔註119〕本段有關「義民」的解說參考丁光玲《清代臺灣義民研究》（台北：文史哲出版社，1994.9初版），pp.2～4。

辦桌宴請詹通與他的「賊夥伴」，安溪寮莊民「豬肉米飯泮半天」，結果使得「賊仔大半归陰司」，可能是在飯菜中下毒。至於詹通是清廷要生擒的首犯，於是「玉大老」與安溪寮莊民合作，先極力誇獎詹通「黃掛稱先鋒」，再以「酒肉」來犒賞他，於是「醉半死」的詹通被擒。

將張丙與劉港生擒的「張舉人」與他的「宗兄」，也是義民。只可惜，歌仔中沒有進一步論述張丙、劉港被義民設計的過程，張丙是首謀，以三句話來交代他被捉的經過，反而是對詹通被捉的過程有生動的描述。

（二）統治論述中的義勇、鄉勇

1.《大清宣宗成皇帝實錄》與官員的奏摺（1832～1833）

在《大清宣宗成皇帝實錄》與官員的奏摺中，多次提及官員在臺灣召募當地的臺灣人擔任義勇，協助政府剿賊。「義」是與「賊」相對的用詞。

在道光12年（1832）12月4日，清宣宗諭軍機大臣，指出在臺灣所募集的「義勇」已經有二萬人，清宣宗「恐其中不盡善良」，要官員提防賊匪混入。〔註120〕當時官兵只有6500人，義勇約爲官兵的三倍多，可見臺灣義民在這次戰役中，地位很重要。清宣宗也要求官員一方面瓦解賊匪的群眾，一方面吸納臺灣民心，招集義勇；「以孤賊勢」。〔註121〕隨後臺灣義勇「助官獲犯，綁送軍前」，股首陳連、劉仲、黃番婆、劉港、詹通、張丙等人，都是由臺灣義民捉拿送官。〔註122〕清廷對這些臺灣義民、義首、紳士都有所獎賞。此外，也有一些臺灣義勇因而殉難，清宣宗也加以撫卹。

臺灣人成爲「義民」有功必賞；成爲「賊匪」有罪必懲，清宣宗分化臺灣人的兩面作法，在臺灣奏效。

2. 周凱（1779～1837）〈記臺灣張丙之亂〉

周凱在〈記臺灣張丙之亂〉中多次提及臺灣的「紳士」、「義首」、「義民」、「義勇」、「鄉勇」、「勇」等協助官兵平亂的事蹟與功勞。

在道光12年（1832）10月2日臺灣府知府呂志恒率領「鄉勇二百人」，前

〔註120〕見《大清宣宗成皇帝實錄》（臺灣銀行經濟研究室/編，《清宣宗實錄選輯》，南投：臺灣省文獻委員會/印行，1997.6.30，p.102）。

〔註121〕見《大清宣宗成皇帝實錄》（臺灣銀行經濟研究室/編，《清宣宗實錄選輯》，南投：臺灣省文獻委員會/印行，1997.6.30，p.107）。

〔註122〕詳見《大清宣宗成皇帝實錄》（臺灣銀行經濟研究室/編，《清宣宗實錄選輯》，南投：臺灣省文獻委員會/印行，1997.6.30，pp.111～116）。

往嘉義縣援救嘉義縣知縣邵用之。「義首許邦亮」將所乘馬匹讓給呂志恒，自己徒步應戰，與呂志恒一起被殺死。〔註123〕10月4日臺灣鎮總兵劉廷斌只帶領200名兵力出巡，在嘉義縣城外被張丙與劉仲的軍隊包圍，「遇前提督王公得祿從弟武生王得蟠，糾義勇來護城」，劉廷斌因此被保護進入城內。〔註124〕

　　周凱只說呂知府帶領義首與鄉勇出援，卻沒有提到官兵隨行出戰。又臺灣鎮總兵劉廷斌出巡遇張丙等包圍，也是仰賴臺灣義首與義勇的援救，雖然劉廷斌只帶200名官兵，但是遇危急竟無兵可調來救援，還要臺灣義勇解救官兵，可見臺灣官兵的戰力不佳，也可見清國統治者對於臺灣義勇的依賴。此後，劉廷斌仍數次仰賴臺灣義勇出陣應戰，如10月間，嘉義縣城外有賊四處焚搶村莊，「劉公夜縋義勇襲擊，屢有斬獲」。〔註125〕10月28日義首王得蟠在灣內莊圍攻詹通，臺灣鎮總兵劉廷斌「出兵勇助之」，「斬百餘賊」，賊寮全數被搗毀。〔註126〕「兵」時常與「勇」一起被提及，可見單靠清國駐台的綠營兵力，已經無法有效發揮戰力，必須加上臺灣鄉勇才能得力。

　　在周凱的論述中，對於嘉義縣城內的「兵」、「民」、「勇」很讚賞，因為他們合力防堵張丙攻城，與張丙僵持一個月後，嘉義縣城內的兵民重挫張丙銳氣，讓張丙稱王立國的美夢幻滅。〔註127〕同時，10月8日臺灣府城備戰，「紳士募義勇」協助。〔註128〕義民對守城有所貢獻。

〔註123〕見周凱〈記臺灣張丙之亂〉（周凱《內自訟齋文集》，原刊於1840年（道光20年），臺灣銀行經濟研究室/編輯，臺灣文獻叢刊第82種，台北：臺灣銀行/發行，1960.5，pp.33～34）。

〔註124〕見周凱〈記臺灣張丙之亂〉（周凱《內自訟齋文集》，原刊於1840年（道光20年），臺灣銀行經濟研究室/編輯，臺灣文獻叢刊第82種，台北：臺灣銀行/發行，1960.5，pp.34～35）。

〔註125〕見周凱〈記臺灣張丙之亂〉（周凱《內自訟齋文集》，原刊於1840年（道光20年），臺灣銀行經濟研究室/編輯，臺灣文獻叢刊第82種，台北：臺灣銀行/發行，1960.5，p.35）。

〔註126〕見周凱〈記臺灣張丙之亂〉（周凱《內自訟齋文集》，原刊於1840年（道光20年），臺灣銀行經濟研究室/編輯，臺灣文獻叢刊第82種，台北：臺灣銀行/發行，1960.5，p.37）。

〔註127〕見周凱〈記臺灣張丙之亂〉（周凱《內自訟齋文集》，原刊於1840年（道光20年），臺灣銀行經濟研究室/編輯，臺灣文獻叢刊第82種，台北：臺灣銀行/發行，1960.5，pp.34、37）。

〔註128〕見周凱〈記臺灣張丙之亂〉（周凱《內自訟齋文集》，原刊於1840年（道光20年），臺灣銀行經濟研究室/編輯，臺灣文獻叢刊第82種，台北：臺灣銀行/發行，1960.5，p.35）。

在周凱的論述中，可以發現張丙等人最後一一被擒獲，關鍵在於道光 12 年（1832）10 月底到 11 月底之間，很多臺灣百姓加入義民的行列。周凱指出：「向之買旗保莊派飯從賊者，本懷二心，賊至則賊旗，賊退自稱義民，間有強掠者」〔註129〕臺灣百姓後來大多轉為義民的原因有二：其一是，10 月 30 日張丙放棄圍攻嘉義縣城，開始大舉搶掠民莊，違背他先前不擾民莊的承諾，因此逼使「紳士出資，建義民旗殺賊」，張丙的股首或被殺或被擒獲送官。〔註130〕其二是，11 月 23 日福建陸路提督馬濟勝的軍隊渡過鐵線橋，道路疏通，生擒李武松，獲詹通，「賊大潰」，於是百姓「皆豎義民旗，縛賊以獻。」〔註131〕11 月 28 日「紳士義民或縛賊來獻，或導兵捕賊」，黃番婆、劉仲、劉港被擒獲斬殺。〔註132〕由此可知，如果沒有臺灣義民助官，張丙等起義者就不容易被官府擒獲。

周凱指出「前任提督子爵王公得祿，率家屬勸諭連莊，建義旗獲賊，賞加太子少保。」〔註133〕由此可見士紳成為義首，召募鄉勇，也是幫助自己晉身統治者行列中的絕佳跳板。

在周凱的論述中，也指出「義民」角色的曖昧，在 10 月 23 日鳳山縣粵莊監生李受製作六面「臺灣府義民旗」，藉口鳳山縣閩人許成下令「滅粵」，李受以「自保」為理由，「乘機搶掠閩人」。〔註134〕周凱指出李受是一個很奸

〔註129〕見周凱〈記臺灣張丙之亂〉（周凱《內自訟齋文集》，原刊於 1840 年（道光 20 年），臺灣銀行經濟研究室/編輯，臺灣文獻叢刊第 82 種，台北：臺灣銀行/發行，1960.5，p.39）。

〔註130〕見周凱〈記臺灣張丙之亂〉：10 月 3 日張丙率賊圍攻嘉義縣城，城內典史張繼昌「激勸兵民閉城守禦」。10 月 23 日張丙焚燒嘉義縣城北門，「兵勇出擊，互有殺傷」。10 月 30 日張丙又圍攻嘉義縣城，「城中兵勇與戰」，張丙敗戰棄城。（周凱《內自訟齋文集》，原刊於 1840 年（道光 20 年），臺灣銀行經濟研究室/編輯，臺灣文獻叢刊第 82 種，台北：臺灣銀行/發行，1960.5，pp.37～38）。

〔註131〕見周凱〈記臺灣張丙之亂〉（周凱《內自訟齋文集》，原刊於 1840 年（道光 20 年），臺灣銀行經濟研究室/編輯，臺灣文獻叢刊第 82 種，台北：臺灣銀行/發行，1960.5，p.39）。

〔註132〕見周凱〈記臺灣張丙之亂〉（周凱《內自訟齋文集》，原刊於 1840 年（道光 20 年），臺灣銀行經濟研究室/編輯，臺灣文獻叢刊第 82 種，台北：臺灣銀行/發行，1960.5，p.40）。

〔註133〕見周凱〈記臺灣張丙之亂〉（周凱《內自訟齋文集》，原刊於 1840 年（道光 20 年），臺灣銀行經濟研究室/編輯，臺灣文獻叢刊第 82 種，台北：臺灣銀行/發行，1960.5，p.42）。

〔註134〕見周凱〈記臺灣張丙之亂〉（周凱《內自訟齋文集》，原刊於 1840 年（道光 20 年），臺灣銀行經濟研究室/編輯，臺灣文獻叢刊第 82 種，台北：臺灣銀

狡的人，他打算陷害污蔑被他所搶的閩莊爲「賊」，肆無忌憚的高舉「義民旗」爲害閩莊。〔註135〕

　　義民反成不義的土匪，實在是一大諷刺。這也突顯統治者一方面仰賴臺灣義民，一方面對臺灣義民的不法舉動，也無法有效管控，竟然讓李受舉義民旗四處爲害百姓，實在對統治者與官兵的一大反諷。

　　3. 鄭蘭〈勦平許逆紀事（並序）〉（1835）

　　鳳山縣貢生鄭蘭在道光 15 年（1835）所寫的〈勦平許逆紀事（並序）〉對臺灣義民的描述也不少。在道光 12 年 10 月鳳山縣許成曁旗反抗政府時，鳳山縣知縣託克通阿散盡家財「募勇奪以先聲」，共募有五、六千名「義勇」守城。鄭蘭誇獎鳳山縣知縣：「小夫收爲義勇，散丐給與度錢；得依以生，無致從逆。推誠而壯丁踴躍，城池固若金湯。」〔註136〕從鄭蘭這一段話，可知清廷吸收臺灣人爲義民，也有防止這些人加入反抗政府的「逆賊」陣營。

　　寫到當許成失勢之後，鄭蘭指出：「民有歸心」，「聯莊起義旅，四處搜捕」賊黨獻官〔註137〕；可見臺灣義民是臺灣反抗軍的頭號剋星。

　　對於客家人李受假義民身分，搶奪閩莊的惡行，鄭蘭也有很嚴厲的批判，不過他批判的是李受這個人，對於讓李受領義民身分的臺灣府知府王衍慶則沒有任何批評。

第五節　《新刊臺灣陳辦歌》對百姓的詮釋

一、對一般百姓的論述

（一）《新刊臺灣陳辦歌》中的百姓

在《新刊臺灣陳辦歌》中，「百姓」的不幸，都是張丙的軍隊所造成的。

　　　　行/發行，1960.5，p.37）。
〔註135〕見周凱〈記臺灣張丙之亂〉（周凱《内自訟齋文集》，原刊於 1840 年（道光
　　　　20 年），臺灣銀行經濟研究室/編輯，臺灣文獻叢刊第 82 種，台北：臺灣銀
　　　　行/發行，1960.5，p.41）。
〔註136〕見鄭蘭〈勦平許逆紀事（並序）〉（盧德嘉《鳳山縣採訪冊》〈藝文二·兵事（下）〉，
　　　　《臺灣方志集成·清代篇──第一輯》，高賢治/主編，第 28 冊，台北：宗青
　　　　圖書出版公司/印行，p.426）。
〔註137〕見鄭蘭〈勦平許逆紀事（並序）〉（盧德嘉《鳳山縣採訪冊》〈藝文二·兵事（下）〉，
　　　　《臺灣方志集成·清代篇──第一輯》，高賢治/主編，第 28 冊，台北：宗青
　　　　圖書出版公司/印行，p.431）。

嘉義縣城內的百姓，因爲張丙派詹通來攻嘉義城，然後詹通在西門城牆邊駐軍，使得「百姓家內著大驚」，接著城內有婦女失蹤，原來是被詹通的軍隊抓去「開封」，台語的「開封」意指：男性與還沒有性經驗的女性（處女）從事性行爲，在此處指的是詹通的軍隊是土匪，對少女進行性侵犯；這對百姓而言是奇恥大辱。除此之外，詹通還要百姓付給他「一千錢銀來買命」，根本就是勒索百姓，強取保護費。

接著，張丙從鹽水港得到一台「大龍砲」，由「六七十人扛進城」，結果「大砲一放轟天響」，將嘉義城的北邊轟出一個缺角，造成「百姓哀怨哭連天」，想必百姓也受砲火波及，而且內心又很怕縣城會被張丙攻下。在論述張丙進攻嘉義縣城的過程中，《新刊臺灣陳辦歌》對張丙的武裝軍隊有著負面的描寫，特別是詹通的惡行惡狀，使得張丙等人原本要殺盡「奸貪狗官」的起義行爲，變成擾民害民的土匪行爲。

百姓在《新刊臺灣陳辦歌》中，既有多種角色轉換的可能性，第一種是如陳辦、張丙等人，由百姓而變成起義份子，也就是成爲官方所謂的「逆賊」；第二種是如「張舉人」、「安溪寮」莊民般，爲了保衛地方而投靠官方，成爲義民、民壯。

綜觀《新刊臺灣陳辦歌》對百姓的描寫，發現百姓的不幸多來自於要反抗清國統治的起義份子，如此的起義，沒有辦法得到百姓的支持，最後，還因爲百姓紛紛投靠官府，變成「義民」，百姓合作「捉賊獻官」的舉動是張丙軍隊潰敗的主因。

（二）統治論述中的百姓、「難民」

1.《大清宣宗成皇帝實錄》與官員的奏摺（1832～1833）

在《大清宣宗成皇帝實錄》與官員的奏摺中，數次簡單提及百姓的慘狀，並指出要安撫「良民」。在統治論述中，百姓的不幸來自於陳辦、張丙等人，因爲他們到處搶劫民家，還焚燒村莊。〔註138〕不過，關於百姓受害的詳細情形，並不是官員與皇帝最在意的事，他們在意的是如何調兵遣將，如何殲滅賊匪。

亂事平定之後，道光13年（1832）1月5日，清宣宗諭：「其焚毀村莊應安撫者，務須妥爲安輯。」清宣宗之所以關心百姓，最主要的原因在於：他知道如果沒有安撫災民，災民很可能會變成新的賊匪，成爲國家更大的負擔。

〔註138〕詳見《大清宣宗成皇帝實錄》（臺灣銀行經濟研究室/編，《清宣宗實錄選輯》，南投：臺灣省文獻委員會/印行，1997.6.30，pp.85～86）。

〔註139〕因此他將「招集流亡，安撫難民」視為第一要務。〔註140〕

2. 周凱（1779～1837）〈記臺灣張丙之亂〉

周凱在〈記臺灣張丙之亂〉中指出臺灣「民情浮而易動」，認為臺灣是盜賊的淵藪，〔註141〕可見他對臺灣人多抱持負面評價。

在〈記臺灣張丙之亂〉中，對百姓的論述不多，主要在探討臺灣百姓對張丙等人所抱持的立場。道光12年（1832）10月1日張丙自稱開國大元帥，禁止股眾淫掠百姓，希望取得百姓的支持。但是，張丙的股眾「以派飯、分穀為賊糧，以勒民出銀買旗保莊為賊餉」〔註142〕，這些賊糧及賊餉都是搜刮自百姓，周凱指出：「莊民初見張丙偽示，不害鄉里，派飯分穀，買旗保莊，猶強應之。」〔註143〕顯見百姓以自身安全為第一考量，因此，周凱進一步指出：「向之買旗保莊派飯從賊者，本懷二心，賊至則賊旗，賊退自稱義民。」〔註144〕周凱對於百姓這種見風轉舵的做法不表認同，但是也突顯出百姓處境的艱難。

道光12年（1832）10月30日張丙放棄圍攻嘉義縣城，開始大舉搶掠民莊，違背他先前不擾民莊的承諾，百姓「苦責索無厭，稍不應，則縱賊大掠，焚其莊，裹脅以去」，百姓因此「相率併力拒」張丙等人，富庶的村莊，「紳士出資，建義民旗殺賊」，被欺負的百姓相繼化身為義民，來悍衛身家財產與性命，張丙的股首因此被殺或被擒獲送官。〔註145〕從周凱的論述，可知臺灣

〔註139〕見《大清宣宗成皇帝實錄》（臺灣銀行經濟研究室/編，《清宣宗實錄選輯》，南投：臺灣省文獻委員會/印行，1997.6.30，p.120）。

〔註140〕見《大清宣宗成皇帝實錄》（臺灣銀行經濟研究室/編，《清宣宗實錄選輯》，南投：臺灣省文獻委員會/印行，1997.6.30，p.126）。

〔註141〕見周凱〈記臺灣張丙之亂〉（周凱《內自訟齋文集》，原刊於1840年（道光20年），臺灣銀行經濟研究室/編輯，臺灣文獻叢刊第82種，台北：臺灣銀行/發行，1960.5，pp.31、32）。

〔註142〕見周凱〈記臺灣張丙之亂〉（周凱《內自訟齋文集》，原刊於1840年（道光20年），臺灣銀行經濟研究室/編輯，臺灣文獻叢刊第82種，台北：臺灣銀行/發行，1960.5，p.34）。

〔註143〕見周凱〈記臺灣張丙之亂〉（周凱《內自訟齋文集》，原刊於1840年（道光20年），臺灣銀行經濟研究室/編輯，臺灣文獻叢刊第82種，台北：臺灣銀行/發行，1960.5，p.37）。

〔註144〕見周凱〈記臺灣張丙之亂〉（周凱《內自訟齋文集》，原刊於1840年（道光20年），臺灣銀行經濟研究室/編輯，臺灣文獻叢刊第82種，台北：臺灣銀行/發行，1960.5，p.39）。

〔註145〕見周凱〈記臺灣張丙之亂〉（周凱《內自訟齋文集》，原刊於1840年（道光

的百姓不是軟弱等死的人，而是能積極應變，具有自我防衛能力；同時，對於統治者也沒有忠誠度可言。當張丙強勢時，百姓靠向張丙；當官兵強大時，百姓「皆豎義民旗，縛賊以獻。」〔註146〕

對於嘉義縣城內居民保護家園的決心與行動，周凱則表達肯定。

周凱指出臺灣這次的動亂，產生很多難民。11 月 3 日福建陸路提督馬濟勝在臺灣府城誓師，「難民跪道呼冤者萬餘人」，馬濟勝揚言天子一定會爲百姓「復讎」。〔註147〕道光 13 年 1833）1 月閩浙總督抵台，「鳳山閩莊之被難無歸者，男婦老少尙千八百餘人」滯留在臺灣府城，於是程祖洛「捐銀令紳士於阿里港各莊結草寮栖之」。〔註148〕這兩段描述著重突顯清國天子與官員愛民撫民的形象。

3. 鄭蘭〈勦平許逆紀事（並序）〉（1835）

鳳山縣貢生鄭蘭在道光 15 年（1835）所寫的〈勦平許逆紀事（並序）〉對於鳳山縣百姓受苦受難的情形有很生動的描寫，鄭蘭對百姓的苦難抱以深深的同情，因此論述頗多。在他筆下的難民慘不忍睹，先是 Holo 人（閩人）許成作亂，後來客家人李受又假借義民身份來搶掠民莊，讓鳳山縣的難民「冤上加冤，慘中更慘」。其中有一段描寫閩莊居民競相渡過「下淡水溪」（今高屏溪）的逃難場景，寫出一幅人間地獄的場景：「福人競渡而逃西，客子循溪而逐北。帀野橫屍，莫認誰家之子；荒村度命，未知何日能歸。」「躲粵鋒，仍遭賊手；當瑣尾，復病膏肓。」〔註149〕鄭蘭指出不只是客家人欺凌閩人，閩人中的「賊」同樣也會欺負閩人。

　　　20 年），臺灣銀行經濟研究室/編輯，臺灣文獻叢刊第 82 種，台北：臺灣銀行/發行，1960.5，pp.37～38）。

〔註146〕見周凱〈記臺灣張丙之亂〉（周凱《內自訟齋文集》，原刊於 1840 年（道光20 年），臺灣銀行經濟研究室/編輯，臺灣文獻叢刊第 82 種，台北：臺灣銀行/發行，1960.5，p.39）。

〔註147〕見周凱〈記臺灣張丙之亂〉（周凱《內自訟齋文集》，原刊於 1840 年（道光20 年），臺灣銀行經濟研究室/編輯，臺灣文獻叢刊第 82 種，台北：臺灣銀行/發行，1960.5，p.38）。

〔註148〕見周凱〈記臺灣張丙之亂〉（周凱《內自訟齋文集》，原刊於 1840 年（道光20 年），臺灣銀行經濟研究室/編輯，臺灣文獻叢刊第 82 種，台北：臺灣銀行/發行，1960.5，p.41）。

〔註149〕詳見鄭蘭〈勦平許逆紀事（並序）〉（盧德嘉《鳳山縣採訪冊》〈藝文二・兵事（下）〉，《臺灣方志集成・清代篇——第一輯》，高賢治/主編，第 28 冊，台北：宗青圖書出版公司/印行，pp.427～428）。

二、對婦女的論述

（一）《新刊臺灣陳辦歌》中的「女英靈」、「婦女」

如果不想成爲「逆賊」或「義民」，在這首歌仔中，「百姓」就只剩下不幸與悲哀了，尤其是女性，很容易遭受「賊」的性侵害。詹通侵犯百姓的惡行最多，在他被馬濟勝的軍隊打敗之後，他因爲「戰敗屢次無体面」，又拿百姓出氣，這次輪到鹽水港的婦女受害，因爲詹通「姦淫鹽水人婦女」，在注重女性貞節的漢人社會，詹通實在是罪該萬死，也許正因爲如此，《新刊臺灣陳辦歌》才會對詹通被捉的經過詳細論述，因爲詹通被捉，正是「惡有惡報」的典型代表人物。

在《新刊臺灣陳辦歌》中，臺灣的婦女並不全然是無助的受害者，在堅守嘉義城的民壯中也有「女英靈」。被詹通等人強暴的鹽水港婦女，也表現出堅強不區的一面，從「姿娘罵的賊小子，酗撻風流無久長」這兩句歌詞，可以看出婦女雖被強暴，卻仍意志頑強地怒罵對方，而不是乖乖就犯，也不是只會哭泣或自殺。面對這些女性的反擊，詹通等人氣得將她們的裹腳布拆下來，塞住她們的嘴巴。但是，也有一些女性向命運妥協，如：「撒吐恁ㄙ做身边」，就寫出一些女性因此自暴自棄，成爲詹通等施暴者的女人。

（二）統治論述中的婦女

1.《大清宣宗成皇帝實錄》與官員的奏摺（1832～1833）

在《大清宣宗成皇帝實錄》與官員的奏摺中，對婦女的敘述非常少。道光 13 年（1833）1 月 5 日清宣宗據臺灣鎮劉廷斌奏摺，指出：「該逆每至城濠，見城上竟有紅面及婦女持刀拋石，近城匪賊一見生畏。」〔註150〕清宣宗懷疑這是神明顯靈。

道光 13 年（1833）3 月 23 日清宣宗據福州將軍瑚松額的奏摺，斗六門縣丞方振聲及其手下與妻兒的死難，讓清宣宗「覽奏墮淚」。其中提及多位官員的女性家屬，方振聲的妻子張氏賜諡「節烈」，誥贈淑人；把總陳玉威的妻子唐氏賜諡「節烈」，誥贈恭人；並賜這兩位婦女入祀斗六門專祠。〔註151〕

〔註150〕見《大清宣宗成皇帝實錄》（臺灣銀行經濟研究室/編，《清宣宗實錄選輯》，南投：臺灣省文獻委員會/印行，1997.6.30，p.121）。

〔註151〕見《大清宣宗成皇帝實錄》（臺灣銀行經濟研究室/編，《清宣宗實錄選輯》，南投：臺灣省文獻委員會/印行，1997.6.30，p.140～141）。

2. 周凱（1779～1837）〈記臺灣張丙之亂〉

周凱在〈記臺灣張丙之亂〉中對婦女的描寫很少，都只有點到爲止。他指出陳辦的妻子「自經」而死，但是沒有說明她爲何自殺，只說因此讓陳辦加入張丙的起義陣營。〔註152〕

至於斗六門縣丞方振聲的妻子張氏及幼女，以及千總陳玉威的妻子唐氏，都在斗六門戰役中被殺死，死前還「罵賊」不屈，她們屬於官眷，不同於一般百姓的身分。〔註153〕周凱對她們沒有更詳細的介紹。

3. 鄭蘭〈勦平許逆紀事（並序）〉（1835）

鳳山縣貢生鄭蘭在道光15年（1835）所寫的〈勦平許逆紀事（並序）〉中，對婦女不幸的遭遇有一些論述。在論述災民橫越鳳山縣下淡水溪（今高屏溪）時，鄭蘭指出：「絣忘遺子」，意思是說婦人逃難中遺失幼子；「佩解匪夫」，是說婦人解下身上包袱，打算交由丈夫來背，忙中有錯，誤交給他人；「蓮襪沒泥，最苦凌波步步」，是說婦女行走在泥濘中，寸步難行；「半綻尚含，蜂遭亂採」，是說女性被性侵害；「一枝聊借，雉自爲媒」，是說逃難途中，投宿的人家中若有未婚男子，父母便將女兒嫁給他，不用聘金與媒人；「珠忍擲於掌上」，是說父母隨便賣女來換取財物活命。〔註154〕鄭蘭對於鳳山縣女性的慘狀寄予深深的同情，他筆下的女性顯得柔弱無助，完全沒有強悍的一面。

第六節　小　結

綜上所述，發現《大清穆宣成皇帝實錄》與當時清國官員的奏摺與文書中，以及周凱〈記臺灣張丙之亂〉、鳳山縣貢生鄭蘭〈勦平許逆紀事（並序）〉，都稱張丙等人爲「賊匪」，指出他們本來只是與客家人械鬥，後來因爲官府的介入，才促使陳辦、張丙等人謀反。相反的，協助官兵剿討張丙等人的臺灣

〔註152〕見周凱〈記臺灣張丙之亂〉（周凱《內自訟齋文集》，原刊於1840年（道光20年），臺灣銀行經濟研究室/編輯，臺灣文獻叢刊第82種，台北：臺灣銀行/發行，1960.5，p.34）。

〔註153〕見周凱〈記臺灣張丙之亂〉（周凱《內自訟齋文集》，原刊於1840年（道光20年），臺灣銀行經濟研究室/編輯，臺灣文獻叢刊第82種，台北：臺灣銀行/發行，1960.5，pp.40～41）。

〔註154〕見鄭蘭〈勦平許逆紀事（並序）〉（盧德嘉《鳳山縣採訪冊》〈藝文二·兵事（下）〉，《臺灣方志集成·清代篇──第一輯》，高賢治/主編，第28冊，台北：宗青圖書出版公司/印行，p.427）。

人，被尊稱爲「義勇」。

　　而《新刊臺灣陳辦歌》雖然也稱張丙手下的股眾爲賊，但是對於張丙等股首，以「兄」、「哥」來尊稱。《新刊臺灣陳辦歌》對歷史的詮釋顯然不是站在統治者的立場，而是站在臺灣百姓的觀點，特別對於陳辦、張丙等人爲百姓誅殺貪官污吏的正義行爲十分肯定。這些「兄」、「哥」，他們之所以會起義，是因爲「官逼民反」；因此，當臺灣官員死亡時，歌者只唱道：「一條性命歸陰司」。

　　在《大清宣宗成皇帝實錄》與當時清國官員的奏摺與文書中，以及周凱〈記臺灣張丙之亂〉，官兵的表現與逆賊的惡行最受重視；而對無辜百姓的論述則只有點道爲止。反映出清國統治者只想鞏固領導權，而不在乎臺灣人眞實感受的統治心態。

　　鳳山縣貢生鄭蘭在道光 15 年（1835）所寫的〈勦平許逆紀事（並序）〉對於鳳山縣百姓的慘狀，以及鳳山縣賊匪的惡行都有詳細的論述，這一部分在《新刊臺灣陳辦歌》中只有三言兩語；不過，鄭蘭痛批許成，《新刊臺灣陳辦歌》卻尊稱許成爲「許成兄」，對他沒有負面的論述。

　　對於客家人在這次事件中的角色，《大清穆宣成皇帝實錄》與當時清國官員的奏摺與文書中，以及周凱〈記臺灣張丙之亂〉、鳳山縣貢生鄭蘭〈勦平許逆紀事（並序）〉和《新刊臺灣陳辦歌》都各有所批評，特別是《新刊臺灣陳辦歌》與周凱〈記臺灣張丙之亂〉、鳳山縣貢生鄭蘭〈勦平許逆紀事（並序）〉對於客家人都抱持負面評價，特別是《新刊臺灣陳辦歌》，稱客家人爲「客仔」，歌中極力突顯客家人的無理與蠻橫，並指出客家人賄賂官員，因此合理化陳辦、張丙等人的戕官攻城行爲。

　　整體來看，《新刊臺灣陳辦歌》雖然勸告大家不要謀反，但是用意卻不是要臺灣人效忠清國統治者，而是因爲謀反者的下場是「骨肉慢慢痛半死」，不但無法推翻統治者，還下場凄慘。在歌中，稱這些反抗政府的起義的領導者爲「大哥」、「兄」、「英雄」；並肯定他們戕官的舉動，認爲是爲民除去貪官污吏；但是也對他們增添百姓的苦痛、姦淫民女的行爲加以批評。

　　李李在《臺灣陳辦歌研究》中指出：「《陳辦歌》的作者，立場不明，態度不定，聽者、讀者難以窺探其內心觀感世界。」〔註155〕經過筆者的研究，

〔註155〕見李李《臺灣陳辦歌研究》（台北：中國文化大學中文所碩士論文，1985.6），
　　　　　p.193。

筆者認爲這首歌詩主要是站在臺灣百姓的立場發言，歌中立場的轉變，或許也呼應了周凱對臺灣百姓的看法：「向之買旗保莊派飯從賊者，本懷二心，賊至則賊旗，賊退自稱義民。」〔註156〕也就是說，臺灣的百姓完全以自身利益爲第一考量，對於張丙或者清宣宗，臺灣百姓都不需要忠心耿耿；重點在於誰最能保障百姓的身家財產與生命，或者說，誰對百姓的傷害最少，百姓就選擇他。從這個角度來看，《新刊臺灣陳辦歌》對於張丙起義事件的歷史詮釋觀點，更是獨一無二，充分代表臺灣民間的庶民觀點，爲 Holo 人（閩南人）對此一事件的觀點留下歷史見證，這首歌詩因此顯得彌足珍貴。

〔註156〕見周凱〈記臺灣張丙之亂〉（周凱《內自訟齋文集》，原刊於 1840 年（道光 20 年），臺灣銀行經濟研究室/編輯，臺灣文獻叢刊第 82 種，台北：臺灣銀行/發行，1960.5，p.39）。

第六章　戴潮春起義事件與《辛酉一歌詩》內容解析

　　1862 年 3 月臺灣爆發有史以來歷時最久的民變——「戴潮春起義事件」，與 1832 年的張丙起義事件，並列清代臺灣五大民變。以「戴潮春起義事件」為敘事主題的台語歌仔冊有兩種版本，一是《辛酉一歌詩》（又名：天地會的紅旗反、戴萬生反清歌），約在 1925 年由楊清池彈唱，賴和將之記錄為文字，1936 年楊守愚（筆名宮安中）整理發表在《臺灣新文學》雜誌〔註1〕；二是高雄縣田寮鄉曾傳興（1911～？）的毛筆手抄本，無歌名，此以第一句歌詞名之為《相龍年一歌詩》〔註2〕。以下先從官方文獻中論述「戴潮春起義事件」的始末，接著論述歌仔《辛酉一歌詩》與《相龍年一歌詩》的內容，最後討論《辛酉一歌詩》與《相龍年一歌詩》對「戴潮春起義事件」的歷史詮釋。

第一節　統治論述中的戴潮春起義事件

　　統治論述主要是指官方文獻的論述，論述者包含帝王、各級官員以及依附統治者的知識份子，內容包含宮廷檔案、官員奏摺、官修方志史書、文集

〔註1〕楊清池（演唱）、賴和（記錄）、楊守愚（潤稿）《辛酉一歌詩》（又名：天地會底紅旗反）（一）（二）（三），《臺灣新文學》（台中：臺灣新文學社，（一）：1936.9.19，v1n8，pp.125～132，（二）：1936.11.5，v1n9，pp.63～72，（三）：1936.12.28，v2n1，pp.63～67）。
〔註2〕曾傳興（1911～？）（手抄）《相龍年一歌詩》（原歌無題目，筆者因此以該歌首句為題目），毛筆手抄本歌仔冊，高雄縣田寮鄉西德村蛇仔穴，日治時期，共 25 頁。（蔡承維先生提供影本）

雜著，這一類的論述反映了官方的態度，認同統治者的立場。〔註3〕

　　以當時人記載戴潮春事件，第一手的統治論述文獻，主要如下：一是收錄當時清穆宗諭各級官員的公文及各級官員奏摺的《大清穆宗成皇帝實錄》〔註4〕；二是來台平亂的臺灣道台丁日健於清同治6年（1867）付印的《治台必告錄》〔註5〕；三是1862年來台寓居的林豪（1831～1918）於1870年付印的《東瀛紀事》〔註6〕；四是彰化縣舉人陳肇興（1831～1876後）〔註7〕於1862～1863年間所寫的一系列詠史詩〈咄咄吟〉〔註8〕；五是吳子光（1819～1883）於戴潮春事件後不久所寫的〈奉旨建坊入祀昭忠祠贈忠信校尉羅公傳〉〔註9〕。

　　此外，尚有兩本專著，以戴潮春事件爲主題，除了整理自當時的第一手統治論述之外，也兼採耆老說馬及鄉間傳說，並採用編年紀事體例，也是重要的參考文獻。其一是：彰化縣的吳德功（1850～1924）於1894年參與臺灣通誌纂修時，所整理的《戴案紀略》〔註10〕；其二是：鹿港蔡青筠（1868～

〔註3〕 關於統治論述的內涵，許文雄在〈相看都討厭：清朝統治者和臺灣人民互相敵對的態度〉中指出：「皇帝的諭、旨、廷寄，官員的奏摺、題本、和著作組成統治論述。」（發表在「第七屆臺灣歷史與文化研討會——主題：社會變遷及族群融合」，台中：東海大學通識教育中心，2004.2.6～7舉辦，p.1～2。）

〔註4〕 臺灣銀行經濟研究室（編）《清穆宗實錄選輯》（南投：臺灣省文獻委員會/印行，1997.6.30）。（本書依據1963年11月臺灣銀行發行的臺灣文獻叢刊第190種重新勘印）

〔註5〕 丁日健（編著）《治台必告錄》（上）（下）（臺灣銀行經濟研究室/編，南投：臺灣省文獻委員會/印行，1997.6.30）。（本書依據1959年7月臺灣銀行發行的臺灣文獻叢刊第17種第1～4冊重新勘印）

〔註6〕 林豪《東瀛紀事》（臺灣銀行經濟研究室/編，南投：臺灣省文獻委員會/印行，1997.6.30）。

〔註7〕 陳肇興的生卒年採用林翠鳳的說法，詳見：林翠鳳，《陳肇興及其《陶村詩稿》之研究》，台中：弘祥出版社/發行，1999.8，pp.4～5。

〔註8〕 陳肇興，《咄咄吟》，陳肇興，《陶村詩稿》，南投：臺灣省文獻委員會/印行，1978.6，卷七、卷八，pp.91～138。

〔註9〕 吳子光〈奉旨建坊入祀昭忠祠贈忠信校尉羅公傳〉收在吳子光《一肚皮集》（卷四傳上，本書依據1875年吳氏雙峰草堂自刊本翻印，臺灣先賢詩文集彙刊第三輯2，龍文出版社/印行，1997.6.30，第二冊, pp.258～267）。後又被收錄於吳子光《臺灣遊記》（臺灣銀行經濟研究室/編，臺灣文獻叢刊第36種，1959.2，pp.51～54）。

〔註10〕 吳德功，《吳德功先生全集：施案紀略、戴案紀略、讓台記》，南投：臺灣省文獻會，1992.5.31。（轉印自臺灣銀行版本）

1927）於 1923 年所整理的《戴案紀略》〔註11〕。

　　以下主要依據第一手的統治論述史料，再參酌吳德功與蔡青筠的《戴案紀略》及其他相關研究資料。交代統治論述中戴潮春起義事件的始末。

　　臺灣從 1812 年（嘉慶 17 年）到 1874 年（同治 13 年）年間的行政區域為一府四縣三廳：臺灣府、鳳山縣、臺灣縣、嘉義縣、彰化縣、淡水廳、噶瑪蘭廳、澎湖廳、隸屬於福建省。〔註12〕以下先將事件分期，再依相關的行政區域分別做重點論述，從時間與空間兩方面來交代此一事件的來龍去脈。

一、近因：咸豐 11 年（1861）冬～同治 1 年（1832）春 3 月

　　「戴潮春起義事件」的導火線，以林豪（1831～1918）《東瀛紀事》記載最詳細，可代表統治論述對引發此一事件的基本看法。

1. 咸豐 11 年（1861）冬，戴潮春拒絕賄官，被革去武籍，因而成立天地會

　　林豪指出：戴潮春，字萬生，彰化縣涑東堡四張犁（在今台中市北屯區）人，原籍福建省漳州府龍溪縣。家境富裕，世為北路協稿識。咸豐 11 年（1861）冬季，北路協副將夏汝賢是禍首，因為他向戴潮春索賄不成，便將戴潮春世襲的武職（北路協稿書）革去，促使戴潮春招集其兄戴萬桂的八卦會舊黨，成立天地會，以團練助官為由，私下結黨，陰謀叛亂。〔註13〕

　　同治 1 年（1862）春天，雷以鎮接任彰化縣知縣，戴潮春的鄉勇仍受到官方倚重，但是戴的天地會會眾已經多到 10 幾萬人，「時會黨橫甚，白晝搶殺，不特縣令無如何，即潮春亦暫不能制也。」〔註14〕到了 2 月，「辦理台北團練鹽運史銜浙江補用道林占梅設保安總局於淡水廳治。先是占梅偵戴逆結會，知事在必發，傳集紳商，設局團練，為先事預防計，同知秋日覲不之善也。」〔註15〕從林豪這段話可知，在 1862 年 2 月中臺灣會黨橫行的惡名已傳

〔註11〕蔡青筠，《戴案紀略》，臺灣文獻叢刊第 206 種，臺灣銀行經濟研究室/編印，台北：臺灣銀行/發行，1964.11。

〔註12〕詳見王世慶〈臺灣之名稱與行政區域之建置〉（《臺灣風物》，台北：1976.9.30，1976.9.30，v26n3，p.126）。

〔註13〕詳見林豪《東瀛紀事》卷上〈戴逆倡亂〉（臺灣銀行經濟研究室/編，南投：臺灣省文獻委員會/印行，1997.6.30）pp.1～3。

〔註14〕詳見林豪《東瀛紀事》卷上〈戴逆倡亂〉（臺灣銀行經濟研究室/編，南投：臺灣省文獻委員會/印行，1997.6.30），pp.2～3。

〔註15〕見林豪《東瀛紀事》卷上〈北路防勦始末〉（臺灣銀行經濟研究室/編，南投：

至北臺灣，林占梅也自組團練來與之抗衡，「知事在必發」指的應當是「叛亂」一事，但是，此時，雖有「會黨橫行」的傳聞，但是並沒有公開叛亂。

同治 1 年（1862）3 月 9 日，「臺灣道孔昭慈聞會黨滋蔓」，「北至彰化，執總理洪某殺之」，派淡水同知秋日覲前往彰化縣辦會黨，林晟帶勇 400 名，林奠國帶勇 600 名，隨同秋日覲「勦賊」。鹿港「同知馬慶釗請出賞格購諸會首。賊大懼，逆謀愈決。」〔註16〕從 1861 年冬到 1862 年 3 月，官方要勦的是橫行鄉里，搶殺百姓的會眾，顯見此時戴潮春的會黨還沒有發展到起義。

林豪將戴潮春事件視爲是「天地會」「反清」的叛亂，而且是一種事先的預謀，並且對該會入會儀式有很詳細的介紹，指出：「北門外立一香案，書戴潮春長生祿位，冠以奉天承運天命大元帥等僞號。旁別設一几，所奉皆從前逆首朱一貴、林爽文輩，皆妄稱先賢。」〔註17〕此一說法，一直被引用；但是，學者羅士傑對此提出質疑，指出清廷將「興立邪教」與「意圖謀反」兩罪合一，處罰極重。戴潮春曾任武職，而且他的祖父還曾經參與平定亂事，他對清廷的規定不可能不知道，怎麼可能祭拜朱一貴、林爽文等先賢的公開舉動，「即便假設清代臺灣吏治腐敗且無力控制，因此不聞不問，但戴又何必在這樣的謀反大罪上授人以炳呢？」〔註18〕因此，戴潮春起義事件的起因是否就是「天地會」反清復明的一種預謀行動，值得懷疑。

2. 阿罩霧前厝莊林家與戴潮春及林晟家族的經濟利益衝突

據羅士傑研究指出：臺灣本土地方菁英經過近 150 年的資本累積，加上 1860 年臺灣開港貿易，使臺灣本土的地方菁英具有與官方「分庭抗禮的趨勢」，「1862 年的戴潮春案即可視爲當時地方菁英彼此間在長期利益競爭的基礎下所產生的武力衝突事件。」〔註19〕

阿罩霧林家與戴潮春家族的恩怨，來自經濟利益的衝突。林豪在《東瀛紀事》中提到：因爲田租被阿罩霧人所佔，戴潮春的兄長戴萬桂也曾與張水

臺灣省文獻委員會/印行，1997.6.30），p.16。
〔註16〕詳見林豪《東瀛紀事》卷上〈賊黨陷彰化縣〉（臺灣銀行經濟研究室/編，南投：臺灣省文獻委員會/印行，1997.6.30），pp.3～4。
〔註17〕見林豪《東瀛紀事》卷上〈戴逆倡亂〉（臺灣銀行經濟研究室/編，南投：臺灣省文獻委員會/印行，1997.6.30），p.2。
〔註18〕詳見羅士傑《清代的地方菁英與地方社會——以清同治年間的戴潮春事件爲討論中心》（新竹：國立清華大學歷史研究所碩士論文，2000），p.111。
〔註19〕詳見羅士傑《清代的地方菁英與地方社會——以清同治年間的戴潮春事件爲討論中心》（新竹：國立清華大學歷史研究所碩士論文，2000），p.99。

招集富戶，合組「八卦會」，「立約有事相援」，當時戴潮春爲北路協稿識，「恐生變波累」，沒有參與。〔註20〕又說「戴逆嘗與前厝人爭田，因會眾變弱爲強，以保家業。」〔註21〕前厝莊族人指的就是阿罩霧林家（今霧峰鄉甲寅村）。

　　關於林晟與阿罩霧林家的恩怨，林豪在《東瀛紀事》中也指出：彰化縣涑東堡四塊厝（今台中縣霧峰鄉四德村）人林晟，號戀虎晟，「與前厝莊族人相仇殺。」〔註22〕又說：「先是後厝人林和尚仇害前厝人，爲12歲幼孤所殺。而戀虎晟亦後厝人，聲言爲和尚報仇，與前厝連年械鬥。」〔註23〕被殺前厝人是林定邦（1808～1848）〔註24〕，12歲幼孤指的是林定邦之子林文察（1828～1864）〔註25〕，但是年齡誤記爲12歲。〔註26〕而同治1年（1862）3月與林晟協助秋日觀勸辦會黨的林奠國（1814～1880）〔註27〕，正是林定邦的胞弟。

　　據羅士傑研究指出：「林定邦遇害一案應與地方菁英因經濟所引發的武力衝突有直接關係。」〔註28〕後來因爲林文察協助官方勘平「小刀會案」而擔任武職之後，「本質爲地方菁英間的武力衝突，在形式上轉變爲官方與地方菁

〔註20〕詳見林豪《東瀛紀事》卷上〈戴逆倡亂〉（臺灣銀行經濟研究室/編，南投：臺灣省文獻委員會/印行，1997.6.30），p.1。

〔註21〕見林豪《東瀛紀事》卷上〈賊黨陷彰化城〉（臺灣銀行經濟研究室/編，南投：臺灣省文獻委員會/印行，1997.6.30），pp.7～8。

〔註22〕見林豪《東瀛紀事》卷上〈賊黨陷彰化城〉（臺灣銀行經濟研究室/編，南投：臺灣省文獻委員會/印行，1997.6.30），p.4。

〔註23〕詳見林豪《東瀛紀事》卷上〈賊黨陷彰化城〉（臺灣銀行經濟研究室/編，南投：臺灣省文獻委員會/印行，1997.6.30），p.7。

〔註24〕林定邦生卒年見《臺灣霧峰林氏族譜》的〈曾祖考太封翁家傳〉（林幼春撰）、〈世譜〉（臺灣銀行經濟研究室編，《臺灣霧峰林氏族譜》，南投：臺灣省文獻委員會/印行，1994.12.31，pp.115、198）。

〔註25〕林文察生卒年見《臺灣霧峰林氏族譜》的〈先伯祖剛愍公家傳〉（林幼春撰）、〈世譜〉（臺灣銀行經濟研究室編，《臺灣霧峰林氏族譜》，南投：臺灣省文獻委員會/印行，1994.12.31，pp.116～119、239）。

〔註26〕據林幼春爲林文察所寫的傳記〈先伯祖剛愍公家傳〉，指出林文察19歲時父親被殺，他「歷34度月圓」，才在林定邦的墓前手刃林和尚。34度月圓就是指經過34個月，就是咸豐1年（1851）6月，當時林文察應已22歲。（臺灣銀行經濟研究室（編）《臺灣霧峰林氏族譜》，南投：臺灣省文獻委員會/印行，1994.12.31，pp.116～119。）

〔註27〕林奠國生卒年見《臺灣霧峰林氏族譜》的〈祖考奠國公家傳〉（林獻堂撰）、〈世譜〉（臺灣銀行經濟研究室（編）《臺灣霧峰林氏族譜》，南投：臺灣省文獻委員會（印行），1994.12.31，pp.106～108、199）。

〔註28〕詳見羅士傑《清代的地方菁英與地方社會——以清同治年間的戴潮春事件爲討論中心》（新竹：國立清華大學歷史研究所碩士論文，2000），p.176。

英之間的衝突，」使得霧峰林家在地方上開始大肆擴張地盤，更加深了彼此的仇恨；因此當咸豐 9 年（1959）後，當林文察與林文明兄弟先後率領台勇內渡協助勦平太平天國革命軍時，霧峰林家因而防務空虛，同時臺灣的官府也少了霧峰林家這一地方武力的協助。又加上清國內地正苦於和太平天國革命軍交戰，爲臺灣地方權力重新洗牌提供了一很好的機會。〔註29〕

　　因此，就官方而言，戴潮春起義事件是一「叛亂事件，但對當時的地方菁英而言，卻是一個權力重整與對地方資源易位的鬥爭。」〔註30〕

二、第一期：同治 1 年（1862）3 月～同治 2 年（1863）9 月

　　雖然咸豐 11 年（1861）冬，戴潮春組天地會，但是，一直到同治 1 年（1862）3 月臺灣道台孔昭慈派兵勦辦爲止，戴潮春的天地會都沒有發展成起義的情勢。促成戴潮春起義的引爆點，在於林晟的陣前倒戈，以及淡水同知秋日覲被殺，「戕官」的既成事實，逼使林晟與戴潮春抉擇與表態。

　　自同治 1 年（1862）3 月 20 日，彰化縣城被戴潮春的軍隊攻下之後，彰化縣、淡水廳、嘉義縣境都陸續發生武裝反抗政府的事件；原駐臺灣的官兵勦辦不力，同治 1 年臺灣道台孔昭慈、臺灣鎮總兵林向榮都相繼自殺，續任臺灣道台洪毓琛也病故；其間，清廷派來援台的官兵有：福建福寧鎮總兵曾玉明〔註31〕在同治 1 年（1862）5 月帶 600 名兵力抵鹿港，福建水師提督吳鴻源在同治 1 年（1862）12 月領兵 3000 名抵達臺灣府城，隔年 1 月揮軍北上，同治 2 年（1863）3 月記名總兵曾元福率領 1000 名台勇抵達鹿港。從同治 1 年（1862）3 月到同治 2 年（1863）9 月之間，官兵始終無法順利平亂，也無法收回彰化縣城。

　　直到同治 2 年（1863）年 9 月 9 日新任臺灣道台丁日健從滬尾（今淡水鎮）登岸，帶兵 3000 名，10 月進駐淡水廳竹塹城；同治 1 年（1862）10 月

〔註29〕詳見羅士傑《清代的地方菁英與地方社會—— 以清同治年間的戴潮春事件爲討論中心》（新竹：國立清華大學歷史研究所碩士論文，2000），p.182。

〔註30〕見羅士傑《清代的地方菁英與地方社會—— 以清同治年間的戴潮春事件爲討論中心》（新竹：國立清華大學歷史研究所碩士論文，2000），p.183。

〔註31〕曾玉明在同治 1 年（1862）5 月抵達鹿港，當時他的官職是福建福寧鎮總兵，到同治 1 年（1862）12 月 21 日清穆宗才將他調爲臺灣鎮總兵，而四川建昌鎮總兵林文察，則轉調爲福建福寧鎮總兵。詳見臺灣銀行經濟研究室編《清穆宗實錄選輯》（南投：臺灣省文獻委員會/印行，1997.6.30，p.40）。

14 日福建陸路提督林文察抵達鹿耳門，由安平登陸。〔註32〕官兵終於在 11 月 3 日收回彰化縣城；12 月丁日健斬殺戴潮春；同治 3 年 1 月林晟也被林文察斬首分屍。

因此將同治 1 年（1862）3 月到隔年 9 月視爲第一期，同治 2 年（1863）9 月～同治 3 年 1 月視爲第二期，同治 3 年（1864）1 月～同治 6 年（1867）視爲第三期。

（一）彰化縣的戰況

同治 1 年（1862）3 月 9 日臺灣道台孔昭慈前往到彰化縣辦會黨，殺地方洪姓總理，以此示威。隨後，捨棄彰化縣知縣不用，反而調派淡水同知秋日覲來彰化縣勸辦會黨。金萬安總理林明謙（林大狗）保薦林晟（戇虎晟）與林天河〔註33〕（林奠國）兩人各率鄉勇，協助秋日覲。孔道台的幕友汪季銘曾力阻林晟協助官兵，孔道台不聽。

3 月 17 日，秋日覲偕北路協副將林得成、守備游紹芳帶千餘名兵力，前往大墩（在今台中市），途經烏日莊，曾與會眾激戰。隨後，官兵到達大墩，林晟的鄉勇反而截斷官兵後路，逼使秋日覲等人退入民間竹圍，反被會黨眾包圍。〔註34〕

3 月 18 日，秋日覲逃出竹圍，竟被自己的手下所殺。〔註35〕守備郭得陞、

〔註32〕關於林文察抵達臺灣的時間有 10 月與 12 月二說，登陸地點也有安平與嘉義縣麥寮（今雲林縣麥寮鄉）二說，詳見黃富三《霧峰林家的興起──從渡海拓荒到封疆大吏（1729～1864）》（台北市：自立晚報社文化出版部/出版，1987.10，pp.275～276）。本處採用《臺灣霧峰林氏族譜》的〈先伯祖剛潛公家傳〉（林幼春撰）：「同治 2 年 8 月，廷寄達漳，命伯祖以本官攝水師提督督辦臺灣軍務，伯祖念切維桑，十月全師安平登陸。」（臺灣銀行經濟研究室編，《臺灣霧峰林氏族譜》，南投：臺灣省文獻委員會/印行，1994.12.31，p.118）。

〔註33〕林豪《東瀛紀事》將「林天河」誤寫成「林天和」（臺灣銀行經濟研究室/編，南投：臺灣省文獻委員會/印行，1997.6.30，p.4）。據《臺灣霧峰林氏族譜》的〈世譜〉，林奠國諱天河，是林甲寅的次子。（臺灣銀行經濟研究室編，《臺灣霧峰林氏族譜》，南投：臺灣省文獻委員會/印行，1994.12.31，p199）。

〔註34〕林日成陣前反叛的日期，林豪記爲 3 月 17 日，吳德功記爲 3 月 15 日。詳見林豪《東瀛紀事》（臺灣銀行經濟研究室/編，南投：臺灣省文獻委員會/印行，1997.6.30，p.4），《吳德功先生全集：施案紀略、戴案紀略、讓台記》（南投：臺灣省文獻會，1992.5.31，p.5）。

〔註35〕秋日覲被殺的日期，林豪、陳肇興都記爲 3 月 18 日，吳德功則記爲 3 月 17 日。詳見林豪《東瀛紀事》（臺灣銀行經濟研究室/編，南投：臺灣省文獻委員會/印行，1997.6.30，p.4），陳肇興，《咄咄吟》（陳肇興，《陶村詩稿》，南投：

把總郭秉衡也被殺。

　　3月20日，戴潮春進入彰化縣城，自稱大元帥，孔道台自殺。隨後，各地都有百姓殺汛弁以響應戴潮春，大股首有：小埔心（在今彰化縣埤頭鄉）巨族陳弄（啞狗弄）稱大將軍，茄投（在今台中縣龍井鄉）大姓陳魚弗稱元帥。陳梓生、陳狗母、趙戇、劉安等稱將軍，據茄投大肚溪。水沙連北勢湳富戶洪叢爲元帥。關廟廳蕭金泉爲三元帥，牛罵頭蔡通爲西保元帥，葫盧墩紀番仔朝爲滿漢將軍。南門外三十五莊大姓張赤、西螺廖談、涑東廖有譽、廖安然、內山劉參筋、林海、吳文鳳、海峯崙邱阿福、大盜康江中都稱爲將軍。嘉義牛朝山嚴辦爲征南大將軍。柳仔林黃豬羔、大崙呂梓稱將軍。當時在彰化縣的股首，有名號的達360多人。

　　1. 彰化縣城（今彰化市）

　　3月17日，正當秋日覲帶領彰化縣精良兵力前往大墩之際，鄭玉麟、黃丕建、戴彩龍、葉虎鞭集眾包圍彰化縣城，當時城中還有 300 多名兵力，臺灣道孔昭慈命令兵將守城，並命鹿港勇首施九挺召集千名鄉勇前來救援，但是，施九挺的援軍始終未見。孔道台問幕友汪季銘〔註36〕，汪季銘指出城外的反叛軍和城內百姓多事漳州人，而且官方兵力單薄，建議孔道台先退守鹿港，再調兵回攻。孔道台不聽。

　　外委楊奪元認爲攻城民眾是烏合之眾，請求帶兵出城攻擊，但是，千總呂騰蛟擔心兵敗受連累，堅決反對。此時，百姓王萬等七、八人在城內與兵勇爭鬥，被捉，金萬安總理林明謙（林大狗）建議讓王萬帶鄉勇守城以贖罪，孔道台竟然答應。結果，王萬和攻城的會眾裡應外合。

　　3月20日，王萬開城門迎接戴潮春入城，百姓都在門前具香案以迎接戴潮春的軍隊。

　　戴潮春入彰化城後，自稱大元帥，以戴彩龍爲二路副元帥，鄭玉麟爲大將軍，鄭豬母爲都督，盧裕爲飛虎將軍，鄭大柴爲保駕大將軍，以據梧棲的陳在爲鎮港將軍，黃丕建、葉虎鞭、林大用、陳大戇、戴老見、戴如川、戴如璧爲將軍，黃丕建的父親黃小臉爲老元帥。設置賓賢館招攬文士，強迫歲

臺灣省文獻委員會/印行，1978.6，pp.93～94)，《吳德功先生全集：施案紀略、戴案紀略、讓台記》（南投：臺灣省文獻會，1992.5.31，p.5）。

〔註36〕林豪記爲「汪季銘」，吳德功記爲「汪寶箴」。詳見林豪《東瀛紀事》（臺灣銀行經濟研究室/編，南投：臺灣省文獻委員會/印行，1997.6.30，p.5），《吳德功先生全集：施案紀略、戴案紀略、讓台記》（南投：臺灣省文獻會，1992.5.31，p.6）。

貢生董大經為賓賢館大學士。以陳有福為殿前參謀大國師，相士董阿狗為副國師，外甥余紅鼻、余烏鼻為左右丞相兼管邢部，余烏鼻的弟弟為禮部尚書，黃秋桐為戶部尚書，李炎為兵部尚書。設置應天局，以蔡茂豬為備糧使司，兼內閣職務。以魏得為內閣中書。〔註37〕

南投縣丞紐成標被鄭玉麟所殺。孔道台問幕友汪季銘，汪答「朝聞道夕」，意指「朝聞道夕『死』」，於是，孔道台服毒自殺。前任副將夏汝賢，受辱而死。營兵林紹芳等九十七名被殺。鹿港同知馬慶釗、前任彰化縣令高廷境以清官被戴潮春送往鹿港，彰化知縣雷以鎮逃到茱堂，躲過一劫。〔註38〕

戴潮春攻下彰化縣城之後，由於戴軍股首多來自漳州；只有葉虎鞭、林大用、陳大戀等人來自是泉州，戴軍的勝利使得漳州人趁機欺凌泉州人。3月29日，葉虎鞭帶數百名泉州人在東門和南門口，保護城中泉州人安全逃離縣城，彰化城中的泉州人多逃往白沙坑（在今花壇鄉）、鹿港。

林晟與洪叢、何守等人，本來計畫捉戴潮春來抵罪，所以將北路協副將林得成被囚禁在林晟家中，林得成多次勸林晟殺戴潮春立功，其間戴潮春多次請人送來黃馬褂、令、印，林晟家族中的富戶也出資要給林晟協助官府。此時，彰化縣人江有仁曾經帶台勇到內地參加勦平太平天國的亂事，積官藍翎守備，他認為清廷此時無暇顧及臺灣，勸林晟起義。北路協副將林得成自殺。何守也勸林晟自立為王，林晟終於下定決心。

同治1（1862）5月，戴潮春畏林晟之勢，將彰化縣城讓給林晟，戴潮春回四張犁，自稱東王。林晟佔據彰化城，自稱大元帥，封江有仁為軍師，何守為掃北大將軍，盧江為糧官，王萬、何有章、陳狗母為將軍。林貓皆為中軍，掌帥印，林晟十分仰賴他。

同治2年（1863）1月，林晟攻淡水廳大甲，1月18日兵敗，林日城退守四塊厝，派江有仁守彰化城。

2. 阿罩霧（今霧峰鄉）

同治1年（1862）3月18日，淡水同知秋日覲被殺後，同行的林奠國因為林晟人多勢眾，因而退歸阿罩霧，「鑿濠固壘，聚米鹽，討軍費，為持久計。」

〔註37〕關於戴潮春在彰化城封官設署的記載，詳見林豪《東瀛紀事》（臺灣銀行經濟研究室/編，南投：臺灣省文獻委員會/印行，1997.6.30），p.5。

〔註38〕關於彰化縣城死亡與得脫的官兵資料詳見《吳德功先生全集：施案紀略、戴案紀略、讓台記》（南投：臺灣省文獻會，1992.5.31），p.7。

〔註 39〕從林奠國這麼害怕及預料林晟會來攻打阿霧林家，而預作這準備看來，兩家的私仇之深，雙方心知肚明。

　　4月，戴潮春與林晟帶領數萬人，合攻阿罩霧前厝莊林家。〔註 40〕當時林文察、林文明率壯勇正在內地勦亂，前厝林家林奠國及其子林文鳳率眾抗敵〔註 41〕，戴、林猛攻三日，差一點就攻破林家。因為駐軍翁仔社的義首羅冠英（東勢角客家人）帶領 200 名客家人前來救援，塗城、太平、漳仔墘、頭家厝等莊族人 4、5 百名趕到，才化解了林家的危難。〔註 42〕此後，林晟不再攻阿罩霧。

3. 鹿港〔註 43〕

　　因為鹿港離彰化縣城不遠，當同治 1 年（1862）3 月 20 日彰化縣城被戴潮春的軍隊攻下之後，敗逃的官兵多逃往鹿港，又因為鹿港人多來自泉州，而戴軍多源自漳州，漳泉長期械鬥的陰影，讓鹿港人心不安。

　　鹿港貢生蔡廷元自募義勇 150 名，計畫前往彰化城救孔道台，途中與革命軍苦戰，聽到城陷孔死，而折回鹿港繼續募勇。鹿港總局長舉人蔡德芳、貢生蔡廷元、富戶陳慶昌及各郊商，集合施、黃、許三大姓的族長，組成自衛軍隊，以求自保。百姓為求自保，採取兩面討好策略，戴軍到就舉戴軍的紅旗歡迎，官兵到就舉官方的白旗歡迎。〔註 44〕

〔註 39〕同治 1 年 3 月林奠國固守家園的記載，詳見林獻堂〈伯考奠國公家傳〉（臺灣銀行經濟研究室（編）《臺灣霧峰林氏族譜》，南投：臺灣省文獻委員會/印行，1994.12.31，p.107）。

〔註 40〕據林獻堂〈先伯父文鳳公家傳〉所載，林晟是在同治 1 年（1862）3 月攻前厝，當時他帶領 3 萬多人來攻，將林家團團圍住，並截斷林家水，不過，沒有提到「戴潮春」參與此役。「時莊中丁壯多從堂伯父文察公轉戰閩、浙，僅遺七十有二人，願同生死。」林文鳳率眾與林晟等日夜應戰。（詳見臺灣銀行經濟研究室編，《臺灣霧峰林氏族譜》，南投：臺灣省文獻委員會/印行，1994.12.31，pp.108～109）。

〔註 41〕林豪誤將林文鳳寫成林文明，當時林文明正在內地勦亂。

〔註 42〕他莊前來救援林家的記載，詳見林獻堂〈先伯父文鳳公家傳〉（臺灣銀行經濟研究室編，《臺灣霧峰林氏族譜》，南投：臺灣省文獻委員會/印行，1994.12.31，p.109）。

〔註 43〕有關鹿港鎮的戰況以鹿港人蔡青筠的《戴案紀略》最為詳細，因此，本論文以此為主要參考資料。詳見蔡青筠《戴案紀略》（臺灣文獻叢刊第 206 種，臺灣銀行經濟研究室/編印，台北：臺灣銀行/發行，1964.11），p.6。

〔註 44〕見蔡青筠《戴案紀略》（臺灣文獻叢刊第 206 種，臺灣銀行經濟研究室/編印，台北：臺灣銀行/發行，1964.11），p.6。

同治 1 年（1862）3 月，戴潮春派將軍黃丕建前去鹿港，表明戴軍要「保衛」鹿港，鹿港水師游擊江國珍以火藥迎敵，打算同歸於盡，黃丕建的軍隊不敢攻擊，又遭到大多數鹿港紳民武力反抗，從鹿港敗逃。3 月底，戴潮春改派泉州人林大用為鎮北將軍，前往鎮撫鹿港，受到鹿港人的嚴力抗拒。〔註45〕

同治 1 年（1862）4 月，戴軍以鹿港抗命拒撫，陳弄（啞狗弄）率軍圍攻鹿港，雙方對峙。戴潮春的股首陳大戇與葉虎鞭，見漳州人欺負泉州人，又質疑戴軍所作所為，因此反舉白旗，率眾數千人前來鹿港救援，激戰數日，陳弄終於兵敗而走。此後，有更多避難百姓逃往鹿港。

同治 1 年（1862）5 月 13 日，福建福寧鎮總兵曾玉明帶 600 名兵力，抵達鹿港，命前任彰化知縣高廷境暫代知縣。曾玉明先前曾任職於彰化北協，戴潮春是他的舊屬，也曾調停前後厝林家的恩怨，因此，他企圖招降並分化戴潮春與林晟二人，但是無效，反而促使戴潮春與林晟在 9 月 9 日再度焚香立約。

其間，曾玉明也四處召募泉州人參加義民軍，臺灣道台洪毓琛屢次派官兵運糧饟前往鹿港，但是都被戴軍截獲。鹿港舉人蔡德芳、貢生林清源、蔡媽胡辦理總局，向紳民商家抽釐金以助餉。

同治 1 年（1862）閏 8 月，都司銜金門左營守備黃炳南帶 400 兵，興化守備練鋒帶 200 兵，抵鹿港。

同治 1 年（1862）9 月，凌定國在鹿港接任彰化縣知縣。

同治 2 年（1863）4 月，記名總兵北路協副將曾元福領兵 1000 名在鹿港登岸，10 餘日後，改駐軍白沙坑觀音山。當時，人以曾玉明為「大曾」、「曾元福」為「小曾」，以示區別。7 月，撤回鹿港，兵勇多染病，接署水師提督，曾元福由海路到嘉義接印。

同治 2 年（1863）4 月，鹿港同知興廉〔註46〕建請閩浙總督加派兵力及大

〔註45〕關於鹿港人面對林大用來鹿港巡視的態度，此處採用鹿港人蔡青筠的說法：「鹿人嚴拒之。」林豪、吳德功的記載與蔡青筠相反，林豪記為：「民皆鼓吹香案，迎接入街。」吳德功記為：「街民迎之。」詳見蔡青筠《戴案紀略》（臺灣文獻叢刊第 206 種，臺灣銀行經濟研究室/編印，台北：臺灣銀行/發行，1964.11，p.10），林豪《東瀛紀事》（臺灣銀行經濟研究室/編，南投：臺灣省文獻委員會/印行，1997.6.30，p.12），《吳德功先生全集：施案紀略、戴案紀略、讓台記》（南投：臺灣省文獻會，1992.5.31，p.9）。

〔註46〕鹿港同知「興廉」，吳德功寫成「興康」，林豪、蔡青筠都記為「興廉」。詳見蔡青筠《戴案紀略》（臺灣文獻叢刊第 206 種，臺灣銀行經濟研究室/編印，台

炮來台，以攻戴軍的竹圍、鎗樓。5月，大炮數十尊運抵鹿港。

4. 四張犁（在今台中市北屯區）

同治 1（1862）5月，戴潮春回四張犁，自稱東王。客家人劉阿屘（劉阿妹）爲軍師。封莊天賜爲左相〔註47〕，賴阿矮爲先峰。

同治 1（1862）10月，戴潮春命陳梓生留守四張犁，率軍進攻斗六門。

同治 2（1863）2月，張世英派遣羅冠英、廖廷鳳進攻四張犁，兩軍激戰，陳梓生率軍固守鎗樓，羅冠英截斷四張犁水道，2月 27日四張犁被羅冠英攻破，掘毀戴潮春祖墳。

5. 翁仔社（在今豐原市）

同治 1年（1862）7月，候補通判張世英進軍翁仔社，東勢角義首羅冠英、翁仔社義首廖細元響應，企圖以翁仔社爲據地，援助竹塹、大甲，並恢復彰化。翁仔社地居上流，可截斷戴潮春所在的涷東堡的水源。張世英所招募義民，平日擅長打獵，也曾與原住民交戰；林占梅也出資相助。

同治 1年（1862）閏 8月 14日，羅冠英收復葊腳，22日，收復葫盧墩汛（在今豐原市），廖細元收復原圓寶莊，進攻圳葊，28日與林晟軍隊交戰，兵少不敵，廖細元陣亡。

6. 彰化縣其他地區

同治 1年（1862）5月，戴潮春軍師莊天賜建議他行「耤田禮」，以取信百姓。於是戴軍前往水殺連祭告天地，戴潮春在田間執犁播種，鼓吹喧天，圍觀百姓眾多。水沙連劉參筋、五城吳文鳳加入戴軍，封爲將軍，廉交厝許豐年封爲總制，石榴班張竅喙、張公毅、覆鼎金宋田市，封爲將軍。各地響應戴軍的股首日眾，有：嚴辦、黃豬羔、呂梓、黃丁、何錢鼠、何萬基、黃豬、黃番仔。〔註48〕

北：臺灣銀行/發行，1964.11，p.45），林豪《東瀛紀事》（臺灣銀行經濟研究室/編，南投：臺灣省文獻委員會/印行，1997.6.30，p.15），《吳德功先生全集：施案紀略、戴案紀略、讓台記》（南投：臺灣省文獻會，1992.5.31，p.40）。

〔註47〕戴潮春封莊天賜爲左相的時間，林豪記爲 9月，吳德功、蔡青筠記爲 5月。見林豪《東瀛紀事》（臺灣銀行經濟研究室/編，南投：臺灣省文獻委員會/印行，1997.6.30，p.8），《吳德功先生全集：施案紀略、戴案紀略、讓台記》（南投：臺灣省文獻會，1992.5.31，p.17），蔡青筠《戴案紀略》（臺灣文獻叢刊第206種，臺灣銀行經濟研究室/編印，台北：臺灣銀行/發行，1964.11，p.20）。

〔註48〕戴軍前往水沙連行「耤田禮」的細節，請詳見《吳德功先生全集：施案紀略、戴案紀略、讓台記》（南投：臺灣省文獻會，1992.5.31，p.18）。又「呂仔梓」

同治 1 年（1862）6 月，義首李章慈率義民，與打鐵山李利等人攻詔安厝，意圖收復彰化城，在詔安厝（今和美鎮詔安里、鐵山里）與戴軍跡戰，李章慈戰死，李利逃回。

同治 1 年（1862）6 月 19 日，戴軍二路副元帥戴彩龍、大將軍鄭玉麟，前往燕霧下堡大莊武舉人賴登雲家中請捐軍餉，橋仔頭李炎也到茂才陳宗文家請捐軍餉。茄冬腳拔貢生陳捷魁密約白培英、唐允文、沈炎，率二十四莊義民，埋伏茄冬腳，兩軍在大雨交戰，戴軍大敗，李炎、戴彩龍被送往鹿港問斬，戴如璧被鎗斃，鄭玉麟（鄭狗母）戰死。6 月 20 日陳捷魁率莊民曾溪等人，共斬戴軍屍首 200 多頭，前往鹿港向曾玉明領功。

同治 1 年（1862）6 月 21 日，戴潮春領軍攻打白沙坑口莊，為戴彩龍報仇，兵敗而返。

同治 1 年（1862）7 月 19 日，林晟率領鎮北將軍林大用、陳九母、趙戇，攻湳仔莊、柑仔井、竹仔腳、和美線街，與義民激戰，相持不下，戴潮春恨泉州人多助官，調派大軍助戰，義民敗退，戴軍放火焚莊。戴軍續攻加寶潭（今和美鎮嘉寶潭），當地舉人陳宗潢長子陳耀舍率義民應戰，交戰三日，陳耀舍詐降，後來終於擊退戴軍。〔註49〕

同治 1 年（1862）8 月 15 日，林晟領軍兩萬多名〔註50〕，在大聖王廟（今彰化市中華路）祭旗，8 月 16 日猛攻二十四莊，陳捷魁、陳宗文、李華文率義民來救，林晟、林貓皆攻白沙坑，鄭知母攻口莊，王萬、江有仁攻虎山岩坑。兩軍交戰四日，林晟撤軍回彰化縣城。

同治 1 年（1862）8 月，曾玉明派守備陳毓恩駐守崙仔頂，曾玉明紮營安東（今秀水鄉安東村），戴軍中的將軍：泉州人葉虎鞭、陳大戇降官，帶義民防守秀水（今彰化縣秀水鄉）。8 月 15～17 日戴軍攻秀水，南門外三十五莊巨

吳德功寫成「召仔梓」。

〔註49〕關於 1863 年 7 月 19 日彰化縣此一戰役，林豪《東瀛紀事》未見記載，而吳德功與蔡青筠則有詳細記載。詳見《吳德功先生全集：施案紀略、戴案紀略、讓台記》（南投：臺灣省文獻會，1992.5.31，pP.22～23），蔡青筠《戴案紀略》（臺灣文獻叢刊第 206 種，臺灣銀行經濟研究室/編印，台北：臺灣銀行/發行，1964.11，Pp.24～26）。

〔註50〕關於 1863 年 8 月 16 日林晟攻二十四莊戰役的人數，吳德功記有一萬多人，蔡青筠記有兩萬多人。詳見《吳德功先生全集：施案紀略、戴案紀略、讓台記》（南投：臺灣省文獻會，1992.5.31，p.25），蔡青筠《戴案紀略》（臺灣文獻叢刊第 206 種，臺灣銀行經濟研究室/編印，台北：臺灣銀行/發行，1964.11，p.27）。

族張赤降官，帶 800 名義民協守。戴軍撤退。9 月，戴軍又攻秀水，官兵駐軍口莊，擊退戴軍。

同治 2 年（1863）1 月，官軍攻下烏瓦厝，葉虎鞭、黃炳南屯兵十四甲，戴軍紮營枋寮、湳尾、後港仔。

同治 2 年（1863）2 月，曾玉明（大曾）署臺灣掛印總兵。

同治 2 年（1863）4 月，曾元福（小曾）駐軍白沙坑山頂，7 月退回鹿港。

同治 2 年（1863）4 月 28 日，彰化舉人陳肇興、邱位南，水沙連舉人林鳳池、生員陳上治，永春生員廖秉均，南投堡義首陳雲龍、吳聯輝，牛牯嶺義首陳捷三，北投堡舉人簡化成、義首林錫爵，沙仔 崙廩生陳貞元，相約同日舉義民旗，結果義民莊死傷慘重。〔註 51〕

同治 2 年（1863）6 月 18 日義首陳捷三率義民與戴軍交戰濁水溪，6 月 21 日陳捷三、陳雲龍率義民收復南投街，6 月 29 日收復施厝坪等處，7 月 22 日陳捷三、陳雲龍、林鳳池合力收復集集莊，8 月兩軍再度交戰集集，義民砍殺戴軍 200 多人，濁水溪水被血染紅。〔註 52〕

同治 2 年（1863）9 月，戴潮春的鎮北將軍林大用率眾投降曾玉明。陳梓生、陳鮴、王萬怕彰化城不保，逃往四塊厝。

（二）淡水廳

同治 1 年（1862）3 月 18 日淡水同知秋日覲在彰化縣被殺。4 月，林占梅總辦台北軍務，紳民共推候補通判張世英權視淡水同知篆務。

1. 大甲城〔註 53〕

同治 1 年（1862）3 月 18 日以後，大甲人王和尙與陳再添、莊柳進入大甲，住在王九螺家，請百姓捐餉，加入戴軍，戴潮春派蔣馬泉到大甲主事。

〔註 51〕 本次戰況詳見陳肇興《咄咄吟》，《陶村詩稿》卷七、卷八（南投：臺灣省文獻委員會/印行，1978.6），pp.121～125。

〔註 52〕 詳見陳肇興《咄咄吟》，《陶村詩稿》卷七、卷八（南投：臺灣省文獻委員會/印行，1978.6，pp.125～130），《吳德功先生全集：施案紀略、戴案紀略、讓台記》（南投：臺灣省文獻會，1992.5.31，p.25），蔡青筠《戴案紀略》（臺灣文獻叢刊第 206 種，臺灣銀行經濟研究室/編印，台北：臺灣銀行/發行，1964.11，pp.42～43）。

〔註 53〕 有關大甲的戰況以林豪《東瀛紀事》的〈大甲城守〉記載最爲詳細，因爲他自同治 1 年（1862）7 月從內地來到淡水，寄居竹塹林占梅家中。（林豪《東瀛紀事》，臺灣銀行經濟研究室/編，南投：臺灣省文獻委員會/印行，1997.6.30，pp.19～24。）

同治 1 年（1862）5 月，竹塹總局林占梅派遣義首蔡宇、貢生陳緝熙前去收復大甲，5 月 6 日，大甲水道被戴軍截斷，城中守節寡婦余林春娘祈雨成功。蔣馬泉逃回彰化縣城，被林晟治失職之罪，抄斬全家。5 月 13 日代理淡水同知張世英率千總曾捷步、把總周長桂、林盛、武生賴志達、義首羅冠英、林傳生到大甲，與戴軍在城外交戰，守住大甲。

同治 1 年（1862）5 月 21 日，王和尚、何守、戴如川、江有仁、陳鱗、劉安、陳在、莊柳、蔡斷、蔡海、陳再添、陳梓生、陳狗母、劉阿屘……，共 27 營，一萬多人，再度包圍大甲城，水道又被截斷，余林春娘二度祈雨，張世英、羅冠英再度擊退戴軍。

同治 1 年（1862）11 月 10 日，戴軍再攻大甲，11 月 14 日羅冠英從翁仔社率義民來助，11 月 17 日林占梅派千總曾捷步帶兵勇鉛藥到大甲，11 月 18 日戴軍分三路包圍大甲城，官軍也分三路突圍；林晟從牛罵頭率軍隨後趕到，官軍潰敗，只剩下羅冠英孤軍被包圍，死戰之際，羅冠英以大砲突圍，當晚退守翁仔社。大甲城再度缺水，11 月底林春娘第三次祈雨成功。12 月 13 日，羅冠英、廖廷鳳、廖江峰帶原住民與漢人組合的義民軍前往大甲，兩軍激戰，12 月 14 日，被戴軍圍攻 20 多天的大甲城，再度解圍。

同治 2 年（1863）1 月，林晟又攻大甲，淡水同知鄭元杰在大甲聽到消息，連夜逃離大甲城，1 月 13 日林晟督眾填平大甲水道，1 月 18 日林晟登鐵砧山，在國姓井祝禱，隨後攻城，林晟被砲擊中，折斷兩顆牙齒，於是死心，退回彰化縣四塊厝，不再攻大甲。

2. 淡水廳其他地區

同治 1 年（1862）4 月，新莊街會黨楊貢聚眾起事，艋舺縣丞郭志煒殺之。

（三）嘉義縣

1. 嘉義縣城

同治 1 年（1862）3 月下旬，臺灣鎮總兵派安平協副將王國忠、游擊顏常春前往嘉義，顏常春帶番勇 100 多人，在柳仔林與戴軍黃豬羔交戰，3 月 28 日抵達嘉義城，當天黃昏，黃豬羔率眾攻城，被官兵擊退。戴軍傳言不會傷害無辜百姓，但是百姓卻見識到戴軍大肆焚搶，內心十分害怕。

同治 1 年（1862）4 月，黃豬羔、羅豬羔、羅昌、黃萬基、黃大戇、戴彩龍、陳弄、嚴辦率眾包圍嘉義縣城。紳士王朝輔、陳熙年率眾拒戴軍，城中

富戶許山（許安邦）出資助官餉，並救濟城中貧民。

同治 1 年（1862）5 月 11 日晚上，大地震，嘉義縣城牆倒塌數丈，西門外土牆也倒塌，百姓趁夜運木石修補城牆。此後嘉義城又被戴軍圍困，直到 6 月 8 日，臺灣鎮總兵林向榮率官軍擊退攻城的戴軍，斬殺王新婦、黃房等股首，嘉義城才得以解圍。7 月，臺灣道洪毓琛要求林向榮離開嘉義，進軍斗六門。

同治 1 年（1862）9 月斗六門失守，臺灣道洪毓琛擔心嘉義城不保，派姚僅募南路客家義民 500 名，調屯丁 500 名，與嘉義知縣白鸞卿、參將湯得陞守城。黃豬羔、陳弄、嚴辦、呂梓、廖有豐、廖談、洪花、何守、陳魚弗率眾再度包圍嘉義縣城，嚴辦、廖談、洪花的妻妾都在陣前督戰。嘉義城內紳士王朝輔、歲貢陳熙年、總理蔡鵬飛等設聯義局，派民兵輪流守城。一直到同治 2 年（1863）2 月 12 日，福建水師提督吳鴻源率軍與店仔口吳志高率義民合力擊退戴軍，嘉義縣城已被包圍 6 個月。戴潮春叔父戴老見被殺。

2. 斗六門

同治 1 年（1862）5 月，戴軍攻斗六門，被都司湯得陞、副將王國忠擊退，千總蔡朝陽陣亡。

同治 1 年（1862）7 月，斗六門附近內山石榴班張竅嘴（張竅喙）、張公毅等人，引戴軍猛攻斗六門，臺灣道洪毓琛要求臺灣鎮總兵林向榮進軍斗六門，林向榮只好在糧餉不足情形下，帶副將王國忠駐軍斗六門街中都司衙，王國忠建議林向榮屯兵街外，以免被包圍，林向榮不聽。隔日，戴潮春軍師劉阿厎（劉阿妹）率嚴辦、陳弄、許豐年等聚眾數萬人包圍斗六門，激戰數日，全無外援。

同治 1 年（1862）8 月 28 日清穆宗降旨，將林向榮暫行革職，因爲他「遷延不進，坐耗餉需」；但仍要求他平亂立功。〔註 54〕

同治 1 年（1862）8 月，臺灣道洪毓琛派參將陳國詮帶餉八千餘元，送達斗六門，塗庫義首陳澄清也多次殺開血路，運米到斗六門。外委黃金城陣亡。臺灣道洪毓琛又派守備許黃邦帶餉銀一萬兩，在柳仔林被黃豬羔搶走。林向榮坐困愁城，殺戰馬而食，9 月 17 日副將王國忠突圍不成，陣亡。把總潘永

〔註 54〕林向榮被革職一事，見《大清穆宗毅皇帝實錄》同治 1 年 8 月 28 日諭議政王軍機大臣等（臺灣銀行經濟研究室/編，《清穆宗實錄選輯》，南投：臺灣省文獻委員會/印行，1997.6.30，p.31）。

壽、外委劉金彥見王國忠被殺，便引戴軍入城。林向榮仰藥自殺，同知甯長敬、參將顏常春、斗六門都司蔡朝陽、劉國標、守備石必得、沈登龍、千總王光春……共 30 多名官弁同死。與王國忠突圍的十八位健卒被戴軍擒捉到寶斗溪邊斬殺，當地人合葬之，稱十八將軍墓。

鹿港生員楊清時請曾玉明攻打小埔心，以救斗六，曾玉明不許，又請檄飭寶斗仔各義莊舉兵救林向榮，又不許。於是，楊清時和總理許行義自帶義民 400 名前往斗六門，中途與戴軍交戰，最後在寶斗仔街，與陳弄連戰數月。

3. 塗庫（今雲林縣土庫鎮）

同治 1 年（1862）春，嘉義縣塗庫義首陳澄清聯合鹽水港各莊與附近客家莊，募義民，築土圍，挖濠溝，貯三年糧，以預防戴軍來襲。

同治 1 年（1862）7 月，林向榮移師斗六門，陳澄清數次運餉補給。9 月戴軍攻下斗六門，移攻塗庫，陳澄清此後三年迎戰戴軍，塗庫始終安然無恙。

陳弄、嚴辦佔據土庫街，後也被陳澄清、陳必湖兄弟擊退。

4. 嘉義縣其他地區戰況

同治 2 年（1863）1 月 10 日，福建水師提督吳鴻源駐軍鹽水港，以店仔口降將吳志高（吳墻）為鄉導。派守備蘇吉良、徐榮生等進軍鹿仔草，1 月 15 日夜，徐榮生到埔心南靖厝，被戴軍襲擊，二重溝呂梓率眾響應戴軍，游擊葉得茂、千總黃茂生陣亡。

同治 2 年（1863）2 月 12 日，吳鴻源率軍擊退戴軍，解嘉義縣城之圍。此後一直到 5 月，吳鴻源派蘇吉良、徐榮生連攻劉厝莊等地，殺羅澎湖，呂梓降官，戴軍元帥葉新婦、大將軍何錢鼠被擒，呂梓的妻子中砲身亡。嚴辦據大崙新港，也被擊破敗走。其間官兵死傷甚多。〔註55〕

同治 2 年（1863）5 月 27 日，水師提督吳鴻源的粵勇一千名，因為欠餉已久，潰散，吳也因舊疾復發，在南靖厝（今嘉義縣水上鄉）屯兵不前，直到 11 月，與臺灣道洪毓琛衝突。

同治 2 年（1863）7 月 12 日，因為吳鴻源染病，清穆宗准福建巡撫徐宗幹之請，令曾元福從海道前往嘉義，接任福建水師提督。〔註56〕 8 月 3 日，清

〔註55〕 本段資料詳見《吳德功先生全集：施案紀略、戴案紀略、讓台記》（南投：臺灣省文獻會，1992.5.31），pp.40～41。

〔註56〕 曾元福接任水師提督一事，見《大清穆宗毅皇帝實錄》同治 2 年 7 月 12 日諭議政王軍機大臣等（臺灣銀行經濟研究室/編，《清穆宗實錄選輯》，南投：臺

穆宗以吳鴻源領兵不少，卻在南靖莊屯兵數月，使「匪」坐大，以至「師老財潰、勇丁譁散」，實在是調度無方，因而將吳「革職挐問」；〔註57〕9月21日曾元福到嘉義接福建水師提督印；10月9日，清穆宗准徐宗幹奏，讓吳鴻源留營效力贖罪。〔註58〕

（四）臺灣府

同治1年（1862）3月9日，臺灣道台孔昭慈前往到彰化縣辦會黨，3月20日在彰化城自殺。臺灣府知府洪毓琛暫代道台一職，於是「修城垣，備器械，抽釐勸捐，調選兵勇，以備戰守。」〔註59〕向洋商借十五萬兩，約於關稅項下抵還。〔註60〕

同治1年（1862）5月，臺灣大地震，臺灣府城牆倒塌百數十丈，官府緊急向紳商募資維修。

同治1年（1862）6月，游擊陳鷹飛帶領600名兵力抵達臺灣府，駐軍城外，兵力才稍能鎮住反抗軍。

同治1年（1862）9月3日，清穆宗准福建巡撫徐宗幹之請，令陳懋烈接任臺灣府知府。〔註61〕

同治1年（1862）9月17日，林向榮在斗六門自殺，臺灣府嚴加防備，深怕戴軍攻來。

同治1年（1862）12月，福建水師提督吳鴻源率軍抵臺灣府城，急需兵

灣省文獻委員會/印行，1997.6.30，pp.47～48）。

〔註57〕吳鴻源革職一事，見《大清穆宗毅皇帝實錄》同治2年8月3日及8月25日諭議政王軍機大臣等（臺灣銀行經濟研究室/編，《清穆宗實錄選輯》，南投：臺灣省文獻委員會/印行，1997.6.30，pp.48～50）。

〔註58〕准吳鴻源戴罪立功，見《大清穆宗毅皇帝實錄》同治2年10月9日諭議政王軍機大臣等（臺灣銀行經濟研究室/編，《清穆宗實錄選輯》，南投：臺灣省文獻委員會/印行，1997.6.30，pp.50～51）。

〔註59〕見林豪《東瀛紀事》〈郡城籌防始末〉（臺灣銀行經濟研究室/編，南投：臺灣省文獻委員會/印行，1997.6.30），p.9。

〔註60〕洪毓琛向洋商借錢以抵關稅，被朝廷嚴斥，同治1年7月27日清穆宗諭議政王軍機大臣等：「洋商銀兩本不應借用抵稅，且閩海關稅銀，有提解京餉要款，該道、府何得輒行擅借洋商銀兩，將此項關稅扣抵！嗣後該督、撫等務宜嚴飭各沿海地方官，毋許再行提借，致誤所需。」（臺灣銀行經濟研究室/編，《清穆宗實錄選輯》，南投：臺灣省文獻委員會/印行，1997.6.30，p.29）。

〔註61〕見《大清穆宗毅皇帝實錄》同治1年9月3日諭內閣（臺灣銀行經濟研究室/編，《清穆宗實錄選輯》，南投：臺灣省文獻委員會/印行，1997.6.30，pp.33～34）。

餉，洪道台向內地請餉未到，福建巡撫准其就地勸捐，但是當時府城富戶已往他處避難，於是洪道台激勸官幕，籌捐十餘萬兩，但能不夠用。同治 2 年（1863）6 月，按察使司銜分巡台澎兵備道兼提督學政洪毓琛病在臺灣府城病逝，臺灣府知府陳懋烈暫代道台一職。

同治 2 年（1863）8 月 4 日，丁日健接旨，繼任臺灣道台。〔註62〕9 月 9 日丁日健從滬尾登岸。〔註63〕

三、第二期：同治 2 年（1863）9 月～同治 3 年（1864）1 月

同治 2 年（1863）年 8 月 4 日，丁日健接任臺灣道台，9 月 9 日從滬尾（今淡水鎮）登岸，帶兵 3000 名，10 月進駐淡水廳竹塹城（今新竹市）。丁日健在同治 2 年（1863）7 月 24 日所寫的〈平台藥言〉〔註64〕一文中，提及自己曾任鳳山縣知縣、嘉義縣知縣、鹿港同知、淡水同知的經歷；並批評曾玉明到鹿港之後，「不重進攻，專重計誘；主見已錯」，此後在臺灣將領又「節節延宕失機」；因此他提出平台六大主張：「籌餉宜寬備也」、「生力軍宜速撥也」、「賞罰宜嚴申也」、「行師宜間道出奇也」、「文武弁宜慎選也」、「彰、斗克復後，餘黨當嚴搜也」。這六大主張，正是丁日健渡台後所採取的策略。

同治 2 年（1863）年 8 月林文察接獲廷寄，奉命以福建陸師提督督辦臺灣軍務。〔註65〕9 月 10 日在泉州整軍待發，10 月 2 日才出發，10 月 14 日抵達鹿耳門，由安平登陸。〔註66〕

〔註62〕詳見丁日健《治台必告錄》（下）（臺灣銀行經濟研究室/編，南投：臺灣省文獻委員會/印行，1997.6.30），pp.422～423。

〔註63〕詳見丁日健《治台必告錄》（下）（臺灣銀行經濟研究室/編，南投：臺灣省文獻委員會/印行，1997.6.30），pp.423～425。

〔註64〕詳見丁日健《治台必告錄》（下）（臺灣銀行經濟研究室/編，南投：臺灣省文獻委員會/印行，1997.6.30），pp.417～421。

〔註65〕林文察先署福建陸路提督，又因本欲接福建水師提督的曾元福在鹿港養病，同治 2 年 8 月 25 日清穆宗降旨讓林文察兼署水師提督，到同治 2 年 10 月 18 日清穆宗降旨，仍有已痊癒的曾元福接任福建水師提督。詳見《大清穆宗毅皇帝實錄》（臺灣銀行經濟研究室/編，《清穆宗實錄選輯》，南投：臺灣省文獻委員會/印行，1997.6.30，pp.48～52）。

〔註66〕關於林文察抵達臺灣的時間有 10 月與 12 月二說，登陸地點也有安平與嘉義縣麥寮（今雲林縣麥寮鄉）二說，詳見黃富三《霧峰林家的興起——從渡海拓荒到封疆大吏（1729～1864）》（台北市：自立晚報社文化出版部/出版，1987.10，pp.275～276）。本處採用《臺灣霧峰林氏族譜》的〈先伯祖剛湣公家傳〉（林幼春撰）：「同治 2 年 8 月，廷寄達漳，命伯祖以本官攝水師提督督

官兵終於在 12 月初收回彰化縣城，並斬殺戴潮春。是為第二期。

（一）淡水廳

同治 2 年（1863）年 9 月 9 日，丁日健從滬尾登岸，帶兵 3000 名，10 月進駐淡水廳竹塹城。

同治 2 年（1863）年 10 月，丁日健派藍翎軍功范義庭等人前往安定大甲。

同治 2 年（1863）年 10 月，丁日健行抵吞霄（今苗栗縣通霄鎮），派義首鄭捷英領義民偷襲戴潮春的軍師劉阿厜（劉阿妹），劉被斬首來獻。〔註67〕

（二）彰化縣

同治 2 年（1863）年 10 月，丁日健駐軍牛罵頭（今台中縣清水鎮），10 月 14 日派候補知縣白驥良、營弁侯元楨、義首劉維翰、戴潮清、張琳生等帶客家義民 400 人，前往四張犁，與張世英、義首羅冠英、廖廷鳳會合，進攻犁頭店（在今台中市南屯區）一帶。〔註68〕

同治 2 年（1863）年 10 月 15 日黎明，丁日健派藍翎軍功范義庭、紳士舉人蔡鴻猷、文生蔡懷斌、訓導楊清珠、義首姜殿邦等人，率領閩、粵各勇練丁共 3000 多名，進攻水裡港（今台中縣龍井鄉麗水村），踹平「賊營」四座，焚燒「賊船」一百多艘。派王楨、都司銜守備陳捷元、鄭榮、義首楊至器等，分攻田中央（今彰化市田中里）、海陂厝（海埔厝，今台中縣龍井鄉龍津村）等地。〔註69〕海陂厝一戰，擒殺戴軍先鋒陳火、謝連。

10 月 16 日半夜，丁日健派范義庭、陳捷元等人再攻水裡港，王楨、鄭榮分攻福州厝，16 日中午，官軍縱火焚燒村莊，福州厝（在今龍井鄉麗水村附近）、蘊仔底、塗爾窟（塗葛窟，在今龍井鄉麗水村）、羊厝莊、新莊仔（位於今龍井鄉大肚山台地）、頭湖莊、南海埔仔、外海埔仔、有頭崙、八角亭等 10 多「賊莊」（在今台中縣龍井鄉），以及無名小莊 10 多所，同時被官軍焚燬為平地，「匪眾」大多數被燒死，「餘匪」逃往茄投（葭投，在今台中縣龍井

辦臺灣軍務，伯祖念切維桑，十月全師安平登陸。」（臺灣銀行經濟研究室編，《臺灣霧峰林氏族譜》，南投：臺灣省文獻委員會/印行，1994.12.31，p.118）。
〔註67〕詳見丁日健《治台必告錄》（下）（臺灣銀行經濟研究室/編，南投：臺灣省文獻委員會/印行，1997.6.30），pp.428～429。
〔註68〕詳見丁日健《治台必告錄》（下）（臺灣銀行經濟研究室/編，南投：臺灣省文獻委員會/印行，1997.6.30），pp.429～430。
〔註69〕詳見丁日健《治台必告錄》（下）（臺灣銀行經濟研究室/編，南投：臺灣省文獻委員會/印行，1997.6.30），pp.429～430。

鄉龍西村），陳魚弗擁眾死守。〔註70〕10 月 17～27 日，官軍久攻筃投，互有死傷。10 月 28～30 日，丁日健派林占梅、王楨、鄭榮，進攻海埔厝（今台中縣龍井鄉龍津村）；水師寮（在今台中縣龍井鄉）何首投降，大肚（在今台中縣大肚鄉）趙戇、茄投陳鯡相繼敗逃。〔註71〕

同治 2 年（1863）11 月 3 日〔註72〕，清晨臺灣鎮總兵曾玉明率林大用從北門進入彰化城，當時趙戇、陳鯡、陳狗母、陳在、盧江等人從東門逃往四塊厝林晟處；上午 9～11 點（巳時）丁日健、林占梅也越過大肚溪，進入彰化城；官兵收復彰化縣城，殺戴軍糧官蔡豬、江有仁、鄭豬母。〔註73〕

同治 2 年（1863）11 月 18 日收復斗六之後，林文察從嘉義縣他里霧（在今雲林縣斗南鎮）率軍北上，經北斗、鹿港〔註74〕，在同治 2 年（1863）12

〔註70〕詳見丁日健《治台必告錄》（下）（臺灣銀行經濟研究室/編，南投：臺灣省文獻委員會/印行，1997.6.30），pp.430～431。

〔註71〕關於同治 2 年 10 月官軍攻打今台中縣龍井鄉等地的記載，丁日健〈彰境開仗連日大捷並南路各營獲勝摺〉沒有提到林占梅參與其中，〈剿破葭投老巢撲滅巨股彰化大肚溪以北一律肅清摺〉則寫道他 10 月 28 日才派林占梅來協攻葭投，而林豪〈官軍收復彰化始末〉則以林占梅為主要領兵者，很少提及丁日健，吳德功與蔡青筠的說法與林豪較雷同。同時，在對勦平的村莊與日期的記載，丁日健與林豪也各有不同。詳見丁日健《治台必告錄》（臺灣銀行經濟研究室/編，南投：臺灣省文獻委員會/印行，1997.6.30，pp.430～438），林豪《東瀛紀事》（臺灣銀行經濟研究室/編，南投：臺灣省文獻委員會/印行，1997.6.30，p.38）。

〔註72〕收復彰化城的日期有兩種記載，丁日健〈彰境開仗連日大捷並南路各營獲勝摺〉與林豪〈官軍收復彰化始末〉記為 11 月 3 日，吳德功《戴案紀略》與蔡青筠《戴案紀略》記為 12 月 3 日，筆者推算相關日期，應為 11 月 3 日。詳見丁日健《治台必告錄》（臺灣銀行經濟研究室/編，南投：臺灣省文獻委員會/印行，1997.6.30，pp.432），林豪《東瀛紀事》（臺灣銀行經濟研究室/編，南投：臺灣省文獻委員會/印行，1997.6.30，pp.38～39），《吳德功先生全集：施案紀略、戴案紀略、讓台記》（南投：臺灣省文獻會，1992.5.31，p.46），蔡青筠《戴案紀略》（臺灣文獻叢刊第 206 種，臺灣銀行經濟研究室/編印，台北：臺灣銀行/發行，1964.11，p.51）。

〔註73〕收復彰化城的記載吳德功與林豪有所不同：林豪說是林占梅先進入彰化城，吳德功是彰化人，他說自己曾親見其事，事實上是曾玉明最先進入彰化城。詳見林豪《東瀛紀事》（臺灣銀行經濟研究室/編，南投：臺灣省文獻委員會/印行，1997.6.30，pp.37～39），《吳德功先生全集：施案紀略、戴案紀略、讓台記》（南投：臺灣省文獻會，1992.5.31，pp.46～47）。

〔註74〕林文察進入彰化城的路線有兩種說法：一是從他里霧進軍北斗、鹿港，抵達彰化，見黃富三，《霧峰林家的興起——從渡海拓荒到封疆大吏（1729～1864）》（台北市：自立晚報社文化出版部/出版，1987.10，p.286）及丁日健《治台必

月 5 日抵達彰化縣城。〔註 75〕

　　同治 2 年（1863）12 月 21 日，戴軍的將軍，西螺（今雲林縣西螺鎮）廖談，和他的妾蔡邁娘，被捉到北斗，由丁日健審問，處死。〔註 76〕當時，曾元福駐軍彰化縣寶斗地方。

　　同治 2 年（1863）12 月 5 日，福建陸路提督林文察領兵攻打四塊厝（今台中縣霧峰鄉四德村）林晟，隔年 1 月 11 日攻下四塊厝，林晟、林晟妻妾、王萬環火藥自殺，林晟未死，被林文察捉來分屍，首級被函送彰化縣城。〔註 77〕

（三）嘉義縣

　　同治 2 年（1863）年 10 月，福建陸路提督林文察領兵從臺灣府登陸後，前往嘉義縣麥寮，隨即往他里霧（今雲林縣斗南鎮）方向進軍，沿海路到達彰化。

　　同治 2 年（1863）年 11 月 3 日彰化城收復後，丁日健催促林文察、曾元福收復斗六土圍，11 月 18 日半夜收復斗六。戴潮春逃往張厝莊。關於戴潮春被擒的經過，有兩種說法：〔註 78〕

告錄》（臺灣銀行經濟研究室/編，南投：臺灣省文獻委員會/印行，1997.6.30，pp.447），二是從阿罩霧進軍，從市仔尾進入彰化城，見吳德功《戴案紀略》（《吳德功先生全集：施案紀略、戴案紀略、讓台記》，南投：臺灣省文獻會，1992.5.31，pp.46～47）及蔡青筠《戴案紀略》（臺灣文獻叢刊第 206 種，臺灣銀行經濟研究室/編印，台北：臺灣銀行/發行，1964.11，p.51）。

〔註 75〕林文察進入彰化城的日期有三種說法：一是 12 月 5 日，見丁日健《治台必告錄》（臺灣銀行經濟研究室/編，南投：臺灣省文獻委員會/印行，1997.6.30，pp.447）與吳德功《戴案紀略》（《吳德功先生全集：施案紀略、戴案紀略、讓台記》，南投：臺灣省文獻會，1992.5.31，pp.46～47），二是 12 月 4 日，見蔡青筠《戴案紀略》（臺灣文獻叢刊第 206 種，臺灣銀行經濟研究室/編印，台北：臺灣銀行/發行，1964.11，p.51），三是 12 月 6 日，見黃富三，《霧峰林家的興起——從渡海拓荒到封疆大吏（1729～1864）》（台北市：自立晚報社文化出版部/出版，1987.10，p.286）。

〔註 76〕見吳德功《戴案紀略》（《吳德功先生全集：施案紀略、戴案紀略、讓台記》，南投：臺灣省文獻會，1992.5.31，p.48）。又見林豪《東瀛紀事（臺灣銀行經濟研究室/編，南投：臺灣省文獻委員會/印行，1997.6.30），pp.45。

〔註 77〕林晟被殺，詳見林豪〈戀虎晟伏誅〉（臺灣銀行經濟研究室/編，南投：臺灣省文獻委員會/印行，1997.6.30），pp.46～47。

〔註 78〕關於戴潮春被擒斬的兩種說法，黃富三在《霧峰林家的興起——從渡海拓荒到封疆大吏（1729～1864）》一書中有詳細的整理及分析。（台北市：自立晚報社文化出版部/出版，1987.10，pp.288～292）。又，羅士傑在《清代的地方

　　第一種是丁日健的說法：12 月 9 日官軍進攻，戴潮春又逃往芉寮仔莊，12 月 11 日～17 日官兵攻芉寮仔莊，11 月 18 日曾元福、丁日健的軍隊合力擒獲戴潮春，丁日健就地將戴潮春等人「極刑處死」。〔註79〕

　　第二種是林豪、吳德功、蔡青筠的說法：斗六被官兵攻下之後，戴潮春投靠七十二莊總理張三顯，曾元福派人去勸張三顯說服戴潮春自首，答應會仿照朱一貴、林爽文之例，押往北京，由朝廷治罪。丁日健出懸賞令，捉到戴潮春的人賞官五品翎頂。12 月 21 日，張三顯捉拿戴潮春送官，丁日健立即將戴潮春問斬，當晚，張三顯就強暴了戴潮春的妻子，戴妻許氏遂自殺，子女都死。〔註80〕

（四）臺灣府

　　同治 2 年（1863）8 月 3 日，清穆宗下旨讓林文察以福建提督身分回台平亂。同治 2 年（1863）年 8 月林文察接獲廷寄，奉命以福建陸師提督督辦臺灣軍務。〔註81〕9 月 10 日在泉州整軍待發，10 月 2 日才出發，10 月 14 日抵達鹿耳門，由安平登陸。〔註82〕

　　同治 2 年（1863）年 12 月 26 日，臺灣道台丁日健從嘉義縣城出發，10

　　菁英與地方社會——以清同治年間的戴潮春事件為討論中心》論文中也有詳細討論。（新竹：國立清華大學歷史研究所碩士論文，2000，pp.154～157）

〔註79〕詳見丁日健《治台必告錄》（臺灣銀行經濟研究室/編，南投：臺灣省文獻委員會/印行，1997.6.30），pp.449～452。

〔註80〕詳見林豪《東瀛紀事》（臺灣銀行經濟研究室/編，南投：臺灣省文獻委員會/印行，1997.6.30，pp.44～46）、《吳德功先生全集：施案紀略、戴案紀略、讓台記》（南投：臺灣省文獻會，1992.5.31，p.47～48）、蔡青筠《戴案紀略》（臺灣文獻叢刊第 206 種，臺灣銀行經濟研究室/編印，台北：臺灣銀行/發行，1964.11，pp.53～54）。

〔註81〕林文察先署福建陸路提督，又因本欲接福建水師提督的曾元福在鹿港養病，同治 2 年 8 月 25 日清穆宗降旨讓林文察兼署水師提督，到同治 2 年 10 月 18 日清穆宗降旨，仍有已痊癒的曾元福接任福建水師提督。詳見《大清穆宗毅皇帝實錄》（臺灣銀行經濟研究室/編，《清穆宗實錄選輯》，南投：臺灣省文獻委員會/印行，1997.6.30，pp.48～52）。

〔註82〕關於林文察抵達臺灣的時間有 10 月與 12 月二說，登陸地點也有安平與嘉義縣麥寮（今雲林縣麥寮鄉）二說，詳見黃富三《霧峰林家的興起——從渡海拓荒到封疆大吏（1729～1864）》（台北市：自立晚報社文化出版部/出版，1987.10，pp.275～276）。本處採用《臺灣霧峰林氏族譜》的〈先伯祖剛湣公家傳〉（林幼春撰）：「同治 2 年 8 月，廷寄達漳，命伯祖以本官攝水師提督督辦臺灣軍務，伯祖念切維桑，十月全師安平登陸。」（臺灣銀行經濟研究室編，《臺灣霧峰林氏族譜》，南投：臺灣省文獻委員會/印行，1994.12.31，p.118）。

月 27 日抵達臺灣府城。

四、第三期：同治 3 年（1864）春～同治 6 年（1867）春

同治 3 年（1864）3 月，林文察在阿罩霧屯兵五十多日後，3 月 11 日抵達寶斗（今彰化縣北斗鎮），與曾元福、王世清、張世英等，合攻小埔心（今彰化縣埤頭鄉合興村）的陳弄（啞狗弄）。陳弄本要投降，他的妻子（姓陳，號無毛招）反對；3 月 19 日，義首羅冠英與義民數十人，中砲陣亡。5 月 21 日羅冠英弟弟羅坑率客家義民與官軍攻下小埔心，陳弄妻被殺。〔註83〕陳弄逃亡，5 月 23 日被擒殺，「極刑處死」。〔註84〕

同治 3 年（1864）3 月，七十二莊張三顯認爲他捉戴潮春獻官，功大卻賞薄，於是與陳鰍、陳梓生、王春、陳在、葉清、葉中、大肚陳狗母、趙戆、北勢湳洪叢等人，舉青旗起義。3 月 27 日從八卦山進攻彰化城，彰化知縣凌定國守城，3 月 29 日林文察回軍市仔尾，搜捕張三顯手下，轉回阿罩霧，駐軍一個多月，丁日健狀告朝廷：林文察對附近「各巨匪竟置不問」。〔註85〕

同治 3 年（1864）5 月 19 日，彰化知縣凌定國擒獲張三顯，殺之。〔註86〕

同治 3 年（1864）6 月，林文察帶台勇前往福建與太平天國革命軍交戰，11 月 3 日在漳州陣亡。〔註87〕

同治 3 年（1864）11 月，丁日健進軍北勢湳，殺洪番，當時洪叢已死，官軍開棺戮屍。〔註88〕

同治 4 年（1865）3 月，嚴辦、嚴妻侯氏，在二重溝舉旗革命。〔註89〕

王新婦稱將軍，後來他被官軍所殺，他的母親爲子報仇，多次攻嘉義，

〔註83〕 詳見丁日健《治台必告錄》（臺灣銀行經濟研究室/編，南投：臺灣省文獻委員會/印行，1997.6.30），pp.467～469。

〔註84〕 詳見丁日健《治台必告錄》（臺灣銀行經濟研究室/編，南投：臺灣省文獻委員會/印行，1997.6.30），p.470。

〔註85〕 詳見丁日健《治台必告錄》（臺灣銀行經濟研究室/編，南投：臺灣省文獻委員會/印行，1997.6.30），pp.467～469。

〔註86〕 詳見丁日健《治台必告錄》（臺灣銀行經濟研究室/編，南投：臺灣省文獻委員會/印行，1997.6.30），pp.469～470。

〔註87〕 詳見丁日健《治台必告錄》（臺灣銀行經濟研究室/編，南投：臺灣省文獻委員會/印行，1997.6.30），pp.469～470。

〔註88〕 見林豪《東瀛紀事》（臺灣銀行經濟研究室/編，南投：臺灣省文獻委員會/印行，1997.6.30），p.50。

〔註89〕 見林豪《東瀛紀事》（臺灣銀行經濟研究室/編，南投：臺灣省文獻委員會/印行，1997.6.30），p.49。

後來逃到呂梓（呂仔梓）處，同治 4 年（1865）4 月呂梓兵敗，投靠海賊蔡沙（臭頭沙），蔡沙誘騙呂梓搭船逃難，該船沉沒。〔註90〕

　　鄭大柴稱將軍，攻龜殼花莊時，中砲陣亡，他的妻子謝秀娘，長得很美，為夫報仇，多次進攻寶斗街，後被殺。〔註91〕

　　同治 5 年（1866）秋，林貓皆被擒獲斬殺。〔註92〕

　　同治 6 年（1867）春，臺灣道吳大廷下令捉拿餘匪，股首朱登科、趙戇被擒殺。〔註93〕

第二節　《辛酉一歌詩》的版本與研究

一、《辛酉一歌詩》的版本與註釋

　　《辛酉一歌詩》（又名：天地會的紅旗反、戴萬生反清歌），歌唱 1862～1865 年發生的「戴潮春事件」，約在 1925 年由楊清池彈唱，賴和將之記錄為文字，1936 年楊守愚整理發表在《臺灣新文學》雜誌〔註94〕，這個版本是《辛酉一歌詩》最原始的刊本。吳文星曾經說：《辛酉一歌詩》與《臺灣民主歌》「並稱臺灣革命歌謠的雙璧。」〔註95〕

　　1933 年連橫在《三六九小報》開闢「雅言」專欄。〔註96〕《雅言》第八

〔註90〕見林豪《東瀛紀事》（臺灣銀行經濟研究室/編，南投：臺灣省文獻委員會/印行，1997.6.30），p.49。

〔註91〕見林豪《東瀛紀事》（臺灣銀行經濟研究室/編，南投：臺灣省文獻委員會/印行，1997.6.30），p.49。

〔註92〕見林豪《東瀛紀事》（臺灣銀行經濟研究室/編，南投：臺灣省文獻委員會/印行，1997.6.30），p.51。

〔註93〕見林豪《東瀛紀事》（臺灣銀行經濟研究室/編，南投：臺灣省文獻委員會/印行，1997.6.30），p.51；及《大清穆宗毅皇帝實錄》同治 6 年 6 月 12 日諭（臺灣銀行經濟研究室/編，《清穆宗實錄選輯》，南投：臺灣省文獻委員會/印行，1997.6.30，p.109）。。

〔註94〕楊清池（演唱）、賴和（記錄）、楊守愚（潤稿）《辛酉一歌詩》（又名:天地會底紅旗反）（一）（二）（三），《臺灣新文學》（台中：臺灣新文學社，（一）：1936.9.19，v1n8，pp.125～132，（二）：1936.11.5，v1n9，pp.63～72，（三）：1936.12.28，v2n1，pp.63～67）。

〔註95〕見陳郁秀（編著）、陳淳如（註解）、吳文星（審訂）、楊秀卿（演唱）《臺灣民主歌》（台南市：國立臺灣歷史博物館籌備處、台北市：財團法人白鷺鷥文教基金會，2002.4），p.5。

〔註96〕參考自：蔡曼容《臺灣地方音樂文獻資料之整理與研究》（台北：臺灣師範大

十則的內容提到臺灣說唱的表演形式與內容:「台南有盲女者,挾一月琴,沿街賣唱;其所唱者,爲『昭君和番』、『英臺留學』、『五娘投荔』,大多男女悲歡離合之事。又有采拾臺灣故事,編爲歌辭者,如『戴萬生』、『陳守娘』及『民主國』,則西洋之史詩也。」〔註97〕連橫的母語是臺灣 Holo 話,他所聽到的「戴萬生」,與《辛酉一歌詩》應有很大的關聯。

從句型來看,《辛酉一歌詩》與傳統歌仔冊不同,亦即不是採用七字一句的「七字仔」,而是句子長短不一的「雜念仔」型式。《辛酉一歌詩》是藝人實際彈唱的文字記錄,這首「歌仔」以「唱出」「一歌詩」爲開場白。很遺憾的是,這首歌仔只留下文字記錄,沒有留下樂譜,無法進一步了解其音樂演出型式與七字一句的「七字仔」有何異同。

再從內容來看,《辛酉一歌詩》從「孔道台」因爲欠缺軍餉,而剝削臺灣府城商民的錢,繼而遭受百姓的罷市抗爭寫起,到 1864 年林文察回福建協助勦討太平天國爲止,約有 7000 字。

《辛酉一歌詩》有幾種版本及校註,以下逐一評介:

(一)楊守愚（宮安中）校註《辛酉一歌詩》:發表在《臺灣新文學》雜誌（1936）

1936 年楊守愚（筆名宮安中）將賴和（筆名懶雲）約十年前（1926 年左右）所記錄的《辛酉一歌詩》整理發表在《臺灣新文學》雜誌,共分三期刊載,作者署名「彰化楊清池」,部份台語俗字附有簡單的解釋。楊守愚寫有「抄註後記」〔註98〕刊於歌前,在「抄註後記」中,可以見出楊守愚對第一手文獻的重視做法,他交代道:「這篇稿子是懶雲先生的舊稿、大約是十年前罷、他特地找了來那位老吟遊詩人來唱、費了幾天工夫速記下來的。但是當此次謄抄時、卻發現了有幾處遺漏和費解的、拿去問他、他因爲經時太久了、也不再記憶得、因此、我們又重找來了那位遊吟詩人、從頭唱了一次、所以我們自信得過是再不會有多大錯誤的。」楊守愚這段話,不但解釋了《辛酉一歌詩》是源自於說唱藝人的彈唱,更爲研究「臺灣唸歌」的學者建立了尊重

學音樂所碩士論文,1987）,pp.303～304。

〔註97〕見連橫《雅言》（台北:臺灣銀行經濟研究室,臺灣文獻叢刊第 166 種,1963.2）,p.36。（《連雅堂先生全集:臺灣語典雅言》,南投:臺灣省文獻委員會,1992.3。）

〔註98〕引自楊清池（演唱）、賴和（記錄）、楊守愚（潤稿）《辛酉一歌詩》（一）,《臺灣新文學》v1n8（台中:臺灣新文學社,1936.9.19）,pp.125～126。

第一手文獻的審慎做法，是很值得肯定的。楊守愚在作者一欄，將創作權歸於說唱藝人，不掠美的做法值得效法，他說原始作者已無從考查，但是「唱者楊清池他老人家、是最有資格頂戴這頭銜的、不過、在他之前、還有一個人、那就是他的老師、論他作梗、所以作者爲誰、我們還是不便遽爲肯定。」「楊清池」，只可惜當日沒有將楊清池的演唱錄音保存。此外，楊守愚還探究這首歌仔的創作年代，並指出「戴潮春事件」發生時，楊清池尚年幼，因此首歌裡「那種綿密不漏的描述、其間是不能沒有疑慮的、當然當詩歌再由他的口歌唱出來、難免不有他自己的話夾入、可是這並不能改變了原作本來的面目。」楊守愚接著肯定《辛酉一歌詩》的價值：

> 我們敢以自信大膽地來發表這篇文字、則是覺得這比之三伯英台等唱片、不但不稍遜色、而且還有更多可取之處、若……由全篇歌詞中的那種坦直單純的話語、所表達出來的農民底渾厚樸質的情感、任誰聽著聽著也不能不爲之打動啊！這是現今流行的一般歌曲所望塵不及的。

以上楊守愚的論述，雖然篇幅簡短，但是對民間說唱文獻的重視與審慎，樹立了典範，值得後來的研究者學習。在「抄註後記」中，也發現楊守愚採用的一些名詞與今日不同：一是他稱說唱藝人爲「吟遊詩人」，二是他稱這首歌仔爲「彈詞」。

（二）廖漢臣註解《戴萬生反清歌》；收在〈彰化縣的歌謠〉（1960）

第二位將《辛酉一歌詩》重新加以註解是廖漢臣，1960 年他發表〈彰化縣的歌謠〉〔註99〕，在「乙、民歌」這一類中的第四首爲〈戴萬生反清歌〉〔註100〕，他在歌詞前面簡單交代這首歌的由來，指出：原題《辛酉一歌詩》，又題〈天地會的紅旗反〉，但是廖漢臣沒有交代〈戴萬生反清歌〉是他自己重定的歌名，筆者認爲這種擅自改動文獻名稱，又沒有加以說明的做法，不大妥當。據廖漢臣說：這首歌是 1925、1926 年經「賴甫三」搜集，按：「賴甫三」就是「賴和」，並指出這首歌對「叛亂經緯」的記載比《臺灣朱一貴歌》、《臺灣陳辦歌》更詳盡。廖漢臣認爲 1936 年楊守愚的版本「有不少錯誤及註解未

〔註99〕廖漢臣〈彰化縣的歌謠〉，《臺灣文獻》v11n3（台北：臺灣省文獻委員會，1960.9.27），pp.23～36。

〔註100〕廖漢臣〈彰化縣的歌謠〉，《臺灣文獻》v11n3（台北：臺灣省文獻委員會，1960.9.27），pp.23～36。

盡之處」，於是他一一訂正和補註，但是，經筆者比對楊守愚的文字版與廖漢臣的重新打字版，若從學術研究者要利用文獻的角度來看，廖漢臣的做法有幾項值得研究者注意的地方：一是，他以己意擅自更動原歌詞的文字，不妥；最好在註解中改，而不要直接在原文改字。二是，楊守愚的部分註解有加上日文假名的擬音，而廖漢臣卻省略了，如此反而使少部份文義費解。三是，廖漢臣的註解與楊守愚的註解大同小異，在忠於原著的態度上，應該要區別何者是楊守愚的解說。雖然有以上缺失，但是廖漢臣新加上的許多註解也有助於解讀這首歌。

廖漢臣對《辛酉一歌詩》的主要貢獻在於：將此歌抄出刊登在《臺灣文獻》，使得這首歌更容易流傳。因爲 1945 年 8 月以後，臺灣改朝換代，日治時期的期刊被棄置與輕忽了很長一段時間，一直到 1981 年台北的「東方文化書局」才將日治時期《臺灣新文學雜誌叢刊》17 卷複刻出版，《臺灣新文學》雜誌才得以重現在世人面前，但是《臺灣文獻》的普及率遠高於《臺灣新文學雜誌叢刊》複刻本。

（三）李李註解《戴萬生反清歌》；收在《臺灣陳辦歌研究》（1985）

李李 1985 年完成的碩士論文《臺灣陳辦歌研究》，第七章「臺灣歌謠中有關民族意識及動亂的作品」中，依據廖漢臣的版本，將〈戴萬生反清歌〉全文抄錄出來，加上補註。〔註 101〕李李的註解也沒有區別何爲廖漢臣原註，何爲他的說法，而且他還對廖漢臣本來的註解有所省略，甚至有抄錯字。

（四）陳憲國、邱文錫註解《辛酉一歌詩》；收在《臺灣演義》（1997）

1997 年陳憲國、邱文錫編註的《辛酉一歌詩》，收在《臺灣演義》〔註 102〕一書中，是目前註解最詳盡的版本，並且逐字加上羅馬音標與ㄅㄆㄇ音標，在該歌的題目下方，註明原稿放在「中央研究院歷史語言研究所」，但是在編註者在《臺灣演義》書前的「序」中，又指出《辛酉一歌詩》的來源得自於連慧珠的提供，筆者比較陳憲國、邱文錫編註的《辛酉一歌詩》與 1936 年楊守愚整理的版本，內容與字數一致。陳憲國、邱文錫編註的《辛酉一歌詩》，將原文的漢字改寫成較嚴謹的台語漢字，對台語文的用字有很強的使用感與

〔註 101〕李李《臺灣陳辦歌研究》（台北：中國文化大學中文所碩士論文，1985.6），pp.151～190。
〔註 102〕陳憲國、邱文錫（編註）《辛酉一歌詩》，《臺灣演義》（台北：樟樹出版社，1997.8），pp.91～176。

教育意義。但是，從學術研究者的角度來看，第一手的原始文獻用字是很重要的，在尊重與保存原始文獻的研究前題下，陳憲國、邱文錫編註的《辛酉一歌詩》的詳細註解極具參考價值，對研究者解讀文本很有幫助，但是在研究者要引用原文時，應該要依據楊守愚的原始版本。

二、《辛酉一歌詩》的研究文獻

《相龍年一歌詩》目前未見有研究；而對《辛酉一歌詩》進行較深入研究的文獻為：1995 年連慧珠完成碩士論文《「萬生反」—— 十九世紀後期臺灣民間文化之歷史觀察》〔註103〕。

《「萬生反」—— 十九世紀後期臺灣民間文化之歷史觀察》從歷史與民間文化研究的角度，論文分六章，第四章「民間文化之塑造與重建」、第五章為「民間文化的自主性」，舉兩首敘述「戴潮春事件」的臺灣歌謠加以探討，連慧珠採用的版本是 1936 年發表在《臺灣新文學》的《辛酉一歌詩》和疑為客語的手抄本〈新編戴萬生作反歌〉〔註104〕。連慧珠指出這兩首歌謠的主旨都在「規勸世人勿輕蹈謀反，但是此間所共享的意識型態並非為儒家所提倡的忠貞、節義等道德觀，而是謀求身家財產繼存的現世要求及功利性格。」〔註105〕連慧珠以紮實的史料為研究基礎，對《辛酉一歌詩》內容詳細闡述，並肯定《辛酉一歌詩》真情流露，反映民間大眾的情感、心態與理念，具有高度的文化自主性。〔註106〕

第三節　《辛酉一歌詩》的內容解析

《新刊臺灣陳辦歌》只有 1332 字，而《辛酉一歌詩》卻長達 7000 字左右，字數比《新刊臺灣陳辦歌》多出五倍；《新刊臺灣陳辦歌》的首句為「聽

〔註103〕連慧珠《「萬生反」—— 十九世紀後期臺灣民間文化之歷史觀察》（台中：東海大學歷史系碩士論文，1995.6）。

〔註104〕天賜（1915 重抄）、洪敏麟（藏）《新編戴萬生作反歌》，連慧珠，《「萬生反」》—— 十九世紀後期臺灣民間文化之歷史觀察》（台中：東海大學歷史系碩士論文，1995.6），pp.141～155。

〔註105〕引自連慧珠《「萬生反」—— 十九世紀後期臺灣民間文化之歷史觀察》（台中：東海大學歷史系碩士論文，1995.6），p.82。

〔註106〕詳見連慧珠《「萬生反」—— 十九世紀後期臺灣民間文化之歷史觀察》（台中：東海大學歷史系碩士論文，1995.6），pp.93～125。

唱新編一歌詩」,《辛酉一歌詩》的首句爲「唱出辛酉一歌詩」,都是早期「歌仔」慣用的開場語。在歌詞最後,《新刊臺灣陳辦歌》的最後一句爲:「正是臺灣反意歌」,《辛酉一歌詩》的末七句爲「此歌是實不是虛」,在在表明這是一首訴諸聽覺的「歌」,而不是純供視覺閱讀的詩。

以下依據《臺灣新文學》的版本,先分段列出歌詞,再討論《辛酉一歌詩》的內容。必要時以臺灣羅馬字(白話字)標明該字詞的字音,讀者如果需要臺灣羅馬字與其他台語拼音符號的對照,請見本論文「附錄一台語音標對照轉換表」。

歌詞的標點符號係日治時期的用法,在此處不加以更動。

(一) 辛酉年(咸豐 11 年,1861 年)台南府城百姓罷市抗稅

對於戴潮春起義的近因,統治論述都認爲這是單純的天地會反清行爲;但是《辛酉一歌詩》與《相龍年一歌詩》站在民間的立場,從貪汙的官府寫起,擺明瞭這是一場「官逼民反」的革命。在咸豐 11 年(1861)閩浙總督慶瑞對孔昭慈的考核評語爲:「年 58 歲,山東曲阜縣進士,該員結實可靠,老練精明。」〔註107〕但是,在臺灣民間歌謠《辛酉一歌詩》與《相龍年一歌詩》中,臺灣道台孔昭慈卻是一位剝削百姓的貪官。

1. 臺灣道台孔昭慈欠軍餉,開徵釐金

唱出辛酉一歌詩:

> 臺南府孔道臺上任未幾時、唐山庫銀猶未到、發餉也無錢。
>
> 就召周維新來商量、來參議。
>
> 周維新來到此、雙腳站齊跪完備:「道臺召我啥代誌?」
>
> 孔道臺開言就講起:「周維新、我問你。我今上任未幾時、唐山庫銀猶未到、要發餉也無錢。未知周維新啥主意?啥計智?」

「辛酉年」是清、咸豐 11 年,西曆 1861 年。「孔道台」指的是福建分巡臺灣兵備道孔昭慈,咸豐 8 年(1858)3 月由臺灣知府升任臺灣道。〔註108〕「唐

〔註107〕見閩浙總督慶瑞於咸豐 11 年(1861)9 月 30 日〈奏爲遵旨酌保所屬各員恭摺・所保各員出具考語敬繕清單〉(《清宮月摺檔臺灣史料(一)》,國立故宮博物院藏清代臺灣文獻叢編,臺北:國立故宮博物院/出版,1994.10 初版,p.439)。

〔註108〕孔昭慈的生平資料來自《臺灣通志》〈職官・文職〉(《臺灣方志集成・清代篇——第一輯》,高賢治/主編,第 28 冊,臺北:宗青圖書出版公司/印行(轉印自:臺灣銀行「臺灣文獻叢刊第 73 種」),上冊 p.351)。

山」指的是清國內陸。

清國從咸豐 1 年（1850）年 12 月洪秀全建立太平天國，一直到 1864 年 6 月洪秀全自殺，太平天國滅亡，10 幾年間，為勦平太平天國革命軍，時常發生缺兵將、缺餉糧的事情，遠在海外的臺灣更是鞭長莫及。清代兵餉本來就很微薄，平日在臺灣就時常為了討生活而作奸犯法，一旦欠餉，後果更是不堪設想。〔註109〕於是孔道台找「周維新」來商量對策。周維新的生平不詳。

周維新跪落稟因依：

> 稟到道臺你知機、現今府城富戶滿滿是、大局設落去、八城門出告
> 示、大爿店扣二百、小爿店扣百二、大擔頭扣六十、小擔頭扣廿四、
> 若是開無夠、八城門的豬屎擔、一擔扣伊六個錢來相添。

孔道臺聽著笑微微、荷老周維新好計智：

> 咱今大局設落去、局首應該著給你。

> 孔道臺烏令出一支、交代周維新親名字：「委你八城門貼告示。」

> 周維新烏令領一支、八城門貼告示、告示貼了盡完備。

「稟因」就是回答稟告，「知機」就是知道，「大爿店」就是大間店鋪，「擔頭」就是流動攤販。「荷老」就是誇獎，音「o-ló」，今多寫作「呵咾」。

周維新建議孔道台向商家課稅的主張，應該就是指咸豐 11 年（1861）全臺灣開始徵收的貨物稅「釐金」〔註110〕，當年開始在全臺灣設立「釐金局」〔註111〕。「局首」應該就是指「釐金總局」的總辦。

〔註109〕關於清代臺灣綠營兵的餉糧，詳見許雪姬《清宮臺灣的綠營》〈第五章班兵的餉糧卹賞〉（中央研究院近代史研究所專刊（54），臺北：國立中央研究院近代史研究所，1987.5 初版），pp.337～356。

〔註110〕《淡水廳志》卷四，志三〈賦役志〉，記載：「釐金之名，肇始於咸豐年間，所以濟稅課不足。名之曰釐，極言其輕，亦國家不得已之政。」（陳培桂，《淡水廳志》，臺灣：大通書局，1987，p.113。）

〔註111〕釐金的徵收機購稱為「釐金局」，全台各地的徵收機構，詳見陳怡如〈釐金與臺灣建設（1861～1895）〉：「釐金於咸豐 11 年（1861 年），臺灣知府洪毓琛奉飭督辦，在艋舺設總局，下轄安平、滬尾，上隸屬福建省釐金總局，以後補知府程榮春為委員，以主持實務。後歸分巡臺灣道辦理，在各地增設局、卡，以便利徵收。總計有：淡水分局、滬尾卡，基隆分局、三貂嶺卡、金包裏卡，宜蘭分局、力澤簡卡，新竹分局、後壠卡、舊港卡、鹿港分局、翻控卡、梧棲卡，笨港分局，安平分局、十二宮卡、布袋嘴卡、港仔寮卡、撲仔腳卡，旗後分局、東港卡。臺灣港灣分歧，所設局卡因地制宜，隨時增損。後因茶、樟腦貿易量大增，於光緒 12 年在臺北府大稻埕設茶釐總局，光緒 13 年設腦務總局，其他釐金徵收全歸臺北府稅釐總局辦理（光緒 12 年 6 月

　　清國的釐金制度是平定太平天國的權宜辦法，主要是爲了籌軍餉。到了光緒 13 年，清政府國庫收入釐金就佔了一半以上。由於缺乏整體規範，全國各地各行其事，有加上貪官汙吏，藉機勒索百姓，太平天國平定之後，釐金制度的負面效應漸漸顯露，如：釐金局越來越多、釐金越收越多、課稅項目無所不課、扣留商品、強行所賄等等。〔註 112〕

　　《辛酉一歌詩》以生動的對話方式，交代當時釐金的課稅範圍與稅金，也描寫出孔道台對徵收釐金一事的喜悅與認同。

2. 臺灣府百姓集體罷市抗官

> 府城內五條街五大姓、看見告示姦合鄙。就罵「周維新臭小弟！孔道臺做官貪財利。二人商量一計智、要來剝削百姓錢！」五條街會來會去無爲實、毒生罷市二三日。

　　「府域」就是臺灣府城，在今台南市。「五條街」是今台南市「南河街」〔註 113〕，「五大姓」指的或許就是「郭、蔡、陳、施、黃」〔註 114〕五姓，「姦合鄙」就是以三字經辱罵對方。「會來會去無爲實、毒生罷市二三日。」意指百姓氣憤的話雖不絕於口，但是卻也想不出反抗的好計策，於是決定先「罷市」兩三天來抗議。「毒生」，音「tủh-lān」，非常氣憤的意思。〔註 115〕

> 總理大老有主意、焉著眾百姓、鬧動三家行石慶裏。石慶裏的頭家聽一見，就問：「百姓鬧采采、鬧我這三家行啥代誌？」總理老大說因依……「說給三家行頭家得知機、就恨周維新這個臭小弟、孔道

設）。光緒 12 年，清政府宣佈臺灣建省，劉銘傳任臺灣巡撫。劉銘傳爲統籌釐金稅收事宜，於光緒 13 年，在臺北府設全台釐金總局，由布政使督辦。總計自釐金創設至割讓日本，臺灣釐金徵收機構，除總局外，設立了約 38 處分局卡。」（陳怡如，〈釐金與臺灣建設（1861～1895）〉，http://www.sljhs.ylc.edu.tw/yee/（西螺國中）→老師論文，2004.3.16 下載。）

〔註 112〕關於清國釐金制度與臺灣的釐金實施情形，參見：1.范繼忠，〈郭嵩燾與厘金制略議〉，《清史研究》，2000，第 2 期，pp.72～78，2.陳怡如，〈釐金與臺灣建設（1861～1895）〉，http://www.sljhs.ylc.edu.tw/yee/（西螺國中）→老師論文，2004.3.16 下載。

〔註 113〕見廖漢臣〈彰化縣的歌謠〉，《臺灣文獻》v11n3（臺北：臺灣省文獻委員會，1960.9.27），p.23。

〔註 114〕見廖漢臣〈彰化縣的歌謠〉，《臺灣文獻》v11n3（臺北：臺灣省文獻委員會，1960.9.27），p.23。

〔註 115〕「毒生」，楊守愚註解爲：「タワラン發脾氣也。」（楊清池，《辛酉一歌詩》（一），《臺灣新文學》v1n8，台中：臺灣新文學社，1936.9.19，p.127。）

臺做官貪財利！二人商量一計智、要來剝削百姓錢！」頭家聽見氣
沖天、就罵：「周維新無道理！恁今二人想了一計智、剝削百姓人的
錢。好！將這周維新活活扴來打半死。有事三家行替恁來擔抵。」

「總理」是多由地方耆老擔任，官方任命總理以管理鄉裏的事務。〔註116〕「大
老」是對總理的敬稱。依據戴炎輝的研究，「總理本為地方自治團體的首席，
且為其執行人，以辦理自治的事務為其專責。」〔註117〕總理的職務分為「自
治的職務」與「官治的職務」，自治的職務又分分：約束境內民人以維持、增
進福利而捐建並維持公共事務；官治的職務又分為：行政的職務、司法的職
務。〔註118〕

「焄」音「chhōa」，帶領的意思。「鬧采采」是喧鬧不休的意思。「家行」
應是「郊行」，似今日的商業同業公會或大盤商。「啥代誌」意指有何事情。「恁」
就是你們。「扴」就是捉拿，音「liảh」，也寫可作「掠」、「力」。

這一段話的說明，石慶裏的總理帶領百姓，請地方上的郊行的大老闆來
替大家主持公道。「鬧采采」顯示參加的人很多，群情激憤。最後，大家決定
要動用私刑，將出主意的周維新抓來打死。這一段話反映當時臺灣人民強悍
的一面，但是，再怎樣強悍，也還不敢將禍首孔道台抓來修理，也因為不能
如此，大家也只能忍住氣，以罷市與教訓周維新來發洩情緒。

眾百姓聽著極呆呸、褲腳攏離離、長短刀連插二三支、頭鬃螺結得
硬緊緊。

「極呆呸」就是武裝自己，「呸」音「phí」。「攏離離」音「láng--lī-lī」，「褲腳
攏離離」意指拉緊褲管紮好綁緊。「頭鬃螺結得硬緊緊」是說男人將頭髮辮子
盤起綁緊。這四句話生動的寫出清領時期臺灣男性打架前武裝自己的方法，
十分有趣。

緊緊行緊緊去：走到大西門媽祖樓來為止。

周維新不知機、籬笆門開到離離離。眾百姓會齊跳入去——周維新
注得未該死、加老哉！百姓不捌伊、被伊逃身離、逃去豐振源安身

〔註116〕林豪：「總理即該地耆老，官給戳記，使理一鄉之事，多係土豪為之。」（林
　　　　豪，《東瀛紀事》，p.4）
〔註117〕見戴炎輝《清代臺灣的鄉治》（臺北：聯經出版事業公司，1979.7），pp.21～
　　　　22。
〔註118〕詳見戴炎輝《清代臺灣的鄉治》（臺北：聯經出版事業公司，1979.7初版），
　　　　pp.30～32。

　　已。百姓上厝頂、撤厝瓦。落下腳、撟階簷、提店窗、撤門扇。粗傢夥幼傢夥搶了多完備。伊某屎捅洗清氣、煞提去。周維新刣無著、百姓氣得搖頭合擺耳。

「大西門媽祖樓」在今日台南市忠孝路。「開到離離離」是大門敞開的意思。「加老哉」就是幸好，「捌」就是認識，「豐振源」是商行名稱。

　　這一段描寫百姓快步衝到周維新的住處，結果，捉不到周維新，於是將他的房子拆掉，搶走他的家具做爲報復，但是捉不到周維新，百姓氣憤難耐，「搖頭合擺耳」道出百姓怒氣難以平服的神態。課釐金，將會使商販收入減少，不得已變相漲價，將釐金轉由消費的百姓身上，難怪百姓如此氣憤。

　　學者許文雄指出：「釐金可說是衝擊到老百姓道德經濟的維生原則。臺灣在 1861 年開始徵收釐金，主要對像是進口的鴉片，以及出口的茶、樟腦等貨品。官府也從土貨售價抽收 2.5%釐金，而引起本地商人及居民不滿。1861 年 7 月初，台南府城居民反彈。他們有些罷市、罷工，甚至攻擊官員，投擲東西，打壞他們的轎子，逼得官員暫時收回成命。」〔註 119〕

　　可見這首歌仔所描寫的內容，以歷史事實爲基礎，生動唱出當時百姓的形象與舉止。

3. 臺灣道孔昭慈北巡，前往鹿港討錢

　　這事破了離。孔道臺便知機、心肝內假無意、
　　要去鹿港街福開舍慶昌寶號算賬要討錢。
　　遇著林鎮臺北巡猶未去。就請林鎮臺近前來、相參詳相參議……
　　「啓稟林鎮臺你知機、我今替你北巡要來去、未知林鎮臺啥主意？」
　　林鎮臺聽見笑微微：「我北巡、委你去。」
　　孔道臺聽著心歡喜、就叫：「金總！吩咐你、民壯替我加倩三十二、
　　隨我上頂縣、好來去。」

百姓公然罷市反抗的舉動，孔昭慈只好暫緩釐金的徵收，他內心著實也大吃一驚，爲了怕百姓報復他，又需要籌措軍餉，他決定要去鹿港街找「慶昌行」的老闆「福開舍」要錢。

　　「林鎮臺」指的是臺灣鎮總兵官林向榮，福建同安人，於咸豐 9 年（1859）

〔註 119〕詳見許達然（許文雄）〈清朝臺灣最後的民變〉（古鴻廷、黃書林/編，《臺灣歷史與文化（六）》，台中：東海大學通識教育中心專刊 14，臺北：稻鄉出版社，2003.2，p.75）。

9月15日奉旨接任臺灣鎮。根據許雪姬對清代臺灣的綠營研究，臺灣鎮總兵不能整年專駐府城，每年都必須巡視各地營伍，自乾隆年間開始，臺灣鎮總兵一年須南巡與北巡各一次，合稱總巡。總兵平日駐軍在臺灣府城，巡視府城以北的北路，稱為北巡；巡視南路稱為南巡。「乾隆53年（1788）林爽文事件平定後，規定總兵每年的巡查，北自淡水石門，南至鳳山水底寮。」〔註120〕總兵出巡的主要任務有：巡視塘汛、校拔營弁、點驗軍備、點驗屯番、瞭解地方情形以上奏、查看硝礦、審判人犯等等，因此總兵出巡要帶師爺、巡捕、稿科、巡書……，以及大量精兵。〔註121〕

　　自乾隆年間起，道台每年須巡視各地，鎮的出巡重在營務和屯務，道的出巡重在清莊、番事。鎮、道平日府城辦公，因此，兩人不得同時出巡，以免府城空虛，一旦發生亂事，將難以收拾。〔註122〕

　　孔道台對林鎮台說：「我今替你北巡要來去」，意指鎮台不親自北巡，而有道台替他去北巡。理論上，鎮道巡台的職掌與內容有所不同，而且為了強化臺灣的治安，從道光年間開始加強臺灣道的巡閱，以補鎮巡台的不足。〔註123〕而在這首歌仔中，林向榮不親自北巡，顯然怠忽職守。但是，就孔道台而言，他的真心不在北巡，而在他要前往鹿港向商家討錢，同時他也怕留在府城被報復；所以假北巡的名義，不但名正言順，而且可以有精良的兵力護衛。

　　「金總」或許就是金萬安總局的總理「林明謙」，又稱為「林大狗」。〔註124〕

〔註120〕見許雪姬《清宮臺灣的綠營》〈第三章臺灣總兵官的職責〉（中央研究院近代史研究所專刊（54），臺北：國立中央研究院近代史研究所，1987.5 初版，p.171）。

〔註121〕關於臺灣鎮總兵南、北巡，詳見許雪姬《清宮臺灣的綠營》〈第三章臺灣總兵官的職責〉（中央研究院近代史研究所專刊（54），臺北：國立中央研究院近代史研究所，1987.5 初版，pp.168～180）。

〔註122〕關於臺灣道巡視各地的研究，詳見許雪姬《清宮臺灣的綠營》〈第六章由臺灣鎮道勢力之消長看臺灣文武官員間的關係〉（中央研究院近代史研究所專刊（54），臺北：國立中央研究院近代史研究所，1987.5 初版，pp.233～234）。

〔註123〕關於臺灣道巡視各地的研究，詳見許雪姬《清宮臺灣的綠營》〈第六章由臺灣鎮道勢力之消長看臺灣文武官員間的關係〉（中央研究院近代史研究所專刊（54），臺北：國立中央研究院近代史研究所，1987.5 初版，pp.233～234）。

〔註124〕陳憲國、邱文錫註：「金總：即金萬安總局的總理林明謙，當時頗有權勢。」（見陳憲國、邱文錫/編註，《臺灣演義》，臺北：樟樹出版社，1997.8，pp.102～103。）金萬安總局的總理林明謙，林豪記為「林大狗」，稱他為「總理」。（見林豪，《東瀛紀事》，p.4）吳德功記為「林明謙」，但其職務為「金萬安局董」（見《吳德功先生全集：施案紀略、戴案紀略、讓台記》，南投：臺灣

　　「民壯」指的臺灣籍的臨時傭兵，或稱爲「臺勇」，在參戰平論的台勇，又稱爲「義勇」或「義民」。從康從滿清統治臺灣期間禁止臺灣人當兵，臺灣的班兵都是由內地派來。不過，因爲臺灣人熟悉環境，加上官吏藉機貪汙，雇用臺灣兵又可免支付內地眷糧及行糧，尤其是戰爭爆發，兵力不足，因此時常需要台勇助戰。所以清領時期，臺灣兵不可或缺。〔註125〕在欠軍餉的時刻，孔道台還要多請 32 位民壯，可見他想強力武裝自己。「頂縣」指的是府城以北的嘉義縣、彰化縣、淡水廳。

（二）孔道台前往彰化縣，天地會眾攻城戕官

1. 臺灣道孔昭慈北巡，鹿港街發生天地會鬧事

> 辛酉年、二月十一早起天分明。地炮響來二三聲、正是道臺點兵要起行。

> 一日過了一日天、來到諸羅延遲不敢來提起。

> 跳起來、一下見、鹿港市百姓鬧熾熾、喝搶鹿港市、

> 百姓嚷挨挨、喝搶鹿港街。

> 孔道臺看一見、十分心驚疑、不知因爲啥代誌？

「辛酉年」是咸豐 11 年（1861），但是，從官方文獻看來，孔道台到彰化縣辦會黨在「壬戌年」，亦即同治 1 年（1862），從下文「同治君坐天」，也說明此時已是同治年間。因此，這裡很有可能是誤植。「諸羅」是嘉義的舊名，乾隆 53 年（1788）11 月爲嘉獎豬羅城內義民助軍守城有功，下旨改稱「嘉義縣」。

　　孔道台之所以在嘉義縣逗留不前，或許是因爲他聽到鹿港「百姓鬧熾熾、喝搶鹿港市、百姓嚷挨挨、喝搶鹿港街」，顯然鹿港發生動亂，孔道台在「諸羅」是無法「看見」鹿港，此處使用「看一見」應該是歌仔創作者的誇飾手法。

> 就召土城理蕃大老來參詳、來參議。

> 理蕃大老來到此，雙腳站齊跪完備：「道臺召我啥代誌？」

省文獻會，1992.5.31，p.6），「董」應是「董事」，官方任命來輔佐「總理」。「董事」介紹，詳見戴炎輝《清代臺灣的鄉治》（臺北：聯經出版事業公司，1979.7），pp.35～37。

〔註125〕對臺灣人在清領時期當兵的研究，詳見許雪姬《清宮臺灣的綠營》〈第七章綠營中的臺灣兵—— 附台勇〉（中央研究院近代史研究所專刊（54），臺北：國立中央研究院近代史研究所，1987.5 初版，pp.380～383）。

　　孔道臺就問起：「理蕃大老我問你、我看恁鹿港市百姓鬧熾熾因為啥
　　代誌？從頭實說我知機。」

　　理蕃大老就應伊：「啓稟道臺你知機、為此同治君坐天要狼狽、頂縣
　　眾百姓格空要反招那天地會。你知大會的招起？

　　四張犁、水西莊、王田、大肚、犁頭店、貓霧沙、彰化連海口十二
　　班：會會有十一班、會來會去攏總是：大會招來小百千、要扶大哥
　　戴萬生。」

　　孔道臺聽一見、十分心驚疑！

「土城」是鹿港地名，「理蕃大老」就是鹿港理番同知廉興，「頂縣」在此指
的是彰化縣，「格空」就是吹牛。〔註126〕

　　這首歌仔和林豪的《東瀛紀事》都指出戴潮春（字萬生）所組的會黨名
為「天地會」，並點出參與會眾主要來自彰化縣的「四張犁」等地，而戴潮春
正是「四張犁」（在今台中市北屯區）人。同治 1 年（1862）春天，「時會黨
橫甚，白晝搶殺，不特縣令無如何，即潮春亦暫不能制也。」〔註127〕

　　從歌仔的歌詞可發現，孔昭慈並不是一開始就知道彰化縣有天地會這件
事，而且他一開始也不是為了辦會黨才去彰化縣；但是在統治論述中，卻一
致認為孔昭慈是為了辦會黨才前往彰化縣，完全不提他向百姓課釐金，以及
他要去鹿港向商家討錢的作為。

2. 臺灣道台孔昭慈，坐鎮彰化城，勸辦天地會

　　隔轉冥、翻轉日、二月十六早起天分明。銃聲響來二三聲、就是道
　　臺點兵要去彰化城。彰化文武官員得知機、出了西門外迎接伊。你
　　知彰化文武官員有多少？數起來有五個：雷本縣、馬本縣、秋大老、
　　夏協臺、高少爺。五人接伊入城去。通批內外委巡城。白石頂無處
　　可提起。

這一段寫出孔道台是在 2 月 16 日到彰化城，與林豪《東瀛紀事》不同，林豪
指出：同治 1 年（1862）3 月 9 日，「臺灣道孔昭慈聞會黨滋蔓」，「北至彰化」
〔註128〕辦會黨。

〔註126〕見廖漢臣〈彰化縣的歌謠〉（《臺灣文獻》v11n3，臺北：臺灣省文獻委員會，
　　　　1960.9.27，p.25）。
〔註127〕詳見林豪《東瀛紀事》卷上〈戴逆倡亂〉，pp.2～3。
〔註128〕詳見林豪《東瀛紀事》卷上〈賊黨陷彰化縣〉，pp.3～4。

　　「雷本縣」是同治 1 年（1862）春接任彰化縣知縣的雷以鎮，江蘇常洲府人。咸豐 9 年（1859）3 月曾任臺灣縣知縣，咸豐 10 年（1860）閏 3 月卸任。〔註 129〕

　　「馬本縣」是馬慶釗，號敦圃，四川成都人，咸豐 7 年（1857）6 月接任淡水廳同知，同年卸任。咸豐 9 年（1859）3 月 15 日接任鳳山縣知縣，咸豐 10 年（1860）3 月 24 日卸任。約在咸豐 11 年（1861）擔任過彰化縣知縣。〔註 130〕

　　「秋大老」是淡水同知秋日覲（？～1862），字雁臣，浙江山陰人。咸豐 6 年（1856）10 月接任口葛瑪蘭廳通判，咸豐 7 年（1857）3 月轉任淡水廳同知，任期約 1 年；咸豐 11 年（1861）以前任職彰化縣知縣；咸豐 11 年（1861）再度接任淡水廳同知，同治 1 年（1862）3 月 19 日死於任內。〔註 131〕

　　「夏協臺」是曾任北路協副將的夏汝賢，據林豪記載：「咸豐 11 年冬，知縣高廷鏡下鄉辦事，潮春執莊棍以獻，而北路協副將夏汝賢，猜其貳於己也，索賄不從，革退伍籍。」〔註 132〕

　　「高少爺」可能是指指的是高廷鏡。咸豐 11 年（1861）冬接任彰化縣知縣，同治 1 年（1862）春免職；同治 1 年（1862）5 月曾再度接任彰化縣知縣，不久又卸任。〔註 133〕

　　「通批內外委巡城。白石頂無處可提起。」描寫出彰化縣當時緊張的氣氛，孔昭慈為小心防範，命「內委、外委」等下級武官四處巡城，「白石頂」

〔註 129〕雷以鎮在臺灣任官的資料詳見許雪姬/總策畫《臺灣歷史辭典》【附錄】（台北：遠流出版事業有限公司/編輯製作，行政院文化建設委員會/發行，2004.5.18 一版，pp.A121、A135）。

〔註 130〕馬慶釗在臺灣任官的資料詳見許雪姬/總策畫《臺灣歷史辭典》【附錄】（台北：遠流出版事業有限公司/編輯製作，行政院文化建設委員會/發行，2004.5.18 一版，pp.A107、A125、A135）。

〔註 131〕秋日覲在臺灣任官的資料詳見許雪姬/總策畫《臺灣歷史辭典》【附錄】（台北：遠流出版事業有限公司/編輯製作，行政院文化建設委員會/發行，2004.5.18 一版，pp.A107、A134、A114）。

〔註 132〕見林豪《東瀛紀事》（臺灣銀行經濟研究室/編，《東瀛識略、東瀛紀事、臺灣紀事、台海見聞錄（合訂本）》，臺灣文獻史料刊第七輯，臺灣大通書局/印行，1997.6.30，pp.1～2）。

〔註 133〕高廷鏡任職彰化縣知縣的資料詳見許雪姬/總策畫《臺灣歷史辭典》【附錄】（台北：遠流出版事業有限公司/編輯製作，行政院文化建設委員會/發行，2004.5.18 一版，p.A135）。

是「營務處差官的頂戴」〔註134〕，此處應是指巡城的內委、外委等下級武官嚴加戒備，因此官帽「無處可提起」，沒有辦法脫下官帽，休息休息。

　　孔道臺入城未幾時、升堂坐落去。孔道臺就講起：

　　　　爲此戴萬生這個臭小弟、招那天地會、就是謀反的代誌。兩邊文武

　　　　滿滿是、誰人敢辦伊？取伊首級來到此、行文再賞頂戴來厚伊。

孔道台在此稱戴潮春爲「臭小弟」，此處描寫與林豪《東瀛紀事》一樣，都一口咬定戴招集的是天地會，而且是「謀反」。羅士傑研究指出：清廷將「興立邪教」與「意圖謀反」兩罪合一，處罰極重。〔註135〕所以孔道台可以公開要「取伊首級來到此」，同時，殺了戴潮春的人，孔道台還會「行文」奏請聖上賞賜官爵，「頂戴」就是官帽，在此指賞賜官位。

　　夏協臺聽一見、較緊跪落去：

　　　　啓稟道臺你知機、這事看不破、不可去辦伊。不如寫批去厚戴萬生

　　　　得知機、叫伊大會莫講起、會莊行路較誠意：再召戴萬生來彰化、

　　　　做了果公未延遲。

「寫批去厚戴萬生」的「批」就是信件。「厚」，音「hō」，就是給予。「果公」就是「餉官」〔註136〕。戴潮春先前任職北路協稿識，北路協副將夏汝賢是他的上司，咸豐11年（1861）多季，夏汝賢曾向戴潮春索賄不成，竟將戴潮春世襲的武職革去，促使戴潮春成立天地會。〔註137〕他對戴潮春的實力有著深刻的認識，所以他主張以和爲貴，請戴潮春解散會眾，並讓他擔任餉官一職，顯見夏汝賢對自己先前得罪戴潮春一事，深感後悔與害怕。

　　秋大老聽著極呆呸，雙腳站齊跪完備……

　　　　「啓稟道臺你知機，彼常時、恣虎晟合林有理、前後厝、站置拼、

　　　　我都敢辦伊，爲此戴萬生小姓只家己、況兼白旗置驚伊、此人不敢

　　　　去辦伊，委咱做官是卜呢？」

〔註134〕見廖漢臣〈彰化縣的歌謠〉（《臺灣文獻》，臺北：臺灣省文獻委員會，1960.9.27，v11n3，p.25）。

〔註135〕詳見羅士傑《清代的地方菁英與地方社會——以清同治年間的戴潮春事件爲討論中心》，新竹：國立清華大學歷史研究所碩士論文，2000，p.111。

〔註136〕見廖漢臣〈彰化縣的歌謠〉（《臺灣文獻》，臺北：臺灣省文獻委員會，1960.9.27，v11n3，p.26）。

〔註137〕詳見林豪《東瀛紀事》卷上〈戴逆倡亂〉（臺灣銀行經濟研究室/編，《東瀛識略、東瀛紀事、臺灣紀事、台海見聞錄（合訂本）》，臺灣文獻史料刊第七輯，臺灣大通書局/印行，1997.6.30，pp.1～3。）

「極呆呸」是臉色很兇，「恁虎晟」是林晟的綽號，「林有理」就是林文察，林晟與林文察都姓林，當時林姓分前厝（阿罩霧林家）與後厝，林晟是後厝人，林文察是前厝人。「站置拼」是指彼此火拼，生死決戰。林晟與阿罩霧林家的恩怨，林豪在《東瀛紀事》中指出：「先是後厝人林和尚仇害前厝人，爲12歲幼孤所殺。而戀虎晟亦後厝人，聲言爲和尚報仇，與前厝連年械鬥。」〔註138〕 12歲幼孤指的是林定邦之子林文察（1828～1864）〔註139〕，但是年齡誤記爲12歲。〔註140〕

「小姓只家己」是指戴姓只是地方小姓，人少勢單。「況兼白旗置驚伊」的「白旗」是官軍的旗幟，「置」音「tit」，「在」的意思。「況兼白旗置驚伊」意思是說官軍根本不必怕戴潮春的天地會，因爲那根本不成氣候。如果連這種小姓小黨都不敢去辦他，那麼當官有何用呢？可見，淡水同知秋日覲主張嚴辦會黨，而且不分輕視戴潮春的實力。

> 孔道臺聽著笑微微、烏令出一支、交代秋大老、夏協臺二人親名
> 字……

> 這事委恁辦、若是取了戴萬生的首級來到此、給恁行文賞頂戴來厚
> 你。

從「孔道臺聽著笑微微」可知孔昭慈認同秋日覲的說法，接著他下令，讓秋日覲與夏汝賢一同前去擒殺戴潮春。此時，雖沒有看到戴潮春本人有不法的舉動，但是因爲他是天地會的大哥，因此，孔道台認定他罪該斷頭。

3. 淡水同知秋日覲、北路協副將夏汝賢辦會黨，被殺

秋大老、夏協臺烏令領一支、出了彰化縣衙口、來到魁星樓。本農百姓就讖語：

> 雷鳴秋會止、秋鳴漓淋漓、三月十八破大墩、大小官員會攏死。

前往大墩辦會黨的官員，據同治1年（1862）6月4日閩浙總督慶瑞〈奏再臺

〔註138〕詳見林豪《東瀛紀事》卷上〈賊黨陷彰化城〉，p.7。
〔註139〕林文察生卒年見《臺灣霧峰林氏族譜》的〈世譜〉（臺灣銀行經濟研究室編，《臺灣霧峰林氏族譜》，南投：臺灣省文獻委員會/印行，1994.12.31，p199）。
〔註140〕據林幼春爲林文察所寫的傳記〈先伯祖剛湣公家傳〉，指出林文察19歲時父親被殺，他「歷34度月圓」，才在林定邦的墓前手刃林和尚。34度月圓就是指經過34個月，就是鹹豐1年齡1851）6月，當時林文察應已22歲。（臺灣銀行經濟研究室編，《臺灣霧峰林氏族譜》，南投：臺灣省文獻委員會/印行，1994.12.31，pp.116～119。）

灣彰化縣轄會匪滋事摺〉記載：「彰化匪首戴萬生倡立添弟會名目造謠，……本年三月初五日，臺灣道孔昭慈調募兵勇六百，循例春巡，順道赴彰勸辦，並飭令淡水同知秋日覲率勇協勸。十七日，署北路協副將林得成、署臺灣協中營遊擊遊紹芳、署彰化知縣雷以鎔、秋日覲等督軍分路進攻。」〔註141〕「雷以鎔」是雷以鎮的誤寫，出發日期是同治1年（1862）3月17日。

　　「懺語」就是「讖語」，是一種預言。「懺」，音「chhàm」。「雷鳴秋會止、秋鳴漓淋漓、三月十八破大墩、大小官員會攏死。」「雷鳴」暗指雷以鎮，「秋會止」、「秋鳴」都暗指秋日覲，「漓淋漓」，第一個「漓」，可能是「淚」的俗字，音「lūi」，就是眼淚〔註142〕；「漓淋漓」是指淚流不止。「大墩」在今日台中市，因為戴潮春（戴萬生）是四張犁人（在今台中市北屯區），會黨的主要據點在大墩。這首歌仔指出讖語是從彰化本地的農民口中流傳出來的，但是據吳德功《戴案紀略》記載，讖語是戴潮春偽造的：「戴逆常自造讖語，埋於八卦城樓下，使人掘開、獻之，詐稱楊大令桂森所作。文雲：『雷從天地起，掃除乙氏子，夏秋多湮沒，萬民靡所止。』解之者謂：『雷即雷以鎮也。天地會名也。乙氏子，孔道也。夏即夏汝賢也。秋即秋日覲也。萬即潮春名也。』」〔註143〕讖語內容相似，但是，為何吳德功會斷定這是戴潮春自己偽造的？就無從得知。

　　　　孔道臺聽一見、心驚疑、就召四塊厝忝虎晟、

　　　　「吩咐你、民壯給我加倩四百名、

　　　　保了秋大老、夏協臺、二人到大墩總未遲。」

　　　　忝虎晟民壯倩完備、保了秋大老大墩去。

「四塊厝」在今台中縣霧峰鄉四德村，「忝虎晟」或寫成「戀虎晟」〔註144〕，

〔註141〕見《清宮月摺檔臺灣史料（一）》，國立故宮博物院藏清代臺灣文獻叢編，臺北：國立故宮博物院/出版，1994.10初版，pp.447～448。

〔註142〕楊守愚註：「上漓讀累。」（見楊清池，《辛酉一歌詩》（一），《臺灣新文學》，台中：臺灣新文學社，1936.9.19，v1n8，p.131），廖漢臣在〈彰化縣的歌謠〉中，將「漓淋漓」改寫成「淚淋漓」（見《臺灣文獻》，臺北：臺灣省文獻委員會，1960.9.27，v11n3，p.26）。

〔註143〕見吳德功，《吳德功先生全集：施案紀略、戴案紀略、讓台記》，南投：臺灣省文獻會，1992.5.31，p.10。

〔註144〕據林豪《東瀛紀事》：「先是湅東人四塊厝人林日成，諢號戀虎晟，性粗暴，與前厝族人相仇殺，日覲屢辦不下。」（見臺灣銀行經濟研究室/編，《東瀛識略、東瀛紀事、臺灣紀事、台海見聞錄（合訂本）》，臺灣文獻史料叢刊第七輯，臺灣大通書局/印行，1997.6.30，p.4。）

是「林晟」的外號，林晟或稱爲「林晟」。這一段指出，孔道台是因爲受到百姓讖語的影響，才會再請林晟協官。據林豪與吳德功的記載，當時林晟帶鄉勇 400 名、林奠國帶鄉勇 600 名隨官往勦會黨。〔註145〕

> 紅旗聞知機、將過大墩圍到彌彌彌。
>
> 挑夫挑擔扐到割耳鼻、刈到大舞空：二林管府拿著刈頭鬃。
>
> 有的刣無死、放伊歸去府城合嘉義。田頭仔李仔松上陣上驚死：
>
> 保了夏協臺去卜阿罩霧安身已：連累協臺一條生命自盡死。
>
> 怎虎晟看見不是勢、就此四百名抽返去、逆生豎紅旗。

戴潮春天地會的會旗採用紅色，「紅旗」在這裡指的是天地會的會眾，至於官方的旗色是白色。「圍到彌彌彌」是指團團圍住，密不透風。「大舞空」就是「大孔」〔註146〕。「刈頭鬃」的「頭鬃」就是頭髮，在此應是指頭被砍下來。「刣」就是砍殺。「歸去」就是回去，「府城合嘉義」的「合」音「kap」或「kah」，就是「和」、「與」意思。「田頭仔李仔松」的「田頭仔」應是地名，「李仔松」其人不詳。

「夏協臺」就是夏汝賢，據閩浙總督慶瑞的奏摺，當時他的職務是「嘉義營參將」，而先前的職務是「北路協副將」，〔註147〕因此稱他爲夏協臺。「保了夏協臺去卜阿罩霧安身已：連累協臺一條生命自盡死。」是說林晟本來是要護送夏汝賢逃到「阿罩霧」（在今台中縣霧峰鄉），沒想到卻害他自殺身亡，於是林晟才會害怕被官府追究，才會乾脆加入戴潮春的陣營，舉紅旗反官。

在《辛酉一歌詩》中，夏汝賢的死於勦辦會黨途中，而且是自殺；但是，據同治 1 年（1862）6 月 4 日閩浙總督慶瑞〈奏再臺灣彰化縣轄會匪滋事摺〉：「行至大墩地方，遇賊數千，我軍接仗獲勝。詎職員林晟所募之勇內受，兵勇傷亡甚多，秋日覲、遊紹芳均被戕害。……二十日黎明，縣城失陷，……夏汝賢、署千總郭得升、把總郭秉鈞、外委吳國佐同時遇害。」〔註148〕指出夏汝賢死於彰化城中，林豪、吳德功也記載夏汝賢一家人在彰化城中受辱而

〔註145〕詳見林豪《東瀛紀事》（p.4），《吳德功先生全集：施案紀略、戴案紀略、讓台記》（南投：臺灣省文獻會，1992.5.31，p.5）。

〔註146〕楊守愚註：「大舞空—大孔也。」（見楊清池，《辛酉一歌詩》（一），《臺灣新文學》，台中：臺灣新文學社，1936.9.19，v1n8，p.131）。

〔註147〕見《清宮月摺檔臺灣史料（一）》，國立故宮博物院藏清代臺灣文獻叢編，臺北：國立故宮博物院/出版，1994.10 初版，pp.443、448。

〔註148〕見《清宮月摺檔臺灣史料（一）》，國立故宮博物院藏清代臺灣文獻叢編，臺北：國立故宮博物院/出版，1994.10 初版，pp.447～448。

死。〔註149〕

　　你知大墩焉怎敗？正是貓仔旺內壯勇、內裏叛出來、才會此大敗。

　　秋大老死了未幾時、天頂落了二滴仔遢過雨、百姓經體是置流目屎。

「焉怎」就是如何、爲什麼。「內壯勇」就是衛兵。〔註150〕「貓仔旺」是人名，據吳德功記載：「十七日，日覲手執雙鐧，殺開血路，甫出竹圍，遇其跟丁貓仔鹿手執大刀來犯。秋公力舞雙鐧，遮架數十回，後賊眾合圍，始遇害。……後貓仔鹿扶秋公之頭獻公。戴潮春曰：『爾爲人僕而殺主人，不忠也。』以數金賞之，揮令遠去。」〔註151〕詳細記載秋日覲被殺的情形，所指的「貓仔鹿」與「貓仔旺」應是同一人。

　　「未幾時」是指過了不久，「經體」就是譏笑。「置流目屎」的「置」音「tī」就是「在」，「目屎」是眼淚。

4. 天地會舉紅旗，戴潮春（戴萬生）進攻彰化城

　　「天地」乘勢遍地起、頂合下、合共廿一起。

　　戴萬生馬舍公外看一見、「這就巧這就奇！我也無通批、

　　頂下縣四散攏總是紅旗。該是我戴潮春的天年！」

「天地」就是天地會眾。「頂合下」是指「頂縣」與「下縣」，此處泛指全臺灣。「馬舍公」是「靴鞋商之祖師」，「馬舍公外」指的是「馬舍公廟外」。〔註152〕「我也無通批、頂下縣四散攏總是紅旗。」寫出戴潮春並不是主動要從事起義，而是會眾四處舉旗反官，促使他認爲「該是我戴潮春的天年」，訴諸傳統的「天命」色彩，來合理化戴潮春的起事。

　　但是就官方的角度來看，認爲當時全臺灣四處會眾起事，是因爲戴潮春在背後煽動所造成的，如閩浙總督慶瑞同治1年（1862）4月24日〈奏爲臺灣彰化縣轄會匪滋事遴委大員馳赴督勦恭摺〉：「臺灣彰化縣轄有匪徒戴萬生倡立添弟會名目，煽惑多人，肆行搶掠……匪首戴萬生結會滋事，……該匪

〔註149〕詳見林豪《東瀛紀事》（p.6），《吳德功先生全集：施案紀略、戴案紀略、讓台記》（南投：臺灣省文獻會，1992.5.31，p.7）。

〔註150〕楊守愚註：「內壯勇──衛兵也。」（見楊清池，《辛酉一歌詩》（一），《臺灣新文學》，台中：臺灣新文學社，1936.9.19，v1n8，p.132）。

〔註151〕見《吳德功先生全集：施案紀略、戴案紀略、讓台記》（南投：臺灣省文獻會，1992.5.31，p.5。

〔註152〕「馬公舍外」採用廖漢臣註。見廖漢臣〈彰化縣的歌謠〉（《臺灣文獻》，臺北：臺灣省文獻委員會，1960.9.27，v11n3，p.27）。

有分竄嘉義、鹿港之謠等情。」〔註153〕同治1年（1862）6月4日〈奏再臺灣彰化縣轄會匪滋事摺〉：「彰化匪首戴萬生倡立添弟會名目造謠，……臺灣、鳳山、嘉義匪徒乘機蜂起。」〔註154〕這裡將「天地會」寫成「添弟會」，強調戴潮春對民眾的「煽惑」舉動，並說明會眾四處流竄。

> 忿虎晟大哥跳勃勃、大肚加投大哥趙憨、陳仔物、——陳仔物頂有詼、北勢湳、萬斗六、番仔田、洪上流、洪狗母、洪老番、洪仔讚、洪仔花。洪家大哥上格空、扶出小埔心姓陳大哥啞口弄。啞口弄做大哥、連海人喊罪過。

「跳勃勃」就是躍躍欲試。「趙憨」是「大肚」人，「大肚」在今台中縣大肚鄉。「陳仔物」就是「陳魚弗」，其家族是「加投」的大姓，「加投」又寫成「笳投」、「葭投」，在今台中縣龍井鄉龍西村。

「北勢湳」在今南投縣草屯鎮烏溪岸邊，「萬斗六」在今霧峰鄉萬豐村，「番仔田」在今南投縣竹山鎮。「洪姓」自清代以來，就是草屯四大姓之一，「洪上流、洪狗母、洪老番、洪仔讚、洪仔花」很有可能是同一宗族的人。據林豪記載，北勢湳洪叢被戴潮春封爲元帥。〔註155〕草屯洪家先祖洪育德率二子洪登榜與洪必祥，從福建漳浦縣移居北投保新莊（在今草屯鎮），洪登榜第四子洪水浮生有八子：洪苛、洪羌、洪璠、洪才、洪西、洪木叢、洪柔、洪益，其中洪璠、洪木叢、洪益，與戴潮春事件有關。〔註156〕洪登榜向萬斗六社平埔族人租田耕作，洪姓族人部分移居萬斗六；而洪叢兄弟住北勢湳。〔註157〕洪家與霧峰林家時常因爲爭水等經濟利益衝突，而發生「洪林拼」的械鬥事件。〔註158〕

〔註153〕見《清宮月摺檔臺灣史料（一）》，國立故宮博物院藏清代臺灣文獻叢編，臺北：國立故宮博物院/出版，1994.10初版，pp.442～443。
〔註154〕見《清宮月摺檔臺灣史料（一）》，國立故宮博物院藏清代臺灣文獻叢編，臺北：國立故宮博物院/出版，1994.10初版，pp.447～448。
〔註155〕詳見林豪《東瀛紀事》（pp.6～7）。
〔註156〕詳見洪敏麟〈草屯茄荖洪姓移殖史〉，《臺灣風物》第15卷第1期，1965.4，p.6、12。（轉引自陳哲三，〈戴潮春事件在南投縣境之史事及其史蹟〉，《臺灣史蹟》，南投：中華民國臺灣史蹟研究中心，2000.6.30，n36，p.37。）
〔註157〕詳見陳哲三，〈戴潮春事件在南投縣境之史事及其史蹟〉，《臺灣史蹟》，南投：中華民國臺灣史蹟研究中心，2000.6.30，n36，p.37。
〔註158〕關於草屯洪家與霧峰林家的衝突，詳見：1.羅士傑《清代的地方菁英與地方社會—— 以清同治年間的戴潮春事件爲討論中心》（新竹：國立清華大學歷史研究所碩士論文，2000，pp.182～190），2.陳哲三，〈戴潮春事件在南投縣

「洪老番」可能就是「洪璠」，「洪狗母」是洪叢的胞兄「洪狗」〔註159〕，「洪仔花」是洪叢的勇將「洪花」，他的妻子「李氏」也勇敢善戰。

「小埔心」在今彰化縣埤頭鄉合興村。「姓陳大哥啞口弄」就是陳弄，外號「啞狗弄」，又稱「陳啞狗」。「洪家大哥上格空、扶出小埔心姓陳大哥啞口弄。」意指陳弄加入會黨起事，是因為洪姓兄弟的邀約；但是歌中批評邀陳弄做大哥是很不智的。「上格空」可能是很笨拙（不聰明）的意思。從「啞口弄做大哥、連海人喊罪過」這兩句話，可以想見陳弄的資歷或能力不足以服眾，不應擔任大哥。

戴萬生三月十九點兵攻彰化。要攻彰化城大哥人頂多、數起來有十個：

戴瑞華、大箍英、羅文、羅乞食、甘過、貓仔義、高福生、林順治、
謝文杞、一隻賴老鼠。十個大哥要攻彰化一城池。

同治1年（1862）3月19日，戴潮春整軍進攻彰化縣城。參加攻城的大哥有「戴瑞華、大箍英、羅文、羅乞食、甘過、貓仔義、高福生、林順治、謝文杞、賴老鼠」等十位大哥。據林豪《東瀛紀事》記載：戴潮春入彰化城後，自稱大元帥，以戴彩龍為二路副元帥，鄭玉麟為大將軍，鄭豬母為都督，盧裕為飛虎將軍，鄭大柴為保駕大將軍，以據梧棲的陳在為鎮港將軍，黃丕建、葉虎鞭、林大用、陳大戇、戴老見、戴如川、戴如璧為將軍，黃丕建的父親黃小臉為老元帥。設置賓賢館招攬文士，強迫歲貢生董大經為賓賢館大學士。以陳有福為殿前參謀大國師，相士董阿狗為副國師，外甥余紅鼻、餘烏鼻為左右丞相兼管邢部，餘烏鼻的弟弟為禮部尚書，黃秋桐為戶部尚書，李炎為兵部尚書。設置應天局，以蔡茂豬為備糧使司，兼內閣職務。以魏得為內閣中書。〔註160〕

《辛酉一歌詩》對人名的稱呼，多採用當事人的外號、別稱，這正是常民文化的特性，也因此，若要將人名與統治論述逐一比對時，就顯得很不容易。

境之史事及其史蹟〉，《臺灣史蹟》，南投：中華民國臺灣史蹟研究中心，2000.6.30，n36，pp.37～39。

〔註159〕據陳哲三〈戴潮春事件在南投縣境之史事及其史蹟〉：「洪木叢胞兄洪狗」（《臺灣史蹟》，南投：中華民國臺灣史蹟研究中心，2000.6.30，n36，pp.41）。

〔註160〕關於戴潮春在彰化城封官設署的記載，詳見林豪《東瀛紀事》（臺灣銀行經濟研究室/編，《東瀛識略、東瀛紀事、臺灣紀事、台海見聞錄（合訂本）》，臺灣文獻史料叢刊第七輯，臺灣大通書局/印行，1997.6.30，p.5）。

> 要攻置煩惱、城內王仔萬會香講好好。人馬緊行緊大堆、彰化東門
> 城、免攻家己開。戴萬生入城、要刣管府合民壯。百姓荷老好。

「置煩惱」的「置」，音「tit」或「teh」，「置煩惱」就是「在煩惱」。「王仔萬」就是「王萬」。「會香」就是「會師」，因爲戴潮春藉宗教之名來號召會眾。〔註161〕大者稱「香主」，一般會員，已入會者稱爲「舊香」，新入會者稱爲「新香」。〔註162〕「緊」是快速的意思，「大堆」是數量眾多的意思。「荷老」是誇獎、贊同的意思。

據林豪《東瀛紀事》記載，戴軍攻打彰化城那一天（3月18日左右），王萬夥同七、八人與兵勇在市集械鬥，被官兵捉拿，金萬安總理林明謙（林大狗）做保，建議讓王萬帶義勇守城來贖罪。結果王萬偷偷出城去和戴軍串通，請戴軍假裝休兵，於是戴軍假裝「按兵不攻，但四出派飯。大狗遽稱賊已就撫，孔道信之，各官皆相賀，令守城者歸家休息。王萬既帶勇乘城，遂與衙役陳在、何有章等與賊通，爲內應。」〔註163〕

關於彰化城內百姓的態度，《辛酉一歌詩》指出：「百姓荷老好」，顯然百姓熱情主動表達他們對戴軍的認同。不過，據林豪的說法：「20日，開門引賊入，呼於眾曰：『如約內之人，各人頭髮及門首爇香爲號者不殺。』百姓皆具香案迎賊。賊黨乃備鼓吹，迎戴逆入城。」〔註164〕指出百姓是出於自我保護，爲了怕被殺害，才迎接戴軍。吳德功的說法與林豪相似。〔註165〕

> 大哥出令要拿金總、馬大老。小年人上格空、拿到金總刣頭鬃。
> 刣了多完備、百姓溜出彰化這城池。

「拿」，應是「掠」的借義字，音「liȧh」，就是捉拿。「金總」是金萬安總局的

〔註161〕「會香」的註解參見陳憲國、邱文錫編註《臺灣演義》（臺北：樟樹出版社，1997.8，p.119。）

〔註162〕戴潮春「天地會」入會者各種名稱與儀式，詳見林豪，《東瀛紀事》，臺灣銀行經濟研究室/編，《東瀛識略、東瀛紀事、臺灣紀事、台海見聞錄（合訂本）》，臺灣文獻史料叢刊第七輯，臺灣大通書局/印行，1997.6.30，p.2。

〔註163〕見林豪，《東瀛紀事》，臺灣銀行經濟研究室/編，《東瀛識略、東瀛紀事、臺灣紀事、台海見聞錄（合訂本）》，臺灣文獻史料叢刊第七輯，臺灣大通書局/印行，1997.6.30，pp.4～5。

〔註164〕見林豪，《東瀛紀事》，臺灣銀行經濟研究室/編，《東瀛識略、東瀛紀事、臺灣紀事、台海見聞錄（合訂本）》，臺灣文獻史料叢刊第七輯，臺灣大通書局/印行，1997.6.30，p.5。

〔註165〕詳見《吳德功先生全集：施案紀略、戴案紀略、讓台記》，南投：臺灣省文獻會，1992.5.31，p.7。

總理林明謙（林大狗）。「馬大老」就是前面提到的「馬本縣」，就是馬慶釗，
同治 1 年 3 月初，臺灣道台孔昭慈北上彰化要勦辦戴潮春的天地會，馬慶釗
也出示懸賞公告，鼓勵官民捉拿天地會的會首送官。卻也因此，激化戴潮春
天地會會眾的不滿情緒與反抗行動。〔註166〕「小年人」是年輕人，「上格空」，
意指少年輕人容易衝動，無法思慮周詳。「刈頭鬃」是指被砍頭。

　　據吳德功《戴案紀略》記載，當時官員都被戴軍拘禁在金萬安局內，「前
任知縣高廷鏡、馬慶釗，潮春書『清官放回』四字，送之鹿港。知縣雷以鎮
持齋，身帶金剛經逃入荣堂倖免。」〔註167〕指出馬慶釗沒有被殺。至於林明
謙是否有被殺，林豪《戴案紀事》、吳德功《戴案紀略》與蔡青筠《戴案紀略》
都沒有記載。

　　「百姓溜出彰化這城池」顯見彰化城內百姓當時恐懼被殺，因此逃出城。
事發當時，彰化舉人陳肇興正在奉命前往南北投聯莊抗戴軍的途中避難，他
在《咄咄吟》詩集中提到：「有客從北來，相逢歧路傍。牽裾引之近，急問弟
與娘。客言賊如毛，揭竿萬萬行。紅旗蔽白日，刀戟相低昂。前頭載婦女，
後頭括金璫。殺人但聞聲，烏能審其詳。」〔註168〕顯然當時彰化城內殺聲四
起，一片混亂，尤其是婦女與富豪更是容易被戴軍所侵犯，百姓的安全無法
確保。吳德功也指出：「時雖安民，而漳泉各分氣類。百姓惶恐，紛紛繫眷逃
鄉。漳人得以出入無阻，泉人之出入皆窒礙遭掠。」〔註169〕顯然，戴潮春等
人的起義，還夾雜了「漳泉械鬥」，因此，導致戴軍中泉州人的抗議。到 3 月
29 日，戴軍中的將軍葉虎鞭帶了幾百位泉州人會眾，在南門與西門保護泉州
人安然逃出城外，「城中泉人為之一空」〔註170〕。

〔註166〕詳見林豪《東瀛紀事》：「臺灣道孔昭慈聞會黨滋蔓，於同治元年 3 月初九北
　　　　至彰化，執總理洪某殺之。檄召淡水同知秋日覲。日覲前任彰化，以武健為
　　　　治，豪右屏息，至則以辦賊自任。而同知馬慶釗請出賞格購諸會首。賊大懼，
　　　　逆謀愈決。」（臺灣銀行經濟研究室/編，《東瀛識略、東瀛紀事、臺灣紀事、
　　　　台海見聞錄（合訂本）》，臺灣文獻史料刊第七輯，臺灣大通書局/印行，
　　　　1997.6.30，pp.3～4）。

〔註167〕詳見《吳德功先生全集：施案紀略、戴案紀略、讓台記》，南投：臺灣省文獻
　　　　會，1992.5.31，p.7。

〔註168〕詳見陳肇興，《咄咄吟》，陳肇興，《陶村詩稿》，南投：臺灣省文獻委員會/
　　　　印行，1978.6，卷七，p.92～93。

〔註169〕詳見《吳德功先生全集：施案紀略、戴案紀略、讓台記》，南投：臺灣省文獻
　　　　會，1992.5.31，p.8。

〔註170〕見《吳德功先生全集：施案紀略、戴案紀略、讓台記》，南投：臺灣省文獻會，

> 大哥腳手頂利害、鎮南門烏窖仔大哥是邱在、邱在鎮守南門兇兇兇、
>
> 鎮守北街王仔萬、南街戴振龍。

「腳手頂利害」是指拳腳功夫屬害，意即勇猛善戰。邱在鎮守在彰化城南門的烏窖仔，王萬鎮守在彰化城北街，戴振龍鎮守在彰化城南街。這裡特別指出邱在特別兇惡。

在林豪、吳德功、蔡青筠的戴案記錄中，沒有提到「邱在」與「戴振龍」這兩個人；而「王仔萬」應該就是王萬，「戴振龍」或許就是「戴彩龍」。據林豪記載：「戴彩龍為偽二路副元帥（彩龍一名雲從，原籍長泰縣）」〔註171〕

5. 天地會眾進攻嘉義

> 何文顯、陳大态、葉虎鞭、戴老見、鄭春爺、鄭玉麟、黃知見、眾
>
> 大哥會齊要攻山。

「何文顯」，生平不詳。「陳大态」就是「陳大戇」，泉人，戴軍攻進城時，他被關在城中監獄有七年了，戴軍攻下城後，才出獄，成為戴軍中的將軍。「葉虎鞭」泉人，為將軍，當戴軍佔領彰化城後，他曾保護城中泉人逃出城外。「戴老見」是戴潮春的叔叔，稱將軍。「鄭春爺」，生平不詳。「鄭玉麟」為大將軍。「黃知見」，生平不詳。〔註172〕「眾大哥會齊要攻山。」的「山」不知所指是那一個山，但是下文的「攻山城」是指攻嘉義城。

> 犁頭店大哥是劉安、劉安跛腳上古博、下橋仔大箍朝、烏銃頭大哥
>
> 林賊仔谷、王城大哥楊目丁、吳文鳳、觸口山吳草鵠、塗牛大哥劉
>
> 仔祿。劉家大哥真正興、扶出小半天筍仔林大哥劉森根。
>
> 劉家大哥有主意、扶出林谷、林雞冠、林棋盤、
>
> —— 林棋盤上弱貨、連叛二三回 ——。
>
> 林仔草、林仔義、張仔乖、張仔兔、陳墳、客婆嫂、會香是嘉義。

「犁頭店」在今台中市南屯區。「劉安」，林豪說他是一個「老而無賴」的人，年70多歲，仍當股首。〔註173〕「古博」音「kó͘-phok」，就是「滑稽」。〔註174〕

　　　　1992.5.31，p.8。

〔註171〕見林豪，《東瀛紀事》，臺灣銀行經濟研究室/編，《東瀛識略、東瀛紀事、臺灣紀事、台海見聞錄（合訂本）》，臺灣文獻史料叢刊第七輯，臺灣大通書局/印行，1997.6.30，p.5。

〔註172〕詳見林豪，《東瀛紀事》，臺灣銀行經濟研究室/編，《東瀛識略、東瀛紀事、臺灣紀事、台海見聞錄（合訂本）》，臺灣文獻史料叢刊第七輯，臺灣大通書局/印行，1997.6.30，pp.5、12～13。

〔註173〕「劉安」的記載見林豪《東瀛紀事》（臺灣銀行經濟研究室/編，《東瀛識略、

「劉安跛腳上古博」是說劉安因為跛腳所以姿態看起來最滑稽。「下橋仔」在今台中市南區,「大箍朝」是人名。〔註175〕「烏銃頭」在今台中縣新社鄉的復盛村,「林賊仔穀」是人名。「王城」或許就是今南投縣魚池鄉王城村、「觸口山」在今雲林縣林內鄉。「塗牛」就是「土牛」,或許就是今台中縣石岡鄉土牛村。

「小半天」在今南投縣鹿穀鄉竹豐村、「筍仔林」在今南投縣竹山鎮延山裏。「劉森根」就是林豪所說的「劉參筋」,本來是一位武生,在戴軍中稱將軍。〔註176〕

「上」音「siōng」,最、極的意思,「弱貨」音「lám-hòe」,就是「爛貨」。〔註177〕「林棋盤上弱貨、連叛二三回」意思是說林棋盤這個人很差勁,因為他接連背叛同夥有二、三次之多,可見他是一個牆頭草型的人物。「客婆嫂」或許就是小埔心(在今彰化縣埤頭鄉)陳弄(啞狗弄)的客家妻子,姓陳,綽號「無毛招」,比陳弄還驍勇善戰。〔註178〕

「會香是嘉義」說明以上這些人物要在嘉義會師,進攻嘉義縣城。

　　會到刣狗坑、林丁戶、林瑞林、林嵌、林仔攬、林仔用、林仔忠、

　　嚴辨──嚴辨數來大花虎──啞口弄出陣好戰鼓。

　　江高明出陣給人當西虜。洪仔花出陣都是好伊某。

東瀛紀事、臺灣紀事、台海見聞錄(合訂本)》,臺灣文獻史料叢刊第七輯,臺灣大通書局/印行,1997.6.30,p.6、52)。

〔註174〕「古博」的解釋見陳憲國、邱文錫編註《臺灣演義》(臺北:樟樹出版社,1997.8,p.121。)

〔註175〕「清朝乾隆末年,橋仔頭聚落已然成形,橋仔頭包括現在仍在稱呼的『頂橋仔』和『下橋仔』,據德義裏耆老林卿宗老先生表示,橋仔頭是沿用平埔族的地名『巧考圖』而來,因為漢人來台開發,得知平埔族人稱此地為『巧考圖』,直接以漢音發音轉變成為『橋仔頭』。……過了江川裏的福興裏、和平里、永興裏一帶,則稱為『下橋仔』。由於清朝時代『橋仔頭』儼然有兩個聚落形成,因此就把北邊的稱為『頂橋仔』,靠南邊的稱為『下橋仔』。」(見〈頂橋仔的由來〉,頂橋仔文化生活圈→社區簡介,http://dingjo.tacocity.com.tw,台中市:頂橋仔社區,2004.3.21下載)

〔註176〕見林豪《東瀛紀事》,p.7、52。

〔註177〕「上弱貨」的解釋見陳憲國、邱文錫編註《臺灣演義》(臺北:樟樹出版社,1997.8,p.122)。

〔註178〕「客婆嫂」的解釋參見陳憲國、邱文錫編註《臺灣演義》(臺北:樟樹出版社,1997.8,p.123),陳弄妻子的介紹,見林豪《東瀛紀事》(臺灣銀行經濟研究室/編,《東瀛識略、東瀛紀事、臺灣紀事、台海見聞錄(合訂本)》,臺灣文獻史料叢刊第七輯,臺灣大通書局/印行,1997.6.30,pp.48～49)。

「刣狗坑」是地名。「嚴辨」就是「嚴辦」，嘉義縣打貓（今嘉義縣民雄鄉）的牛朝山（又寫做「牛稠山」）人，先前曾因多起案件而被關在嘉義監獄 6 年，同治 1 年（1862）2 月逃獄，3 月前往彰化縣加入戴軍，稱為征南大將軍。〔註179〕「大花虎」就是「愛好女色」〔註180〕。「嚴辨數來大花虎」是說嚴辦說起來是一個愛好女色的人。

「啞口弄」就是陳弄，又名「陳啞狗」，小埔心（在今彰化縣埤頭鄉）人。〔註181〕「好戰皷」音「hóⁿ chiàn-kó」，就是「愛好擊大鼓」。〔註182〕

「當西虜」就是做先峰打頭陣。〔註183〕「江高明出陣給人當西虜」的「給人」音「hō͘ lâng」，有被動的意涵，意即江高明打頭陣應該不是出於他的主動意願，而是應他人的要求。

「洪仔花出陣都是好伊某」的「洪仔花」就是洪花，「伊某」是指「他的妻子」，洪花的妻子比他還勇猛善戰。

> 大哥要出名、數起來六隻的豬哥、二隻的豬母、一隻的烏龜：
> 楊豬哥、張豬哥、黃豬哥、賴豬哥、簡豬哥、羅豬哥、嚴豬母、鄭
> 豬母、一隻賴烏龜。會齊困山城。四城門困落去、竝無糧草好入去、
> 散凶人餓到吱吱叫。

這裡的「豬哥」（或寫為「豬羔」，就是公豬）、「豬母」「烏龜」都是人名，應是外號。「黃豬哥」是柳仔林（今嘉義縣水上鄉柳鄉村）人，「羅豬哥」是埤堵莊人，「賴豬哥」是大溪厝人。〔註184〕

〔註179〕嚴辦的介紹見林豪《東瀛紀事》，p.7。

〔註180〕「大花虎」的解釋見陳憲國、邱文錫編註《臺灣演義》（臺北：樟樹出版社，1997.8，p.123）。

〔註181〕「陳弄」的記載見林豪《東瀛紀事》，pp.6、48～49。

〔註182〕「好戰皷」的解釋見陳憲國、邱文錫編註《臺灣演義》（臺北：樟樹出版社，1997.8，p.123）。

〔註183〕楊守愚對「當西虜」的註為：「當，讀蛛，土音。當西虜，做當頭陣解。」（見楊清池《辛酉一歌詩》（二），《臺灣新文學》，台中：臺灣新文學社，1936.11.5，v1n9，p.64），廖漢臣將「當西虜」改寫成「當使虜」，註為：「意作糾纏，此處作衝峰解。」（見〈彰化縣的歌謠〉，《臺灣文獻》，臺北：臺灣省文獻委員會，1960.9.27，v11n3，p.28），陳憲國、邱文錫將「當西虜」改寫為「推西虜」，註為：「西魯是指魯西亞，今日之俄羅斯，意指打仗時被送到最前線，給兇惡的俄國人挨第一刀。等於是要他去送死，當肉靶子。」（見《臺灣演義》（臺北：樟樹出版社，1997.8，p.123）。

〔註184〕見林豪《東瀛紀事》，pp.7、25。

　　「會齊困山城」是說約好一起進攻包圍嘉義縣城，困住城內的官兵。「四城門困落去」是說嘉義縣城被團團圍住，無法與外界聯絡。所以城外的糧草補給也無法運送給城內的官兵及百姓，因此城內的「散凶人」（窮人）肚子餓得吱吱叫。

　　據林豪《東瀛紀事》記載：同治 1 年（1862）3 月下旬，臺灣鎮總兵派安平協副將王國忠、遊擊顏常春前往嘉義，顏常春帶番勇 100 多人，在柳仔林（今嘉義縣水上鄉柳鄉村）與戴軍黃豬羔交戰，3 月 28 日抵達嘉義城，當天黃昏，黃豬羔率眾攻城，被官兵擊退。戴軍傳言不會傷害無辜百姓，但是百姓卻見識到戴軍大肆焚搶，內心十分害怕。同治 1 年（1862）4 月，黃豬羔、羅豬羔、羅昌、黃萬基、黃大戀、戴彩龍、陳弄、嚴辦率眾包圍嘉義縣城。紳士王朝輔、陳熙年率眾拒戴軍，城中富戶許山（許安邦）出資助官餉，並救濟城中貧民。〔註185〕

> 五個大哥巡城是女將：大腳甚、臭頭招、女嬌娘、北社尾王大媽、
> 黃大媽、老人老篤篤、到底做事不順便。

「大腳甚」是嚴辦的妻子，姓侯，又說姓魏，本來是有名的娼妓，嚴辦很怕她，每次出門都親自替她牽馬；「臭頭招」應該就是陳弄的妻子「無毛招」，姓陳。〔註186〕「女嬌娘」或許是指洪花的妻子，「北社尾」在今嘉義市西區北湖裏，「王大媽」，或許就是戴軍將軍「王新婦」的母親，自稱「一品正夫人」。〔註187〕「黃大媽」就不知是何人。「大媽」應該是對年長婦人的敬稱。所以「老人老篤篤」應該是指「王大媽、黃大媽」。

> 要攻西門街大哥是嚴辦。——嚴辦鎮守西門頂有談、鎮守東門陳竹
> 林、陳竹城、鄭宗虎、大哥洪仔花。——洪仔花鎮守東門上蓋久、
> 鎮守南門角仔寮徐和尚、黃和尚、賴大條、呂仔主、大哥呂仔主格
> 空拆王府。拆了上蓋會、鎮守北門大哥何地。
>
> 數起來：打貓姓何大哥更較多數起來十三個：
> 何竹聰、何仔守、何萬、何仔每、何竹林、何萬枝、何連城、何阿
> 開、恁皆、吉羊、何忠厚、何錢鼠、何乞食。十三個有主意、鎮守
> 一城池。

〔註185〕見林豪《東瀛紀事》，p.25。
〔註186〕「大腳甚、臭頭招」的介紹見林豪《東瀛紀事》，pp.7、48〜49。
〔註187〕「王大媽」的介紹見林豪《東瀛紀事》，p.49。

這一段中的「西門」、「東門」、「南門」、「北門」都是指嘉義縣城的城門。「角仔寮」在今嘉義市芳草裏。

「呂仔主」就是「呂仔梓」、「呂梓」（～1865），「主」與「梓」都讀為「chú」，是大崙人，他在同治1年3月底加入戴軍，稱將軍。〔註188〕「呂梓」的妻子是「南靖厝」人。〔註189〕

「格空」音「kek-khang」，「格空拆王府」就是「耍威風，去拆掉王府房子，可能是福康安親王的王府」〔註190〕。「打貓」是今嘉義縣民雄鄉。「何錢鼠」是「青埔莊」人。〔註191〕

（三）臺灣鎮總兵林向榮，出兵平亂，死於斗六

1. 臺灣鎮總兵林向榮出兵

頂縣報仔連連去、入府內討救兵、稟到：

> 林鎮臺你得知、我為鎮臺透冥來。破了彰化未幾時、孔道臺走到蕃
> 薯寮、吞金來身死。未知鎮臺啥主意？

「頂縣」指的是在臺灣府北方的彰化縣，「府內」指的是「臺灣府城內」，臺灣道臺孔昭慈在彰化縣自殺時，臺灣鎮總兵林向榮人在臺灣府城。「報仔」是負責傳遞軍情的人。「透冥來」意指報訊的人火速報訊。「未幾時」，意指過了不久。

《辛酉一歌詩》在前段彰化城被戴軍攻下時，沒有提及孔昭慈，在此才透過報訊人的口中交代孔昭慈的死訊。這裡說到孔昭慈逃亡到蕃薯寮這個地方，最後吞金自殺。關於孔昭慈的死，閩浙總督慶瑞在〈奏再臺灣彰化縣轄會匪滋事摺〉中提到三月「十八、十九兩日，賊以大股圍攻彰化縣城，孔昭慈、嘉義營參將夏汝賢、試用通判鈕成標督帶兵勇，登陴固守，槍炮齊施，傷斃賊匪多名。……二十日黎明，縣城失陷，孔昭慈巷戰受傷，旋即仰藥殞命，隨帶臺灣道關防搶失。」〔註192〕官方報告比較加強調孔昭慈的英勇奮戰，

〔註188〕關於呂仔梓的生平，可參見林豪《東瀛紀事》，pp.7、50～51、61。
〔註189〕呂仔梓的妻子，詳見林豪《東瀛紀事》，p.29。
〔註190〕陳憲國、邱文錫（編註）《臺灣演義》（臺北：樟樹出版社，1997.8，p.126）。
〔註191〕「何錢鼠」資料見林豪《東瀛紀事》（臺灣銀行經濟研究室／編，《東瀛識略、東瀛紀事、臺灣紀事、台海見聞錄（合訂本）》，臺灣文獻史料叢刊第七輯，臺灣大通書局／印行，1997.6.30，p.7）。
〔註192〕見《清宮月摺檔臺灣史料（一）》（國立故宮博物院藏清代臺灣文獻叢編，臺北：國立故宮博物院／出版，1994.10初版），pp.447～448。

而在《辛酉一歌詩》中卻沒有看到這些描寫。此外，林豪《東瀛紀事》也沒有提到孔昭慈英勇奮戰，反而指出孔昭慈先是不聽勸阻，派林晟去協勦戴潮春；又幕僚勸他退守鹿港，他也不聽；等彰化失守後，孔昭慈在當晚就「仰藥死」。〔註193〕

　　林鎮臺聽著氣沖天、就召大小官員來參詳、來參議：

　　　　大家點兵北社好來去！

　　　　林鎮臺點出來、人上多、點過精、謝天星、蔡榮東放大銃、中竹牕

　　　　九營兵、先鋒隊林應清、黃飛虎、林有財二人點兵好照應。

「聽著」就是「聽到」。「北社」在此指的應是位於臺灣府北方的彰化縣。關於林向榮出兵的記載，林豪《東瀛紀事》指出：同治1年（1862）4月7日，「掛印總兵林向榮統兵三千發郡城，以都司陳寶三爲總帶，同知甯長敬辦理糧臺。」〔註194〕

　　「謝天星」、「蔡榮東」、「林應清」、「黃飛虎」，不知爲何人。當時有「守備蔡守邦」（又作「蔡安邦」）〔註195〕，或許就是「蔡榮東」。又有前鋒「王飛琥」〔註196〕，或許就是「黃飛虎」。

　　「林有財」應當就是「義首林有才」〔註197〕，他在4月28日，白沙墩戰役時，先是因爲火藥用盡而敗戰，後來，他「用奇兵以砲擊之，三發皆中，賊乃卻退。」〔註198〕

2. 戴軍呂仔主、吳墻佔據大營

　　　　大營給伊呂仔主、吳仔墻來佔去。

　　　　盧大鼻、李大舍、紀涼亭、查某營順東舍、

　　　　有糧草來聽用。大炮舍愛功勞做先行。

「大營」應爲地名，同時也是軍營駐紮地。有兩個地方舊名有「大營」：一是

〔註193〕詳見林豪《東瀛紀事》，pp.5～6。

〔註194〕見林豪《東瀛紀事》，p.25。

〔註195〕林豪《東瀛紀事》記爲「守備蔡守邦」（p.26），吳德功《戴案紀略》記爲「水師左營守備蔡安邦」（吳德功先生全集：施案紀略、戴案紀略、讓台記），南投：臺灣省文獻會，1992.5.31，p.12）。

〔註196〕王飛琥，見於林豪《東瀛紀事》（p.26），《吳德功先生全集：施案紀略、戴案紀略、讓台記》（南投：臺灣省文獻會，1992.5.31，p.19）。

〔註197〕林有才的事蹟，詳見林豪《東瀛紀事》，p.26。

〔註198〕見《吳德功先生全集：施案紀略、戴案紀略、讓台記》，南投：臺灣省文獻會，1992.5.31，p.12。

今日台南縣新市鄉大營村〔註199〕，二是今日台南縣白河鎮外角里。〔註200〕
此處所指究竟是何處，待查。不過，佔據大營的吳志高是今日白河鎮人，所
以，此處所指的大營或許是在白河鎮。

「呂仔主」就是前面所說的「呂仔梓」（「呂梓」）。

「吳仔墻」〔註201〕就是「吳墻」，又名「吳志高」（1826～1880），嘉義
縣糞箕湖潭底（在今台縣縣白河鎮河東里）〔註202〕人，主要活動地點在店仔
口街（今台南縣白河鎮白河里）〔註203〕。在戴軍反抗之初，呂梓與吳墻也加
入戴軍，爲大股首。據吳德功記載：「店仔口吳志高，余嘗到其家。其人身才
五短，爾雅溫文，無武夫氣。平時爲村學究，屢試不第，曉暢事機，一呼百
諾，兼五十三莊總理，當戴逆勢燄，佯倚之，賊封爲將軍。」〔註204〕關於吳
志高，許達然有以下不同的看法：「打擊戴潮春等人起事的土豪『義首』得到
最高武職的是陳澄清和吳志高。……在台南縣白河，……誰和他作對誰就吃
虧。他的勢力甚至伸展到嘉義縣，搞得『嘉義城紳士恨其舊惡』，要聯同知縣
鄧宗堯及總兵劉明燈整他，但都沒得逞。吳志高囂張殘忍到叫手下攔截和他
有瓜葛的，並挖出那人的雙眼。」〔註205〕

〔註199〕見《台南縣地名研究輯要》（台南縣政府/編印，1982.4，p.185）。

〔註200〕見國史館臺灣文獻館採集組（編輯）《臺灣地名辭書：卷七台南縣》（南投：
國史館臺灣文獻館，2002.12），pp.189～190。

〔註201〕關於吳仔墻的生平，林豪《東瀛紀事》有以下的介紹：「同安人吳仔墻在嘉義
店仔口教讀，頗得眾心。戴逆以股首盧大鼻守店仔口，墻從之。及林鎮軍至，
墻欲降，大鼻不可。墻乃以計分散其黨，伏壯士拉殺之。後吳帥進軍解嘉義
之圍，頗得其助。」（〈叢談（上）〉，《東瀛紀事》臺灣銀行經濟研究室/編，
臺灣文獻史料叢刊第七輯，p.58）。按「吳帥」就是福建水師提督吳鴻源，同
治2年（1863）1月10日，他駐軍鹽水港，以店仔口降將吳志高（吳墻）爲
鄉導。

〔註202〕見國史館臺灣文獻館採集組（編輯）《臺灣地名辭書：卷七台南縣》（南投：
國史館臺灣文獻館，2002.12），p.191。

〔註203〕見國史館臺灣文獻館採集組（編輯）《臺灣地名辭書：卷七台南縣》（南投：
國史館臺灣文獻館，2002.12），p.184。

〔註204〕詳見吳德功《戴案紀略》，《吳德功先生全集：施案紀略、戴案紀略、讓台記》
（南投：臺灣省文獻會，1992.5.31），p.34。

〔註205〕詳見許達然〈十八及十九世紀臺灣民變與社會結構〉：「打擊戴潮春等人起事
的土豪『義首』得到最高武職的是陳澄清和吳志高。……吳志高（1826～1882）
科考不如意，但當台南縣白河附近53莊總理倒也稱心。……1862年10月他
阻擋（民變）起事者進入白河，第二年他率72莊鄉民聯同水師提督解圍嘉義，
一下子就補用守備，賞都司銜並戴藍翎。1865年4月，他又同官兵去擒拿嚴

　　「查某營」就是女性的軍營。「盧大鼻」是戴軍的股首。〔註206〕「李大舍」、「紀涼亭」、「順東舍」、「大炮舍」應當都是人名，聽命於呂梓與吳墻。其中，「李大舍」、「順東舍」、「大炮舍」名字都有一「舍」字。舍，音「sià」，是舊時臺灣人對有身分地位的人的尊稱，置於姓名的後面。〔註207〕由此可見，反抗政府的人不單是乞丐或無業遊民，具有社會地位的人也加入反政府的軍隊。〔註208〕

　　同治1年（1862）4月，吳墻與呂梓都是戴軍的大股首，距離臺灣府城較近的「大營」被反抗政府的呂梓及吳墻的軍隊佔據，同時，他們的糧草足夠，士氣也很猛。因此，臺灣鎮總兵林向榮只好繞過大營，馬不停蹄，朝嘉義縣前進。

3. 臺灣鎮總兵林向榮到邦碑，被圍

　　林鎮臺人馬行路稀稀稀、頭陣到了是邦碑。林鎮臺傳令著紮營、有

辦和呂梓等人，加遊擊銜。」「在台南縣白河，1863年賞都司銜的吳志高也很跋扈，誰和他作對誰就吃虧。他的勢力甚至伸展到嘉義縣，搞得『嘉義城紳士恨其舊惡』，要聯同知縣鄧宗堯及總兵劉明燈整他，但都沒得逞。吳志高囂張殘忍到叫手下攔截和他有瓜葛的，並挖出那人的雙眼。……1865年長老會基督教傳入臺灣後，……吳志高討厭基督教，所以在白河就不可以信教，傳教，或建教堂。他刁難白河鎮水溪平埔族信長老會基督教，阻止他們重建教堂。他曾要跟長老會傳教士甘爲霖（William Campbell，1841～1921）談判，但甘爲霖不理睬，堅持在駐有英國領事的臺灣府才肯見他，使他更惱怒了。1875年1月26日夜他指使吳福、吳安、黃待、林鳥等一幫人襲擊白水溪教徒，燒房子，打傷潘春夫婦等人，並搶走六隻牛及一些衣物。兩天後，甘爲霖在白水溪臨時教堂20英尺外的草厝過夜，吳志高又指使人去放火，辛虧甘爲霖命大逃了。嘉義知縣後來雖帶人去查看現場，但只要吳志高賠100元，關禁他四個部下。其實在那裡，官方也奈何不了吳志高，仍讓他繼續在地方上『維持治安』。」（古鴻廷、黃書林、顏清苓/合編，《臺灣歷史與文化（四）》，台中：東海大學通識教育中心，2000.11，pp.98～99、161～162。）

〔註206〕關於盧大鼻的生平，林豪《東瀛紀事》有以下的介紹：「戴逆以股首盧大鼻守店仔口，墻從之。及林鎮軍至，墻欲降，大鼻不可。」（〈叢談（上）〉，《東瀛紀事》，p.58）。

〔註207〕吳守禮解釋「舍」有「尊稱」用途，爲「後附成分」，古早臺灣人在姓氏下面加一「舍」字，表示尊敬，也有對有身分的人的名字下面添一舍字。（詳見吳守禮《國臺對照活用辭典——詞性分析、詳注廈漳泉音》，臺北：遠流出版公司，2000.6，下冊，pp.1950～1951。）

〔註208〕陳憲國、邱文錫編註《臺灣演義》：「【李大舍、順東舍】：從名字上看，此時加入者不只是乞食羅漢之流，也有被尊稱爲『舍』的人加入。」（臺北：樟樹出版社，1997.8，p.129）。

的夯鋤頭、有的夯鐝仔、有的負布袋、紮卜是土營。

「稀稀稀」，就是「稀稀疏疏，喻人馬稀少。」同治1年（1862）4月7日林向榮統兵三千名，從臺灣府城北上，而戴軍卻動輒數萬人。〔註209〕

「邦碑」應當就是「崩埤」〔註210〕，又記爲「枋埤」〔註211〕，在今台南縣後壁鎮菁豐村，位在八掌溪南側，清代屬於嘉義縣下茄冬北堡崩埤莊〔註212〕。「頭陣」就是先鋒。〔註213〕1862年4月9日林向榮軍隊抵達崩埤，下令在此駐紮軍隊。

「有的」在此意指「有的人」。「夯」，音「giâ」，用力舉起的意思。「鐝仔」，音「kut-á」，「尖嘴鋤，可用來挖土。」〔註214〕「負布袋」的「負」音「phāiⁿ」〔註215〕，背負東西的意思。「有的夯鋤頭、有的夯鐝仔、有的負布袋」這三句描寫士兵挖掘搭建「土營」的情形。

紅旗聞知機、將這土營圍到彌彌彌。

嚴辦、啞口弄、戴振龍要出名、攻打邦碑大困營。

攻來攻去無伊份。大哥陳堂、陳玉春、人馬駐紮白沙墩。大會要豎旗。

——林鎮臺舉目看一見、看見大會豎紅旗、

坐在中軍帳內暈暈慄落去、腳風透腸著病攏總起。

「紅旗」指的是戴潮春的軍隊，因爲戴軍旗幟爲紅色。「知機」，音「chai-ki」，就是知情、知道。「將這土營圍到彌彌彌」是指林向榮的軍隊被戴軍團團圍住。

〔註209〕 「崩埤」的解釋參見陳憲國、邱文錫編註《臺灣演義》：「地名，有寫作枋碑，有寫作邦碑，伊（應爲「依」之誤寫）台人習慣，一個池塘的池岸崩毀，稱作崩埤，因此，擬字爲崩埤。」（臺北：樟樹出版社，1997.8，p.130）

〔註210〕 「稀稀稀」的解釋見陳憲國、邱文錫（編註）《臺灣演義》（臺北：樟樹出版社，1997.8），p.130。林向榮兵力三千名，而戴軍動輒數萬人，資料來自林豪《東瀛紀事》，pp.25～26。

〔註211〕 林豪《東瀛紀事》：「初九日，軍次枋埤，立五大營爲相犄角。」（p.25）。

〔註212〕 見國史館臺灣文獻館採集組（編輯）《臺灣地名辭書：卷七台南縣》（南投：國史館臺灣文獻館，2002.12），p.173。

〔註213〕 「頭陣」的解釋見陳憲國、邱文錫（編註）《臺灣演義》（臺北：樟樹出版社，1997.8），p.130。

〔註214〕 「鐝仔」在陳憲國、邱文錫編註的《臺灣演義》改寫爲「掘仔」，注音「kut8～a2」（臺北：樟樹出版社，1997.8，p.130）。

〔註215〕 「負」在陳憲國、邱文錫編註的《臺灣演義》改寫爲「揹」，注音「phaiN2」（臺北：樟樹出版社，1997.8，p.130）。

　　「嚴辦、啞口弄、戴振龍」是戴軍的首領。「嚴辦」是嘉義牛稠山人，之前犯罪多起，被關在嘉義監獄 6 年，同治 1 年（1862）2 月逃獄，後來逃往彰化縣領戴軍令，鼓動百姓入戴潮春的天地會，是戴軍的「征南大將軍」。〔註 216〕「啞口弄」就是小埔心（今彰化縣埤頭鄉）巨族陳弄，他是戴軍的「大將軍」，林豪說他「性悍而駭，喜招納亡命，一時劇盜、羅漢（羅漢腳爲臺灣無業遊民之稱）多歸之。」〔註 217〕。「戴振龍」應爲「戴彩龍」之誤寫，是戴軍的「二路副元帥」，又名「戴雲從」。〔註 218〕

　　「白沙墩」位在崩埤的隔壁，在今台南縣後壁鄉新嘉村，清代屬於嘉義縣白鬚公潭堡白沙墩莊，1920 年後改稱「白沙屯」。〔註 219〕「陳堂、陳玉春」是戴軍的股首。「大會」即「大會師」。〔註 220〕

　　「慓落去」讀爲「liàn--lòh-khì」，就是摔下來。〔註 221〕「著病」就是染病。「攏總」就是全部。這裡描寫林向榮又氣又驚，不但從椅子上摔下來，各種身體隱疾也一併引發。

　　這段記載，在林豪《東瀛紀事》也有提及：「初九日，軍次枋埤，立五大營爲相犄角。賊據南靖厝、後寮仔相持，以八掌溪爲界。戴彩龍糾陳弄、嚴辦、黃豬羔、賴阿矮、王新婦、黃房、黃山虎等，悉眾數萬來犯。時霖雨溪漲，餉項俱屯鹽水港。28 日，賊據白沙墩，斷我糧道。翌日，官兵出營逐之。義首林有才火藥垂罄，向澎湖兵借用不許。已而賊由後包抄，澎軍腹背受敵，守備蔡守邦、署把總李連陞、外委周得榮被迫落水死。自是青寮、後壁寮皆從賊，而糧道爲所斷矣。」〔註 222〕從同治 1 年（1862）4 月 9 日到 4 月底，林向榮的軍隊被戴軍圍攻，運送軍糧的道路也被戴軍佔據，情勢十分危急，民間傳唱林向榮「坐在中軍帳內量量慓落去、腳風透腸著病攏總起。」或許是誇張手法，但是對臺灣最高軍事領袖林向榮總兵的輕篾之情由此可見。

〔註 216〕嚴辦與嚴妻侯氏的資料，見林豪《東瀛紀事》，p.7、49。60。
〔註 217〕陳弄的資料，見林豪《東瀛紀事》，pp.6、48〜49、60。
〔註 218〕戴彩龍的資料，見林豪《東瀛紀事》，p.5、25。
〔註 219〕見國史館臺灣文獻館採集組（編輯）《臺灣地名辭書：卷七台南縣》（南投：國史館臺灣文獻館，2002.12），p.176。
〔註 220〕見《台南縣地名研究輯要》（台南縣政府/編印，1982.4，p.116）。
〔註 221〕見《台南縣地名研究輯要》（台南縣政府/編印，1982.4，p.116）。
〔註 222〕「慓落去」的解釋見陳憲國、邱文錫（編註）《臺灣演義》（臺北：樟樹出版社，1997.8，p.131），該書將此三字改寫爲「輾落去」。

4. 臺灣府運糧草給臺灣鎮總兵林向榮，被搶

　　府城大府駕糧草、押到大營口、呂仔主、吳仔墻二人就搶去。

　　你知糧草是何物？打開撑籠一下看、正是：公餅、肉粽、花心魚。

　　賊仔食了就喝咻、後壁寮姓廖大哥大肚秋。

　　林鎮臺被伊一困趕、一困去、趕到邦碑大圉營安身己。

這一段回溯林向榮從臺灣府出兵，到達大營口的時候，糧食被呂梓、吳墻搶走，還被一路追趕到「邦碑」（崩埤），才能夠稍爲歇兵，建築土營駐軍。

　　「府城大府」指的應是臺灣府的知府洪毓琛，字潤堂，山東人。同治 1 年（1862）3 月他已經升爲湖北省漢黃德道，卸下臺灣府知府一職，正打算渡海離台。因爲臺灣道孔昭慈在彰化自殺，他決定留下來處理變局，於是「紳民懇留，奏調台澎道」。4 月，「掛印總兵林向榮全師北上，洪道內顧守城，並籌備糧餉及器械鉛藥，由陸路接濟林鎮。」〔註 223〕

　　「府城大府駕糧草、押到大營口、呂仔主、吳仔墻二人就搶去。」是說：從臺灣府運送來接濟總兵林向榮的物品，一運送到大營口，就被佔據在此地的呂梓、吳墻搶走。

　　「撑籠」是裝糧草的竹籠，音「khah-láng」。〔註 224〕

　　「賊仔食了就喝咻」的「賊仔」指的是戴軍的部眾，「喝咻」就是大聲呼喊，意思是說他們吃飽力足，準備再大戰一場。「後壁寮」是地名，在今台南縣後壁鄉。「姓廖大哥大肚秋」，「大肚秋」應是這位「廖大哥」的外號，他領軍追擊林向榮。

　　相對的，林向榮的軍隊大概正餓得體力不支，兵力又相差懸殊，難怪「林鎮臺」（臺灣鎮總兵）被一路追趕，只能逃命，無法正面迎戰。

　　府城管府想計智、要卜糧草𣍐得著、

　　爬出城、偷摘豆仔蕃薯葉、被嚴辦腳手扒無著、

　　，走入城、驚得屎尿流到滿草蓆、

　　「府城管府」應該就是在臺灣府負責支援調度的洪毓琛道台。「要」、「卜」兩字都有想要的意思，音「beh」，此處應將二字併爲一字。「𣍐得著」就是無法得到，音「bōe/bē tit-tiòh」。「𣍐」，不能夠。

<hr>

〔註 223〕洪毓琛的資料，見林豪《東瀛紀事》，pp.9〜10。

〔註 224〕陳憲國、邱文錫（編註）《臺灣演義》將「撑籠」改寫爲「笛籠」，標音爲「khah lang2」。（臺北：樟樹出版社，1997.8，p.132）。

「府城管府想計智、要卜糧草愈得著、」意思可能是說臺灣府設法募集糧食兵器，可惜功敗垂成，半途被截走；使得臺灣鎮總兵的軍隊糧援斷絕。

「被嚴辦腳手扪無著」的「腳手」就是手下，「扪無著」音「liáh bô-tiòh」，就是沒捉到。「走入城」應當是指逃跑回林向榮駐紮的崩埤土營。

「爬出城、偷摘豆仔蕃薯葉、被嚴辦腳手扪無著、走入城、驚得屎尿流到滿草蓆」，寫出林向榮軍隊飢餓的慘狀，不但淪為小偷，還差點被敵軍活捉，逃回土營後，因為驚嚇過度，竟不支倒地，還大小便失禁。

5. 臺灣鎮總兵林向榮，棄營逃跑

> 一日攻到一日天、攻到四月初七冥、大水雨落淋漓。林鎮臺有主意、
> 傳令要溜營、溜營四散去、有的假乞食、有的背袈薦。

「冥」是夜晚。「大水雨落淋漓」是說大雨下個不停。「溜營」就是要放棄軍營偷偷逃命。「假」是假裝，「乞食」就是乞丐。「袈薦」，音「ka-chì」，「藺草編成的背袋，購物要用。乞丐行乞，更是不可或缺的行當。」〔註225〕

這一段指出林向榮在同治1年（1862）4月7日下令放棄崩埤土營而逃跑，日期與林豪《東瀛紀事》有出入。林豪指出林向榮是在4月7日才從臺灣府城出發。4月9日才到達崩埤紮營。當時被戴彩龍率眾進攻，「時霖雨溪漲」。〔註226〕林豪也指出當時下大雨。

> 林鎮臺走到田洋看見一點火、一困行、一困去、走到火門邊跌一倒、
> 扪水雞林阿義聽著腳步聲、心肝內就著驚。林鎮臺開言即講起：
> 「不免扪水雞朋友你掛意、說起來、林向榮是我親名字。」
> 林仔義念著親人代、盡忠合盡義、火門大膽就吹息。
> 林鎮臺五十塊緊緊掙厚伊、「緊緊焄我安身己！」
> 林仔義聽著心歡喜、焄伊去鹽水港安身己。

「田洋」就是田園。「困」音「khùn」，休息之意。「火門」，應寫為「火罩」，就是燈籠。〔註227〕「水雞」就是青蛙。「著驚」就是害怕。「緊緊」就是趕快。

〔註225〕「袈薦」的解釋引自陳憲國、邱文錫編註《臺灣演義》，該書將「袈薦」改寫為「笳苴」。（臺北：樟樹出版社，1997.8，p.134）。又楊守愚註：「袈薦，讀加志，乞丐所背之草袋也。」（見楊清池，《辛酉一歌詩》（二），《臺灣新文學》，台中：臺灣新文學社，1936.11.5，v1n9，p.66）。

〔註226〕詳見林豪《東瀛紀事》，pp.25～26。

〔註227〕「火門」的解釋，楊守愚註：「火門，捕蛙者所用之燈籠也。」（見楊清池，《辛酉一歌詩》（二），《臺灣新文學》，台中：臺灣新文學社，1936.11.5，v1n9，

「捀厚伊」音「chiⁿ hō i」，就是拿給他。「𤲍」音「chhōa」，就是帶領。

「一困行、一困去」就是走走停停，顯見林向榮的疲累無力，所以當他「走到火門邊」的時後還跌了一跤。幸好他遇到的是一位與他同姓的人，林仔義以捉青蛙維生，念在兩人同姓的份上，就帶林向榮前往鹽水港（今台南縣鹽水鎮）安身。

據林豪記載，同治 1 年（1862）5 月，臺灣道洪毓琛派千總龔朝俊、從九品官陸晉，帶臺灣鄉勇 200 人、屯番 500 人，護送糧餉援助林向榮。5 月 5 日，到達「安溪寮」（在今台南縣後壁鄉），被戴軍攻擊，陸晉被殺。5 月 7 日，戴軍攻打大營，官軍大敗，軍裝盡失，龔朝俊分軍應援，途中在荒野遇到林向榮，當時他身邊只剩下兩個兵卒，於是林向榮與龔朝俊一起退守安溪寮，5 月 9 日移駐鹽水港。〔註 228〕

據林豪記載，也許林向榮棄營逃跑是在「5 月」7 日，而不是 4 月。

> 四月初八早起天分明、眾大哥點兵攻打邦碑大囷營。
> 大小銃打來響幾聲、營內並無管府置著驚。
> 好膽的走去看、營內都空空、正是林鎮臺溜營無半人。
> 有的侵入去、扛大銃、拆布帆。

「眾大哥」，民間慣稱帶頭的股首、將軍、元帥為「大哥」。

這一小段描寫 4 月 8 日大清早，戴軍會合，攻打林向榮的軍營，結果發現無人在內，憑空得到許多戰利品。這首歌，生動鋪陳林向榮的無能膽卻，與戴軍的英勇氣魄。

4 月 8 日，有可能是 5 月 8 日之誤記。

6. 天地會眾進攻嘉義城（一）

> 搶了都完備、大哥會香要攻是嘉義。
> 要攻嘉義城、大哥上蓋多、數起來四十連七個。

這一段列舉 47 位大哥，他們因為搶奪官兵的糧餉武器，氣勢如日中天，於是乘勢會合攻打嘉義縣城，時間應在 5 月 10 日左右。

據林豪記載：在同治 1 年（1862）3 月底到 4 月，嘉義縣城已遭戴軍攻擊，雖然沒有被攻下，但卻被包圍，糧餉斷絕，幸好城內的富戶許山（許安邦）

---

p.66）。又陳憲國、邱文錫編註的《臺灣演義》，指出火門就是煤油燈。（臺北：樟樹出版社，1997.8，p.135）。
〔註 228〕本段文字，詳見林豪《東瀛紀事》，p.26。

傾家產支付軍餉，並接濟百姓。5 月 11 日晚上大地震，嘉義縣城牆倒塌數丈，西門外的土牆傾塌，戴軍四處強奪，守城的官兵退入城內，因為嘉義縣城的百姓自力救濟，連夜運木石修補城牆，又架設大砲守城。隔天天亮，戴軍仍無法攻入嘉義縣城，但卻將縣城團團圍住，直到 6 月 8 日林向榮帶兵與戴戰在城下交戰，擊潰戴軍，才解了嘉義之圍。〔註 229〕

> 要攻嘉義城大哥上蓋興、鱸鰻嬌、鱸鰻丁、鱸鰻大哥人上有、蔡龍、
> 蔡網、許輋份、陳貓猶、嚴仔魚、蘇界、王草湖、蕭金泉、鐘仔幕、
> 遊嵌、葉仔包、陳璉寶、陳狗母、陳登順、朱登科、賴支山、葉超、
> 陳明河、張仔草、陳蕃薯、郭天生、郭友進。

「上蓋興」，音「siōng kài hèng」，就是興致勃勃、十分期盼的意思。這裡是說戴軍對進攻嘉義城鬥志高昂，火力全開的意思。

「鱸鰻」，音「lô-môa」，就是流氓，台語稱無業又好滋事的人為「鱸鰻」。「鱸鰻嬌、鱸鰻丁」都是人的外號，「鱸鰻丁」或許就是「鰻魚寮」「黃丁」〔註230〕的外號，因為台語稱「鰻魚」為「鱸鰻」。「鱸鰻大哥人上有」應當是說戴軍出自「鱸鰻」（流氓）的大哥人數最多；或者，是說來自「鰻魚寮」的大哥為數最多。

這一段列出一堆大哥人名，但是只有「陳狗母」見載於統治論述。據林豪記載，陳狗母可能是茄投（又寫為「葭投」，在今台中縣龍井鄉龍西村）人，他在同治 1 年（1862）3 月底加入戴軍，稱為「將軍」，並於陳鮪、陳梓生、趙戇、劉安等人，佔據茄投大肚溪。〔註231〕

> 豆菜井大哥陳得勝上蓋好、諸羅山南門街大哥賴仔葉、黃仔母。
> ——黃仔母無路用、
>
> 賴溪厝賴大頭、蔡四正、這二人數來同起居。諸羅山北門街大哥雜
> 透流。鹹魚成、章再生、童乩英、李仔智、上尾口新店尾大哥黃貓
> 狗。——黃貓狗有主意、

「豆菜井」應為地名，「豆菜」就是「豆芽菜」，應是古代以井水蔭植豆菜，

〔註229〕本段文字，詳見林豪《東瀛紀事》，pp.25～27。

〔註230〕鰻魚寮黃丁在同治 1 年（1862）5 月加入戴軍陣營，見吳德功《戴案紀略》，《吳德功先生全集：施案紀略、戴案紀略、讓台記》（南投：臺灣省文獻會，1992.5.31），p.18。

〔註231〕見林豪《東瀛紀事》，p.6。

因此該地被稱爲「豆菜井」。〔註232〕「上蓋好」就是最好的意思。「諸羅山」是嘉義市的舊名。「無路用」就是沒有能力。「賴溪厝」不知在今何處，嘉義市有一「大溪厝」，台中市有一「賴厝」。「同起居」是說「從小一起長大」。〔註233〕「透流」，音「thàu-lâu」，就是「烏合之眾」。〔註234〕

「上尾口」也許是地名，不詳。「新店尾」在今嘉義市中正路與忠義街交叉路口。〔註235〕「黃貓狗有主意」或許是說黃貓狗這個人有謀略。

> 柳仔林大哥黃萬居。黃萬居上凸風、扶出竹仔腳蕭勇、蕭義、蕭赤、
> 蕭富、蕭天風。蕭天風有主意、扶出二天姓：黃、候、陳、候宣爐、
> 候仔猛、候搭、候弄。四十七人攻諸羅有趺打。

「柳仔林」在今嘉義縣水上鄉柳鄉村。「上凸風」音「siōng phòng-hong」就是「最誇口」〔註236〕。「竹仔腳」在今台南縣鹽水鎮竹埔裏。「諸羅」是嘉義市的舊地名。「趺打」音「シヤッバ」、「sòa-phah」，就是「奮勇」的意思。〔註237〕

這一段列出的大哥姓名，只有「黃萬居」被記載於統治論述。據林豪《東瀛紀事》：同治1年（1862）4月，柳仔林黃豬羔，召集柳仔林黃萬基、黃大戇等人，攻打嘉義縣城。〔註238〕

7. 天地會眾進攻大甲城〔註239〕

〔註232〕在基隆市有一「豆菜井」，但是本處所指的「豆菜井」應當不在基隆市。據「彰化縣和美鎮柑井裏鄉情網」：「豆菜井」「位在基隆市義民裏市立體育館和信二路74巷住家之間。義民裏在清代、日治初期，屬田寮港莊所轄，昭和6年屬幸町轄，民國35年，行政區域調整，幸町分爲三裏，本裏爲其中一裏。豆菜井地名起因乃因日治時期即有人在此利用一口井陰豆菜，故稱豆菜井。」（http://www.gunchieng.gov.tw/name03.htm#豆菜井，2004.8.5下載）。
〔註233〕見陳憲國、邱文錫（編註）《臺灣演義》（臺北：樟樹出版社，1997.8），p.139。
〔註234〕楊守愚註，見楊清池《辛酉一歌詩》（二），《臺灣新文學》v1n9（台中：臺灣新文學社，1936.11.5），p.67。
〔註235〕新店尾的介紹來自「嘉義新舊地名對照」：「中正路與忠義街交叉路口，走過蘭井街，昔日店鋪稀少，祇有新起小店鋪一、二間，過此以南皆田園空地，故名新店尾。」（http://www.fjsh.cy.edu.tw/~wz/right8-5-6.htm，2004.8.5）。
〔註236〕見廖漢臣〈彰化縣的歌謠〉，《臺灣文獻》v11n3（臺北：臺灣省文獻委員會，1960.9.27），p.30。
〔註237〕楊守愚註：「趺打：讀シヤッバ，奮勇也。」（楊清池，《辛酉一歌詩》（二），《臺灣新文學》，台中：臺灣新文學社，1936.11.5，v1n9，p.68）。又陳憲國、邱文錫編註的《臺灣演義》標音爲「soa3-phah」，改字爲「紲撲」，註：「奮勇，起勁，此時爲五月中旬。」（臺北：樟樹出版社，1997.8，p.140）。
〔註238〕詳見林豪《東瀛紀事》，p.25。
〔註239〕有關大甲的戰況以林豪《東瀛紀事》的〈大甲城守〉記載最爲詳細，因爲他

戴萬生彰化城點兵攻大甲。

要攻大甲城、大哥上蓋多、多罔多、無路用、

放置大甲城內、卜造鉛子袋、

「上蓋多」就是最多。「罔」就是雖然。「無路用」就是沒有用處，在此處指沒有能力。「置」音「tī」，就是「在」。「卜」，音「beh/boeh」，想要，打算。

「鉛子」就是「子彈。當時是散彈槍，子彈為小鉛粒組成，稱作鉛子。」

戴軍進攻大甲城（在今台中縣大甲鎮）數次，第一期是：同治1年（1862）3月18日以後到5月底，官軍與戴軍數次交戰，各有勝負。第二期是：同治1年（1862）11月10日到12月14日。第三期是同治2年（1863）1月13日到18日。以彰化城為起點，進攻大甲城是戴軍勢力往北拓展的重要據點；同時，嘉義城，是勢力向南方伸展的重要據點。攻大甲城的第一期與第二期的主導大哥是戴潮春（戴萬生），第三期則是林晟（戇虎晟、林晟）。〔註240〕

「放置大甲城內、卜造鉛子袋」，或許是說戴軍在大甲城內暗藏火藥，打算製作子彈。但是從前兩句「多罔多、無路用」，可見這一做法沒有達成什麼效果。據林豪記載：同治1年（1862）5月21日，正當兩軍交戰之際，戴軍火藥桶失火，因而被官兵擊敗。5月26日，「鎮瀾宮神降乩云：『今夜大難』，隨當空降書符以壓之。是夜四更，賊潛至南門，暗藏火藥，火發，城垣大震，忽大雨；乃息。」〔註241〕或許歌仔所唱的情節就是指此事。

林龜想、惡虎晟攻大甲、惡虎城頭陣跌落馬、爬起來頹頹頹。城樓頂

管府格惡話：「我這大甲石頭城、不驚四塊厝大哥林惡晟、數起來三

條巷、只驚大埔心姓陳大哥啞口弄。」

「林龜想」不知是不是人名，不詳。「惡虎晟」就是戇虎晟（林晟、林晟）（～1864），彰化縣涑東堡四塊厝（今台中縣霧峰鄉四德村）人。「頭陣」就是先鋒。「頹頹頹」就是十分垂頭頹氣的意思。〔註242〕

自同治1年（1862）7月從內地來到淡水，寄居竹塹林占梅家中。（林豪，《東瀛紀事》，pp.19～24。）

〔註240〕林豪《東瀛紀事》〈大甲城守〉：「戴逆之遁歸也，已無復北意，而偽丞相莊天賜議先取大甲，次陷嘉義，二城既得，然後長驅犯郡城，戇虎晟從之。」（p.23。）

〔註241〕詳見林豪《東瀛紀事》〈大甲城守〉，pp.21～22。

〔註242〕楊守愚註：「頹：讀罪。頹喪也。」（楊清池，《辛酉一歌詩》（二），《臺灣新文學》，台中：臺灣新文學社，1936.11.5，v1n9，p.68）。又陳憲國、邱文錫編註的《臺灣演義》標音為「thoe7」，註：「頹頹頹，神智不清楚。」（臺北：樟樹出版社，1997.8，p.141）。

「頂」就是上面，「管府」是指主事者，這裡可能是指淡水廳候補同知王楨，當時由他領軍應戰。而，淡水廳同知鄭元傑在 1 月 8 日就先逃離大甲城了。「格岺話」就是口出狂語。

「大甲石頭城」於道光 7 年（1827）興建，城壁長達 510 丈，牆高二丈。〔註243〕「不驚」就是不懼怕。「數起來」就是算起來。「大埔心」應是「小埔心」之誤，陳弄（～1864），外號啞口弄，為小埔心人。

這一段所唱的情節，應當是發生在同治 2 年（1863）1 月 13 日到 18 日之間的史事。1 月 13 日林晟與官兵在「磁磘莊」交戰，官兵敗退。1 月 18 日，林晟登鐵砧山（位於今台中縣大甲鎮的東北角，大安溪下游南岸），在山上的國姓井祝禱，隨後進攻社尾莊，林晟被官兵以砲擊中，折斷兩顆牙齒，於是敗逃。退回彰化縣四塊厝，不再攻大甲。〔註244〕

8. 天地會眾進攻嘉義城，林鎮台困守嘉義城

> 啞口弄攻諸羅上艱苦。頂縣戴萬生彰化嗆飯三通鼓。戴彩龍攻諸羅嗆大條蕃薯脯。廖陳金出門總是花查某。── 無人知、腳手出來講 ── 下沙裏大哥陳仔訪。

「啞口弄攻諸羅上艱苦」這一句話順大甲城管府的話，轉到正在參攻打嘉義縣城的陳弄（～1864），這句話指出陳弄攻打諸羅，久攻不下，十分辛苦。陳弄在同治 1 年（1862）4 月到 6 月 8 日參與攻打嘉義縣城，久攻不下。同年 9 月到隔年（1863）2 月 12 日，又再度參與攻打嘉義城，仍然只能包圍嘉義城，後來敗逃。〔註245〕

「嗆飯」，音「chhèng png」，炒煮飯菜。「三通鼓」，就是「吃飯前先鳴鼓三通，這是前人武官的開飯的規矩，戴萬生依例實行，表紀律嚴明。」〔註246〕

「戴彩龍攻諸羅嗆大條蕃薯脯」，同治 1 年齡 1862）4 月戴彩龍（戴雲從）

〔註243〕「由於閩粵或漳泉械鬥頻繁，又因大甲街市地位日漸升高，道光 7 年（西元 1827 年），仕紳籌資興建大甲石堡。該石城以不規則圖形環繞市街，城壁長達 510 丈，牆高二丈。城壁以卵石堆積，並塗以石灰混合黑糖及米餅之漿，牆上能站立士兵守望。夜晚則宿於其上。城牆有四門。」資料引自：大甲鎮公所〉大甲簡介〉歷史沿革〉日據前大甲市街之形成（http://www.tachia.gov.tw/Chinese/aboutus/aboutus.htm，2004.8.5）。

〔註244〕詳見林豪《東瀛紀事》〈大甲城守〉，pp.23～24。

〔註245〕詳見林豪《東瀛紀事》〈嘉義城守〉，pp.25～29。

〔註246〕「三通鼓」的解釋引自陳憲國、邱文錫（編註）《臺灣演義》（臺北：樟樹出版社，1997.8），p.143。

率眾進攻嘉義，但是嘉義城一直無法攻下，從 4 月到 6 月 8 日，只能包圍嘉義城，最後被臺灣鎮總兵林向榮擊退。「嗆大條蕃薯脯」是說「軍餉短缺，生活艱苦。」〔註247〕

「廖陳金」不知是何人。「花查某」就是調戲女人。「——無人知、腳手出來講——」是「花查某」的補充說明。「腳手」是「下腳手人」的省略，台語稱部下、手下爲「下腳手人」。意思是說：廖陳金是一個喜歡調戲女人的人，本來人家不知道他有此嗜好，因爲他的手下說出來，大家才知道。〔註248〕

「下沙裏」或許是地名，「陳仔訪」不知是何人。

　　眾大哥大家有主意、大眾要攻諸羅一城池。攻到五月十一冥地大動。
　　紅旗夯超超、少年家勃勃投、戰鼓叮噹喊、人馬一困咻、一困去、
　　咻到諸羅山東門來爲止。好大膽倒梯移起去。城樓頂官府就看見、
　　大小銃打下多完備。

「五月十一冥地大動」應當就是指同治 1 年（1862）5 月 11 日晚上，大地震，嘉義縣城牆倒塌數丈，西門外土牆也倒塌，百姓趁夜運木石修補城牆。〔註249〕

「紅旗」，戴軍軍旗爲紅色。「夯」，音「giâ」，將物品舉高。「超超」，音「chhiau-chhiau」，此處形容紅旗高舉，顯得氣勢十足。〔註250〕「少年家勃勃投」顯示攻城的人多是意氣昂揚的年輕人。「勃勃投」，音「pùt-pùt-tâu」，就是「踴躍」〔註251〕，「摩拳擦掌，爭先恐後。」〔註252〕「咻」音「hiu」，大聲吶喊。「一困咻、一困去」，就是邊呼喊邊前進。「諸羅山」是嘉義縣城舊地名。

「倒梯」就是雲梯。〔註253〕「移起去」，就是將雲梯移放到嘉義縣城牆

〔註247〕「嗆大條蕃薯脯」的解釋引自陳憲國、邱文錫編註的《臺灣演義》，但該書將「嗆」誤寫爲「食」。（臺北：樟樹出版社，1997.8，p.143）。
〔註248〕「無人知、腳手出來講」的解釋引自陳憲國、邱文（編註）《臺灣演義》（臺北：樟樹出版社，1997.8），p.143。
〔註249〕詳見林豪《東瀛紀事》〈嘉義城守〉，p.25。
〔註250〕楊守愚註：「超鈔：刺慶切。有勁也。」（楊清池，《辛酉一歌詩》（二），《臺灣新文學》，台中：臺灣新文學社，1936.11.5，v1n9，p.68）。又陳憲國、邱文錫編註的《臺灣演義》改寫爲「抄抄」，標音爲「chhau-chhau」，註：「夯抄抄，飛揚不已。指旗幟飛揚。」（臺北：樟樹出版社，1997.8，p.144）。
〔註251〕安中註：「勃勃投：踴躍也。」（楊清池，《辛酉一歌詩》（二），《臺灣新文學》，台中：臺灣新文學社，1936.11.5，v1n9，p.68）。
〔註252〕見陳憲國、邱文錫編註的《臺灣演義》，標音爲「put8-put8 tau5」（臺北：樟樹出版社，1997.8，p.144）。
〔註253〕安中註。（楊清池，《辛酉一歌詩》（二），《臺灣新文學》，台中：臺灣新文學

上，準備攻城。「多完備」就是剛剛好、正好。

「好大膽倒梯移起去。城樓頂官府就看見、大小銃打下多完備。」從三句看來，可見嘉義縣城不容易攻進，但是此後嘉義城被戴軍團團圍困，直到6月8日，臺灣鎮總兵林向榮率官軍擊退攻城的戴軍，嘉義城才得以解圍。

> 黃豬哥蓋龜精、喝搶西門街、得著錢。心肝雜統統、要叛不敢講、
> 一手人馬點去依布總。

「黃豬哥」或寫為「黃豬羔」，柳仔林（今嘉義縣水上鄉柳鄉村）人。「蓋」，就是最。「龜精」是說他鬼靈精怪，心術不一。〔註254〕

「心肝雜統統」是說心情很複雜。「要叛不敢講」是說黃豬哥搶夠錢之後，想要背叛戴軍，轉投官兵，但是不敢明講。「一手人馬點去依布總。」是說黃豬哥先派遣他的一部分手下去投降官兵。「一手」應該是一部分的意思。「布總」，不知為何人，但「布」應是姓，「總」應是官銜簡稱，如「千總」、「百總」、「把總」，屬中階武官。

> 黃豬哥、吳仔墻蓋生神、相招叛二林。叛了都完備。走出南門外合
> 那嚴辦幹生死、一手人馬駐紮柳仔林安身己。二人有主意、走到鹽
> 水港、向林鎮臺領白旗、順勢炁林鎮臺出來救城市。一困炁、一困去、
> 炁到南門朱子祠、遇著紅旗溜營剛即離。黃仔房、林仔義二人不驚
> 死、現此時同日置做忌。

「吳仔墻」已見前面歌詞，就是「吳墻」，又名「吳志高」（1826～1880）。在戴軍反抗之初，吳墻也加入戴軍。林豪《東瀛紀事》指出吳墻在同治1年（1862）5月因為不敵官兵，於是「請降」。〔註255〕但是，吳德功卻認為：吳墻「當戴逆勢熾，佯倚之，賊封為將軍。及林鎮出師，為運糧，助官軍，解嘉義初次之圍。」還讚賞他「智力誠過人矣。」〔註256〕

「生神」，音「lān-sîn」。「蓋生神」，就是「最歹」〔註257〕。

「二林」。

社，1936.11.5，v1n9，p.69）。

〔註254〕陳憲國、邱文錫編註的《臺灣演義》認為「黃豬哥」就是「黃萬居」，p.25。

〔註255〕見林豪《東瀛紀事》（臺灣銀行經濟研究室/編，臺灣文獻史料叢刊第七輯，p.26）。

〔註256〕詳見吳德功《戴案紀略》，《吳德功先生全集：施案紀略、戴案紀略、讓台記》（南投：臺灣省文獻會，1992.5.31），p.34。

〔註257〕見廖漢臣〈彰化縣的歌謠〉，《臺灣文獻》v11n3（臺北：臺灣省文獻委員會，1960.9.27），p.31。

「走出南門外合那嚴辦幹生死」，「嚴辦」也是參與攻嘉義城的大將。「合」音「kap」，和。「幹生死」就是拼個你死我活。這一句是說黃豬哥與吳墻聯合背叛戴軍，反過來，協助官兵與嚴辦火拼。

同治 1 年（1862）5 月 9 日以後，臺灣鎮總兵林向榮逃到鹽水港，重新整頓軍隊。黃豬哥與吳墻投降林向榮。〔註258〕「向林鎮臺領白旗」就是投降官兵，因為官兵旗幟是白色。

「順勢」就是順便。「焉」音「chhōa」，帶領。「救城市」是指出兵嘉義，以解嘉義城之危。「遇著紅旗溜營剛卽離」，是說正好遇到戴軍棄營撤退不久。「剛卽」就是剛才。

「黃仔房」就是黃房，是戴軍的股首。他在同治 1 年（1862）6 月 8 日，在嘉義縣城下與官兵交戰，敗戰被捉。〔註259〕「林仔義」，不知是何人，應與黃房一同作戰，被官兵所捉。「現此時」，現在。「置」，音「tī」，在。「做忌」，在死者忌日，祭拜死者。由此可知，黃仔房，林仔義都被官兵所殺。

9. 林鎮台躲在嘉義被百姓恥笑

林鎮臺紮諸羅、六月起、紮到八月止。

> 廚房上街去買菜、聽著街頭巷尾百姓置偷會：「林鎮臺府內敢是無可
> 喰？頂縣有紅旗、不敢去：駐站諸羅山拿人損番頭、渡飽過日子。」
> 廚房聽著面仔紅炬炬、不敢來應伊。走返來、給了鎮臺說透機：「我
> 今下街去買菜、聽著街頭巷尾百姓置偷會：『林鎮臺府內無可喰、頂
> 縣有紅旗不敢去、駐紮諸羅山扐人損番頭、渡飯過日子。』」

「林鎮臺紮諸羅、六月起、紮到八月止。」據林豪記載，林向榮從同治 1 年（1862）6 月 8 日解除嘉義縣被戴軍包圍的危機之後，就駐軍在嘉義城內，一直到該年 7 月，因為臺灣道洪毓琛催促林向榮趕快進軍斗六門（在今雲林縣斗六市），林向榮不得已才出兵。〔註260〕所以，「紮到八月止」或許是誤記。

「偷會」就是竊竊私語。「敢」，就是可能、或許。「無可喰」就是沒得吃。「頂縣」在此指彰化縣。「駐站」的「站」，音「tiàm」，在。「損番頭」就是敲詐。「拿人損番頭」是說官兵久駐嘉義縣城，軍需都要城內富戶協助支援，形同敲詐。〔註261〕

〔註258〕詳見林豪《東瀛紀事》，p.26。
〔註259〕詳見林豪《東瀛紀事》，p.26。
〔註260〕詳見林豪《東瀛紀事》，pp.26～27、30。
〔註261〕「拿人損番頭」的解釋見陳憲國、邱文錫編註的《臺灣演義》（臺北：樟樹出

「聽著」，就是聽到。「面仔紅炬炬」是說因為羞愧而臉紅不已。「應伊」，就是回答他。「走返來」就是跑回去。「說透機」就是說清楚。

透過這一段買菜被嘲笑的情節，可見嘉義縣城百姓對臺灣鎮總兵林向榮，不僅不看在眼裡，還頗有怨言。據林豪記載：「林鎮駐師嘉義，欲就地捐派，聲息頗達於郡垣。」〔註262〕「就地捐派」就是請嘉義城居民捐錢提供軍餉及所需，「郡垣」指的是臺灣府城。

10. 林鎮台再次出兵進攻戴軍

> 林鎮臺聽著氣沖天、就召黃飛虎、林有材二人來參詳、來商議。令
> 即「點兵就來去、不可在這諸羅山、百姓傳名合說聲。」

「黃飛虎」或許就是「王飛琥」、「林有材」或許就是義首「林有才」。據林豪記載：林有才、王飛琥是協助林向榮進軍嘉義縣城的前鋒。

「百姓傳名合說聲」是說讓百姓在背後污蔑恥笑和製作惡名聲。「合」，音「kap」，和。

> 黃林二人有主意、點兵就齊備、傳令就起行、來到石龜溪、猴糞溝、大丘園來為止。

> 林鎮臺傳令要紮營、說叫先生羅經排落去。排了離、離遠遠一個囝仔嬰置喝喊：「先生慢且是、這園是我的、要做風水、葬別處、即合理。」

> 林鎮臺聽者氣沖天：「咱是要來紮大營、將咱做風水來計議、吉兆極呆上無比！」

> 說叫先生羅經來收起。

「石龜溪」，位在今嘉義縣與雲林縣的交界。「猴糞溝」，不知是何處。「大丘園」，今嘉義縣民雄鄉大崎村有「大丘園」這個傳統聚落，或許就是指此處。據林豪記載，同治1年（1862）7月臺灣道洪毓琛催促林向榮往北進軍時，有人建議林向榮：「臺灣大勢，內山皆漳，海口皆泉。今漳人方附賊仇泉，若由海口進兵，則泉人爭起為官，勝氣百倍。況就地購糧，可省轉運虛費，尤策之便者。」但是，林向榮仍棄走海口，而走靠近內山的路線。從地圖上來看，「石龜溪、猴糞溝、大丘園」應該在今嘉義縣民雄鄉、溪口鄉、雲林縣鬥南

版社，1997.8，p.147）。

〔註262〕見林豪《東瀛紀事》，p.27。

鎮附近，離山區較近，離海很遠。「大丘園」又寫為「大坵園」，有兩個地方有舊地名「大坵園」：一是今日台南縣新化鎮礁坑里〔註263〕，二是今是台南縣龍崎鎮土崎村。〔註264〕

　　「呌」，音「kiò」，叫。「羅經」，就是預測風水方位的羅盤。「落去」，就是下去。「排了離」，就是排好了。「囝仔嬰」，就是小孩子。「置喝喊」，就是在呼喊。「慢且是」就是且慢。「要做風水」這裡指為死人挑選方位好的墓穴安葬。「即合理」的「即」，音「chiah」，才。「咱」，音「lán」，我們。「吉兆極呆上無比」是說這是一個再壞不過的凶兆。

　　林向榮可能因為在 5 月時差點丟了命，而變得更加依賴風水與預兆。

11. 鎮台在斗六被包圍自殺未遂，被陳弄斬頭

　　　傳令更再征、更再去、征到斗六來為止。被那張、廖大哥圍齊備。

「更再征」，音「kok chài cheng」，就是再度往前進軍。「斗六」在今雲林縣斗六市。「圍齊備」就是團團圍住。據林豪記載：同治 1 年（1862）7 月，臺灣道洪毓琛要求臺灣鎮總兵林向榮進軍斗六門，林向榮只好在糧餉不足情形下，揮淚出征。抵斗六門時，林向榮打算駐軍斗六門街中都司衙。當時副將王國忠建議：「屯城外則聲援可通，屯街中如鼠入穴底，賊若四面合圍，何以禦之？」但是，林向榮不聽建言。不久，劉阿屘（劉阿妹）率嚴辦、陳弄、許豐年等聚眾數萬人包圍斗六門，糧道也被截斷，林向榮與數千名士兵坐困愁城。〔註265〕

　　　你知張、廖大哥有多少？數起來三十連七個：

　　　廖清風、廖大耳、大肚萬有主意、廖仔黎、廖鰂兼、廖厲、廖有于、

　　　阿糞醜、廖談、大舌寬、豎紅旗就喝是。

這一小段列舉戴軍中攻打斗六的廖姓大哥，「廖有於」或許就是「廖有譽」，「涑東」（在今台中縣豐原市附近）人。〔註266〕「廖談」是戴軍的將軍，西螺人（在今雲林縣西螺鎮），廖談的妻子蔡邁娘比他來兇悍。在同治 2 年（1863）12 月，戴潮春落如官兵手中之後，西螺人也將廖談夫妻綑綁，送到寶斗（北斗）（在

〔註263〕見國史館臺灣文獻館採集組（編輯）《臺灣地名辭書：卷七台南縣》（南投：國史館臺灣文獻館，2002.12），p.371。
〔註264〕見國史館臺灣文獻館採集組（編輯）《臺灣地名辭書：卷七台南縣》（南投：國史館臺灣文獻館，2002.12），p.393。
〔註265〕詳見林豪《東瀛紀事》〈斗六門之陷〉，pp.30～31。
〔註266〕見林豪《東瀛紀事》，p.7。

今彰化縣北斗鎮），被捉之前廖談打算投降官府，妻子教訓道：「勢敗而背人，非信也。審死於紅旗下，始瞑目耳！何爲束手受戮乎？」後來兩人同被官兵所捉，蔡邁娘對官兵說：「謀逆之事，皆己所爲，與夫無與。」兩人便被臺灣道丁曰健斬首示眾，屍體暴曬多日，蔡邁娘死不瞑目，後來有人用紅旗覆蓋她的臉，眼睛才闔上。〔註267〕「廖厲」在同治1年（1862）9月攻下斗六之後，佔據斗六，最慢在同治3年（1864）年死亡。〔註268〕其他幾位大哥就不知其詳。

　　「豎紅旗就喝是」是說以上幾位廖姓大哥，一聽到人家立起戴軍的紅旗，就跟著加油吶喊，可見他們對戴軍的支援度。「喝」，音「hoah」，就是呼喊。

　　　溪州底張仔泉、張順治、張撬嘴、張缺嘴、張三顯、張仔天。張仔

　　天做大哥無人知、下崙仔大哥張仔開、——　張仔開頂凸風、

「溪州底」應是地名，今臺北市士林區社子島福安裏舊名「溪州底」，但是，距離雲林縣太過遙遠，也許此地在今彰化縣溪洲鄉。「下崙仔」，地點不只一處，今彰化縣竹塘鄉竹林村內有「下崙仔」，距離斗六門必較近。〔註269〕「頂凸風」，「頂」，就是最。「凸風」就是愛吹牛。

　　這一小段列舉戴軍中攻打斗六門的張姓大哥，其中「張撬嘴」和「張三顯」見於統治論述，其他幾位就不知其詳。

　　「張撬嘴」與「張竅嘴」、「張竅喉」應是同一人，音「Tiuⁿ Khiàu-chhùi」。據蔡青筠記載，「張竅嘴」是「石榴班莊」（在今雲林縣斗六市榴中、榴北、榴南三裏）人，爲戴軍的股首，他在同治1年（1862）7月，和張公毅率眾4000多人，協助戴軍，與林向榮的軍隊激戰，將林向榮逼退到斗六門內，後林向榮在街中駐軍。〔註270〕同治2年（1863）12月又率眾投降福建陸路提督林文察。〔註271〕又據林豪記載，「張竅喉」死亡時間約在戴潮春死後不久（同

〔註267〕詳見林豪《東瀛紀事》（pp.7、50），及《吳德功先生全集：施案紀略、戴案紀略、讓台記》（南投：臺灣省文獻會，1992.5.31，p.48）。

〔註268〕詳見林豪《東瀛紀事》，pp.57～58。

〔註269〕詳見「彰化縣竹塘鄉公所全球資訊網〉咱的村裏〉竹林村」：「下崙仔：位於本村西南方，在此區域昔日沙崙特別多，因聚落位置本村之南方，戶數不多，因而取地名。」（http://www.chutang.gov.tw/0725010.html，2004.8.6參考）。

〔註270〕詳見蔡青筠《戴案紀略》（臺灣文獻叢刊第206種，臺灣銀行經濟研究室/編印，臺北：臺灣銀行/發行，1964.11，p.26）。

〔註271〕詳見蔡青筠《戴案紀略》（臺灣文獻叢刊第206種，臺灣銀行經濟研究室/編印，臺北：臺灣銀行/發行，1964.11，p.53）。

治 2 年（1863）12 月 21 日以後）。〔註272〕據林豪記載，「張三顯」是「七十五莊大姓」，而吳德功與蔡青筠則說他是「七十二莊總理」。〔註273〕

　　戴萬生轅門鬍鬚東、——鬍鬚東上格空、

　　洪仔花軍師柯大邦、——柯大邦無路用、

　　廖談正先鋒、臭頭高主生、——高主生頂溜鄙、西螺囝仔大哥名阿

　　喜、阿喜做大哥上蓋賢、茄苳仔腳薛蟑蜞、李龍溪、

「轅門」在此應是指軍營或官署負責守門的官員。〔註274〕「鬍鬚東」應是人的外號，其人不詳。「上格空」就是最會作威作福。〔註275〕這裡應該是說鬍鬚東這個人仗著戴潮春的勢力，盛氣淩人。「頂」與「上」都是「最」的意思。「溜鄙」，音「liù-phí」，就是「鬼計多端」。〔註276〕「囝仔大哥」的「囝仔」音「gín-á」，就是小孩，這裡是說這位大哥年紀很小。「上蓋賢」就是最厲害，「賢」音「gâu」，就是厲害。「茄苳仔腳」是地名，或稱為「茄苳腳」，臺灣有多處地方以此為名，離斗六較近的有：今雲林縣大埤鄉嘉興村〔註277〕、今彰化縣花壇鄉〔註278〕、今台南縣西港鄉西港村〔註279〕。「柯大邦」、「高主生」、

〔註272〕見林豪《東瀛紀事》（臺灣銀行經濟研究室/編，臺灣文獻史料叢刊第七輯，p.50）。

〔註273〕詳見林豪《東瀛紀事》（臺灣銀行經濟研究室/編，臺灣文獻史料叢刊第七輯，pp.45～46），《吳德功先生全集：施案紀略、戴案紀略、讓台記》（南投：臺灣省文獻會，1992.5.31，p.48），及蔡青筠《戴案紀略》（臺灣文獻叢刊第 206 種，臺灣銀行經濟研究室/編印，臺北：臺灣銀行/發行，1964.11，p.53）。

〔註274〕楊守愚註：「轅門：守門官。中軍也。」（楊清池，《辛酉一歌詩》（二），《臺灣新文學》，台中：臺灣新文學社，1936.11.5，v1n9，p.71）。

〔註275〕陳憲國、邱文錫註：「格空，作威作福。」標音為「kek-khang」。（《臺灣演義》，臺北：樟樹出版社，1997.8，p.152）。

〔註276〕陳憲國、邱文錫註：「溜鄙，鬼計多端。」標音為「liu3-phi3」。（《臺灣演義》，臺北：樟樹出版社，1997.8，p.153）。

〔註277〕見教育部「學習加油站〉鄉土教材資源〉雲林縣地區〉雲林縣揚子國中〉雲林縣鄉土教材〉補充教材〉認識雲林〉古蹟篇〉追根究柢探地名〉大埤鄉」：「大埤鄉嘉興村舊名為"茄苳腳"。明末清初，大陸來臺的劉‧蔡‧謝三氏族人遷入此地，並定居下來。由於此地原有二棵高大的茄苳樹，因此，三氏族人將此地取名為"茄苳腳"。目前茄苳樹還在，樹齡約三百多年，枝葉茂密。光復後，茄苳腳和鄰近部落"部前寮"合併為一村，並更名為嘉興村。如今，劉‧謝二姓仍為本村之大族，蔡姓子孫則因遷居外地，已漸式微。」（http://content.edu.tw/local/unlin/yanzi/main.htm，2004.8.6 參考）。

〔註278〕見「彰化縣花壇資訊服務網〉話說花壇鄉〉歷史沿革」：「地名之稱為茄苳腳。其由來乃為今（花壇村福延宮前）之南邊有茄苳古樹蒼萃繁茂。故取名為茄

「阿喜」、「薛蟑蟖」與「李龍溪」，其人不詳。「廖談」已見前一小段。

「洪仔花」就是「洪花」，是彰化縣北勢湳（在今南投縣草屯鎮，近烏溪）人，他的兄長「洪叢」在同治 1 年（1862）3 月底加入戴軍，封為元帥，他們家族本是地方的大地主。〔註280〕洪花在同治 1 年（1862）9 月攻下斗六之後，與黃豬羔、陳弄、嚴辦、呂梓、廖有譽、廖談等人率眾再度圍攻嘉義，他的妻子也在陣前督戰。

> 李龍溪有主意、就共周仔賊說透機：「林鎮臺被咱一日圍過一日天、
> 竝無糧草好入去、通批南路遁勇來到此。」
>
> 八個遁勇來完備、「大哥召我兄弟啥代誌？」
>
> 眾大哥就講起：「林鎮臺被我一日圍到一日天、也無糧草可入去、
> 給恁遁勇通相知、教伊溜、就好去、營地厚我即合理。」
>
> 八個遁勇聽一見、不敢來延遲、走入大小營大家相通知。
>
> 來到大營給了林鎮臺說透機：「咱這營內無糧草、溜營就來去、營地
> 放厚伊。」

「共周仔賊說透機」，就是向周仔賊講清楚。「共」音「kā」。「透機」，音「thàu-ki」，就是清楚明白。

「竝無糧草好入去」，「竝」，並。因為斗六被團團圍住，糧道被戴軍佔據。「通批南路遁勇來到此」是說寫信給南路的臺灣屯勇，請他們到戴軍軍營中商議事情。「通批」就是寄信。「遁勇」就是「屯勇」，音「tūn-ióng」，是協助官兵的臺灣鄉勇。「啥代誌」就是什麼事情。「代誌」就是事情。「營地厚我即合理」，是說林向榮應該放棄斗六門，將此地讓給戴軍才合理。「厚」，音「hō」，給。「即」，音「chiah」，才。

據林豪記載，同治 1 年（1862）8 月，臺灣道洪毓琛派參將陳國詮帶餉八千餘元，送達斗六門。塗庫（今雲林縣土庫鎮）義首陳澄清也多次殺開血路，運米到斗六門。臺灣道洪毓琛又派守備許黃邦帶餉銀一萬兩，在柳仔林（今

荅腳。」（http://www.chhg.gov.tw/chhgtown/town04/twnb1.asp，2004.8.6 參考）。

〔註279〕見「台南縣西港國民中學〉教學資源〉西港鄉土教材〉小地名之探索〉西港仔」：「茄荅腳：此地有一茄荅樹而得名，現為樹王公廟之廟址處。此茄荅腳和瓦厝內此二小地名，平常鮮少使用，除非有插手『神明事』，因和刈香之五角頭有關，所以年青一輩已漸淡忘。」（http://www.sgjh.tnc.edu.tw/~bamboo/place/splace.htm，2004.8.6 參考）。

〔註280〕參見林豪《東瀛紀事》，pp.6～7。

台南縣水上鄉柳鄉村）就被黃豬羔搶走。林向榮坐困愁城，殺戰馬而食，軍士「探樹子煮鞋皮爲食」。同治1年（1862）9月，「副將王國忠請協力殺開一路，退守海峯崙以就糧。」9月17日夜晚，王國忠帶部下衝峰突圍，力戰後，被戴軍所殺。「屯番把總潘永壽、外委劉金彥久與賊通，見國忠失利，遂引賊入城，密約髮上插香者不殺。」〔註281〕

> 林鎮臺聽著氣沖天、「連這遁勇也已叛了離！總是生命著來死、免被大哥扐去受淩遲。」

> 買要一丸阿片煙、提便便自盡大先死、方免紅旗手頭錯誤受淩遲。八個遁勇就看見、看見林鎮臺吞煙置要死、布帆拆下來、緊緊就扛去。

> 近來看、親像物、遠來看、親像呆子豬罟籠大豬。一困扛、一困去、扛到斗六媽祖宮、剩了一條的氣絲。

> 哑口弄看一見、板尖刀就拔起、屁股破落去、五孔紅紅有可比、可此米粉漏的一理。頭殼給伊割了離、順勢給伊就題詩。題有四句詩：
> 「五祖傳來一首詩、不能露出這根機、多望兄弟來指教、記憶當初子醜時。」

這一小段描述同治1年（1862）9月17日夜晚以後，臺灣鎮總兵林向榮臨死前所發生的事情。

「連這遁勇也已叛了離！」就是說臺灣當地協助官兵的屯勇也都叛變了。據林豪記載：「林鎮軍嘗於水口被賊所圍，有良馬名五魁者，騎以脫難。及困守斗六門，糧道斷絕，乃殺而食之。時有屯番欲乞其餘，不可得，遂叛應戴逆焉。」由此可見，林向榮對臺灣屯勇無法同甘，於是屯勇也不願與林向榮共苦。〔註282〕

「總是生命著來死、免被大哥扐去受淩遲。」是說反正就要死了，不如自殺，以免被戴軍的大哥捉去，被虐殺而死。「買要一丸阿片煙」是說買了一粒鴉片煙丸。「提便便自盡大先死」，是說順手就自己了斷生命。「方免紅旗手頭錯誤受淩遲」的「方免」就是免得，「紅旗手頭」指的是戴軍中的大哥手中。這首歌中指出林向榮是因爲不願被敵人淩虐至死，才吞食大量鴉片自殺。據林豪記載，「向榮久患足疾，乃仰藥死。」〔註283〕指出林向榮是因爲雙腳不良

〔註281〕見林豪《東瀛紀事》，pp.30～31。
〔註282〕見林豪《東瀛紀事》〈叢談（上）〉，p.57。
〔註283〕見林豪《東瀛紀事》（臺灣銀行經濟研究室/編，臺灣文獻史料叢刊第七輯），

於行，才會服毒藥自殺。

「置要死」是說就快要死去。「呆子豬罟籠大豬」的「呆子」「指宵小之徒」，「豬罟」音「ti-kô」，是裝豬的籠子。「籠大豬」的「籠」作動詞，音「lam」，指關進豬籠。〔註284〕「大豬」是在諷刺林向榮，可見，林向榮的身材大概挺胖的。「近來看、親像物、遠來看、親像呆子豬罟籠大豬。」描寫林向榮死前被扛在擔架上的醜態。

「媽祖宮」就是媽祖廟。「剩了一條的氣絲」是說林向榮已經奄奄一息。「啞口弄」就是小埔心（在今彰化縣埤頭鄉）的陳弄。「板尖刀」是「刀面寬廣的尖刀，殺豬專用」。〔註285〕「屁股破落去」是說將林向榮當做豬來宰殺，用刀從他的屁股剖下去。「五孔紅紅」是說「皮開肉綻，露出鮮紅血肉。」。「有可比」是說「有一個東西可以比擬」。「米粉漏的一理」，「米粉漏為擠壓抽取米粉絲的篩板，有密密麻麻的洞孔讓米粉流出。」「一理」是指一樣的模子，意指皮肉千瘡百孔。〔註286〕

「頭殼給伊割了離」是指將林向榮的頭割下來。「順勢」就是順便。

「五祖」，據林豪記載，為天地會主要祭拜的神明，又稱為「洪英」。〔註287〕

「這根機」不知為何意。

「子醜時」就是「子丑時」，為時辰，子時在現代的晚上 12 點到凌晨 1 點，丑時在現代的凌晨 2 點到 3 點。子醜時也許是林向榮被宰殺的時間。

從這一小段看來，這首歌仔的創作者對林向榮極盡諷刺。

同治 1 年（1862）8 月 28 日清穆宗降旨，將林向榮暫行革職，因為他「遷延不進，坐耗餉需」；但仍要求他平亂立功。〔註288〕在該年 12 月 21 日，清穆

pp.30～31。

〔註284〕「呆子豬罟籠大豬」引用陳憲國、邱文錫註（《臺灣演義》，臺北：樟樹出版社，1997.8，p.156）。

〔註285〕「板尖刀」引用陳憲國、邱文錫註（《臺灣演義》，臺北：樟樹出版社，1997.8，p.157）。

〔註286〕「五孔紅紅有可比、可此米粉漏的一理」引用陳憲國、邱文錫註（《臺灣演義》，臺北：樟樹出版社，1997.8，p.157）。

〔註287〕見林豪《東瀛紀事》，p.2。又楊守愚註：「五祖關係道教之教祖，但其底細未詳。」（楊清池，《辛酉一歌詩》（二），《臺灣新文學》，台中：臺灣新文學社，1936.11.5，v1n9，p.72）。

〔註288〕林向榮被革職一事，見《大清穆宗毅皇帝實錄》同治 1 年 8 月 28 日諭議政王軍機大臣等（臺灣銀行經濟研究室/編，《清穆宗實錄選輯》，南投：臺灣省文

宗又下旨恢復他生前的官職，並給予祭葬。〔註289〕

以下歌詞，從同治1年（1862）9月17日斗六被戴軍攻下後，直接跳到隔年 8 月清廷派福建陸路提督（曾兼水師提督）林文察與新任臺灣道台丁日健來臺灣平亂之後的事蹟。

（四）清廷派兵來台，戴軍失敗，戴潮春被殺

1. 林文察（林有理）回台平亂

> 林有理置唐山置做官。探聽臺灣置反亂、五人點兵過來要平臺灣。
>
> 數起來：大小曾、吳搬臺、王大人、林有理。五人置唐山、點兵就
>
> 　起行。臺灣陳大老、洪大老點兵伏山城。伏了山城多賢勉、

「林有理」就是林文察（1828～1864）〔註290〕，名文察，字密卿，諱有理，賜諡剛湣，享年37歲。林家是彰化縣阿罩霧莊望族（在今台中縣霧峰鄉甲寅村），父親是林定邦（諱開泰）（1808～1850）〔註291〕。咸豐4年（1854）5月，林文察協助官方勦平「小刀會」而擔任武職（游擊）之後，霧峰林家在地方上開始大肆擴張地盤，更加深了彼此的仇恨。咸豐9年（1959）後，林文察與林文明兄弟先後率領台勇內渡協助勦平太平天國革命軍，林文察戰功彪炳，從游擊升爲參將、副將、四川建昌鎮總兵（同治1年（1862）7月5日）、福建福寧鎮總兵（同治1年（1862）12月21日）、福建陸路提督（同治2年（1863）6月），又曾兼署福建水師提督（同治2年（1863）8月25日到10月18日）。〔註292〕「唐山」是移民海外的漢人對中國大陸的稱呼。「置做官」就是在當官。

獻委員會/印行，1997.6.30，p.31）。

〔註289〕林向榮復職祭葬一事，見《大清穆宗毅皇帝實錄》同治1年12月21日諭議政王軍機大臣等（臺灣銀行經濟研究室/編，《清穆宗實錄選輯》，南投：臺灣省文獻委員會/印行，1997.6.30，p.40）。

〔註290〕林文察生卒年見《臺灣霧峰林氏族譜》的〈先伯祖剛湣公家傳〉（林幼春撰）、〈世譜〉（臺灣銀行經濟研究室編，《臺灣霧峰林氏族譜》，南投：臺灣省文獻委員會/印行，1994.12.31，pp.116～119、239）。

〔註291〕林定邦生卒年見《臺灣霧峰林氏族譜》的〈曾祖考太封翁家傳〉（林幼春撰）、〈世譜〉（臺灣銀行經濟研究室編，《臺灣霧峰林氏族譜》，南投：臺灣省文獻委員會/印行，1994.12.31，pp.115、198）。

〔註292〕林文察升遷記載，見《大清穆宗毅皇帝實錄》（臺灣銀行經濟研究室/編，《清穆宗實錄選輯》，南投：臺灣省文獻委員會/印行，1997.6.30，pp.26、40、49～51）。又見黃富三《霧峰林家的興起──從渡海拓荒到封疆大吏（1729～1864）》（台北市：自立晚報社文化出版部/出版，1987.10，p.251）。

　　同治 1 年（1862）4 月，戴潮春與林晟帶領數萬人，合攻阿罩霧前厝莊林家，〔註293〕當時林文察、林文明率壯勇正在內地勦亂，霧峰林家差點就被戴軍攻下。同治 1 年（1862）7 月，林文察收到家族報訊，但是他剛升為四川建昌鎮總兵，不便回台，便由林文明（諱有田，字利卿，1833～1870）〔註294〕從福建「微服潛歸」，先行回到臺灣。〔註295〕同治 2 年（1863）年 8 月林文察接獲廷寄，奉命以福建陸師提督督辦臺灣軍務。〔註296〕9 月 10 日在泉州整軍待發，10 月 2 日才出發，10 月 14 日抵達鹿耳門，由安平登陸。〔註297〕

　　「大小曾」為兩人的合稱，「大曾」是「曾玉明」，「小曾」是「曾元福」。〔註298〕

　　同治 1 年（1862）5 月 13 日，福建福寧鎮總兵曾玉明帶 600 名兵力，抵

〔註293〕據林獻堂〈先伯父文鳳公家傳〉所載，林晟是在同治 1 年（1862）3 月攻前厝，當時他帶領 3 萬多人來攻，將林家團團圍住，並截斷林家水，不過，沒有提到「戴潮春」參與此役。「時莊中丁壯多從堂伯父文察公轉戰閩、浙，僅遺七十有二人，願同生死。」林文鳳率眾與林晟等日夜應戰。（詳見臺灣銀行經濟研究室編，《臺灣霧峰林氏族譜》，南投：臺灣省文獻委員會/印行，1994.12.31，pp.108～109）。

〔註294〕林文明是林定邦的次子，生平見《臺灣霧峰林氏族譜》的〈世譜〉（臺灣銀行經濟研究室編，《臺灣霧峰林氏族譜》，南投：臺灣省文獻委員會/印行，1994.12.31，p.241）。

〔註295〕林文明回台，事見《臺灣霧峰林氏族譜》的〈先伯祖剛湣公家傳〉（林幼春撰）：「七月，信使至營，先祖微服潛歸，有所布置。」（臺灣銀行經濟研究室編，《臺灣霧峰林氏族譜》，南投：臺灣省文獻委員會/印行，1994.12.31，p.118）。又見黃富三《霧峰林家的興起—— 從渡海拓荒到封疆大吏（1729～1864）》（台北市：自立晚報社文化出版部/出版，1987.10，p.239）。

〔註296〕林文察先署福建陸路提督，又因本欲接福建水師提督的曾元福在鹿港養病，同治 2 年 8 月 25 日清穆宗降旨讓林文察兼署水師提督，到同治 2 年 10 月 18 日清穆宗降旨，仍有已痊癒的曾元福接任福建水師提督。詳見《大清穆宗毅皇帝實錄》（臺灣銀行經濟研究室/編，《清穆宗實錄選輯》，南投：臺灣省文獻委員會/印行，1997.6.30，pp.48～52）。

〔註297〕關於林文察抵達臺灣的時間有 10 月與 12 月二說，登陸地點也有安平與嘉義縣麥寮（今雲林縣麥寮鄉）二說，詳見黃富三《霧峰林家的興起—— 從渡海拓荒到封疆大吏（1729～1864）》（台北市：自立晚報社文化出版部/出版，1987.10，pp.275～276）。本處採用《臺灣霧峰林氏族譜》的〈先伯祖剛湣公家傳〉（林幼春撰）：「同治 2 年 8 月，廷寄達漳，命伯祖以本官攝水師提督督辦臺灣軍務，伯祖念切維桑，十月全師安平登陸。」（臺灣銀行經濟研究室編，《臺灣霧峰林氏族譜》，南投：臺灣省文獻委員會/印行，1994.12.31，p.118）。

〔註298〕大小曾的由來見林豪《東瀛紀事》（臺灣銀行經濟研究室/編，臺灣文獻史料叢刊第七輯，p.15）。

達鹿港。曾玉明先前曾任職於彰化北協，戴潮春是他的舊屬，也曾調停前後
厝林家的恩怨，因此，他企圖招降並分化戴潮春與林晟二人，但是無效。同
治 2 年（1863）2 月，署臺灣掛印總兵。同治 2 年（1863）8 月 4 日，丁日健
接任臺灣道台，他在同治 2 年（1863）7 月 24 日所寫的〈平台藥言〉〔註299〕，
批評曾玉明到鹿港之後，「不重進攻，專重計誘；主見已錯」，此後在臺灣將
領又「節節延宕失機」。

同治 2 年（1863）4 月，記名總兵北路協副將曾元福領兵 1000 名在鹿港
登岸。7 月 12 日，奉命接任福建水師提督。〔註300〕9 月 21 日曾元福到嘉義接
福建水師提督印。

「吳撤臺」〔註301〕應該就是福建水師提督「吳鴻源」。他在同治 1 年（1862）
12 月率軍抵臺灣府城。隔年 2 月 12 日，率軍擊退戴軍，解嘉義縣城之圍。5
月 27 日，吳鴻源的粵勇一千名，因為欠餉已久，潰散，吳也因舊疾復發，在
南靖厝（今嘉義縣水上鄉）屯兵不前，直到 11 月。同治 2 年（1863）7 月 12
日，因為吳鴻源染病，清穆宗准福建巡撫徐宗幹之請，令曾元福接任福建水
師提督。〔註302〕

「王大人」不知為何人。在林豪《東瀛紀事》中有「游擊王世清」，山東
直隸人，武狀元。或許就是這位王大人。林文察在同治 3 年（1864）1 月派他
和副將林文明帶兵合攻林晟根據地四塊厝（在今台中縣霧峰鄉四德村）。同年
3 月，林文察又命他和曾元福、張世英等率軍攻打小埔心陳弄。〔註303〕

以上列舉五位從清國內地渡海平亂的官員。「五人置唐山、點兵就起行」，
聽起來好像這五個人是一起整軍同時出發的。事實上，這五個人中，除了不
詳的王大人以外，來臺灣平亂的時間先後不一，大曾曾玉明最早到，在同治 1

〔註299〕 詳見丁日健《治台必告錄》（下），臺灣銀行經濟研究室/編，南投：臺灣省文
　　　　獻委員會/印行，1997.6.30，pp.417～421。

〔註300〕 曾元福接任水師提督一事，見《大清穆宗毅皇帝實錄》同治 2 年 7 月 12 日諭
　　　　議政王軍機大臣等（臺灣銀行經濟研究室/編，《清穆宗實錄選輯》，南投：臺
　　　　灣省文獻委員會/印行，1997.6.30，pp.47～48）。

〔註301〕 楊守愚註：「撤臺：於滿清似無此種官銜，諒係誤唱。」（楊清池，《辛酉一歌
　　　　詩》（三），《臺灣新文學》，台中：臺灣新文學社，1936.12.28，v2n1，p.63）。

〔註302〕 曾元福接任水師提督一事，見《大清穆宗毅皇帝實錄》同治 2 年 7 月 12 日諭
　　　　議政王軍機大臣等（臺灣銀行經濟研究室/編，《清穆宗實錄選輯》，南投：臺
　　　　灣省文獻委員會/印行，1997.6.30，pp.47～48）。

〔註303〕 王世清的記載見林豪《東瀛紀事》（臺灣銀行經濟研究室/編，臺灣文獻史料
　　　　叢刊第七輯，pp.47～48）。

年（1862）5 月 13 日抵達鹿港；接著是吳鴻源在同治 1 年（1862）12 月抵臺灣府城。然後是小曾曾元福在同治 2 年（1863）4 月，在鹿港登岸。由於這三位武將都無法平定亂事，同治 2 年 5 月 26 日，閩浙總督左宗棠與福建巡撫徐宗幹二人會銜上奏，請朝廷讓林文察回臺灣平亂。〔註 304〕隨後，台澎兵備道洪毓琛在同治 2 年（1863）6 月 3 日摺報朝廷，指出臺灣「軍務遷延」、「兵餉匱絀」，並請朝廷再「特派大員來台督師」，「勒限滅賊」。〔註 305〕同月，洪毓琛就在臺灣府城病逝。8 月，清穆宗以吳鴻源領兵不少，卻調度無方，因而將吳「革職拏問」。〔註 306〕在同治 2 年 8 月 3 日，清穆宗下旨讓林文察以福建提督身分回台平亂。10 月 14 日林文察從安平登陸。

此外，還有一位重要官員，在此歌詞段中被遺漏，就是丁日健。同治 2 年（1863）8 月 4 日，丁日健接旨，繼任臺灣道台。9 月 9 日從滬尾（今淡水鎮）登岸，帶兵 3000 名，10 月進駐淡水廳竹塹城（今新竹市）。

「臺灣陳大老、洪大老點兵伏山城。」應當是說臺灣的官員派兵埋伏在「山城」，以協助來台官員平亂。「大老」是對官員的通稱，在道光年間刊行的《新刊臺灣陳辦歌》中，也常見此種稱法。據此，「陳大老」、「洪大老」應該都是官員。廖漢臣指出：「陳大老」就是「新任知府陳鍔」，「洪大老」就是「卸任知府洪毓琛」〔註 307〕。廖漢臣的記載可能有錯誤，因為同治 1 年（1862）3 月臺灣道台孔昭慈自殺，後由臺灣府知府洪毓琛繼任道台。同治 1 年（1862）9 月 3 日，陳懋烈接任臺灣府知府。〔註 308〕同治 2 年（1863）6 月，按察使司銜分巡台澎兵備道兼提督學政洪毓琛在臺灣府城病逝，臺灣府知府陳懋烈暫

〔註 304〕左宗棠與徐宗幹上奏一事，轉引自黃富三《霧峰林家的興起——從渡海拓荒到封疆大吏（1729～1864）》（台北市：自立晚報社文化出版部/出版，1987.10，pp.248～249）。

〔註 305〕洪毓琛上奏內容，見《大清穆宗毅皇帝實錄》同治 2 年 8 月 25 日諭議政王軍機大臣等（臺灣銀行經濟研究室/編，《清穆宗實錄選輯》，南投：臺灣省文獻委員會/印行，1997.6.30，pp.49～50）。

〔註 306〕吳鴻源革職一事，見《大清穆宗毅皇帝實錄》同治 2 年 8 月 3 日及 8 月 25 日諭議政王軍機大臣等（臺灣銀行經濟研究室/編，《清穆宗實錄選輯》，南投：臺灣省文獻委員會/印行，1997.6.30，pp.48～50）。

〔註 307〕見廖漢臣〈彰化縣的歌謠〉（《臺灣文獻》，臺北：臺灣省文獻委員會，1960.9.27，v11n3，p.33）。

〔註 308〕見《大清穆宗毅皇帝實錄》同治 1 年 9 月 3 日諭內閣（臺灣銀行經濟研究室/編，《清穆宗實錄選輯》，南投：臺灣省文獻委員會/印行，1997.6.30，pp.33～34）。

代道台一職。「陳鍔」不知是不是就是陳懋烈，在同治 2 年（1863）8 月林文察準備回台平亂時，他正擔任臺灣府知府。而洪毓琛卻已在 6 月病逝，當時他的職位是道台。「山城」不知確實地點，但應該是指靠近臺灣內山的城守。又，「洪大老」或許是另有其人，據林豪記載：同治 2 年（1863）11 月，官兵攻斗六，林文察「令四品軍功洪廷貴馳赴嘉、彰交界，聯絡 241 莊，各取結狀，飭帶先鋒隊攻破崙仔頂等莊。」〔註309〕

　　「賢勉」音「hiân-bián」，「多賢勉」就是「多所褒揚，褒揚他們盡忠職守。」〔註310〕

2. 張三顯的兄長將戴潮春獻給官府

　　　七十二莊大哥張三顯，張三顯做大哥頂靈精、伊兄張阿天得銀有三

　　　千、要獻大哥戴萬生。「賜你二粒暗藍頂、順勢插花翎。」

據吳德功與蔡青筠記載，張三顯是「七十二莊總理」；據林豪記載，「張三顯」是「七十五莊大姓」。林豪、吳德功與蔡青筠都記載，斗六被官兵攻下之後，戴潮春投靠七十二莊總理張三顯，曾元福派人去勸張三顯說服戴潮春自首，答應會仿照朱一貴、林爽文之例，押往北京 2，由朝廷治罪。丁日健出懸賞令，捉到戴潮春的人賞官五品翎頂。12 月 1 日，張三顯捉拿戴潮春送官，丁日健立即將戴潮春問斬，當晚，張三顯就強暴了戴潮春的妻子，戴妻許氏遂自殺，子女都死。〔註311〕但是，在丁日健的奏摺中，卻指出戴潮春是在同治 2 年（1863）11 月（疑為 12 月之誤寫）18 日逃匿於竹林中，被曾元福、丁日健的軍隊合力擒獲，丁日健就地將戴潮春等人「極刑處死」。〔註312〕

　　「頂靈精」就是很精明能幹的意思。「張阿天」與這首歌前面所唱的「張仔天」應該是同一人，是張三顯的兄長。

〔註309〕見林豪《東瀛紀事》（臺灣銀行經濟研究室/編，臺灣文獻史料叢刊第七輯，p.45）。

〔註310〕引自陳憲國、邱文錫編註的《臺灣演義》（臺北：樟樹出版社，1997.8，p.158）。

〔註311〕詳見林豪《東瀛紀事》（臺灣銀行經濟研究室/編，《東瀛識略、東瀛紀事、臺灣紀事、台海見聞錄（合訂本）》，臺灣文獻史料叢刊第七輯，臺灣大通書局/印行，1997.6.30，pp.44～46），《吳德功先生全集：施案紀略、戴案紀略、讓台記》（南投：臺灣省文獻會，1992.5.31，p.47～48），蔡青筠《戴案紀略》（臺灣文獻叢刊第 206 種，臺灣銀行經濟研究室/編印，台北：臺灣銀行/發行，1964.11，pp.53～54。

〔註312〕詳見丁日健〈會奏生擒東王戴萬生等剿滅巨股會匪彰屬西南大路肅清摺〉（丁日健/編著，《治台必告錄》（下），臺灣銀行經濟研究室/編，南投：臺灣省文獻委員會/印行，1997.6.30，pp.451～452。）

「賜你二粒暗藍頂、順勢插花翎」，是說捉拿戴潮春獻官的人，可以賞給官位，「暗藍頂」是官帽，官帽上還加賜「花翎」。據林豪記載：「丁道懸賞令，得戴逆者官五品翎頂。於是三顯慫恿戴逆自首，許保其孥。」〔註313〕

3. 張三顯反青旗

戴萬生獻去了、伊兄有功反無功。

紅旗起衰微、三顯生氣相招反青旗。反了都完備。

「伊兄有功反無功」是說張三顯的兄長張阿天理當受獎賞，但是實際上卻沒有得到應有的獎賞。據林豪記載：「先是張三顯執送戴逆，自以功大賞薄，頗懷怨望，遂謀不軌。」〔註314〕如前所述，《辛酉一歌詩》、林豪《東瀛紀事》、吳德功《戴案紀略》及蔡青筠《戴案紀略》都指出張三顯將戴潮春捉拿送官，但是，在臺灣道丁日健的奏摺中，卻指出戴潮春是被曾元福、丁日健的軍隊，由官兵親自擒獲，完全沒有提及張三顯的功勞，〔註315〕如此，官方自然也就不可能給張三顯兄弟實質的賞賜。羅士傑在《清代的地方菁英與地方社會——以清同治年間的戴潮春事件爲討論中心》論文中指出：丁日健沒有參照以前臺灣重大反抗官府的事件首犯，如朱一貴、林爽文等人，押送往北京城審訊後才處死；卻直接將戴潮春迅速問斬，「此間緣由實令人費解。」〔註316〕

「紅旗起衰微」，「紅旗」指的是戴軍，這裡是說以戴潮春爲精神領袖的紅旗軍已經失勢，欠缺號召力。

「三顯生氣相招反青旗」，「相招」就是互相邀約，「反青旗」就是以青色旗做爲反抗政府的旗幟。據林豪記載，同治3年（1864）3月，石榴班莊（在今雲林縣斗六市榴中、榴北、榴南三裏），降賊張三顯再度糾眾作亂，「彰化縣城外市仔尾街及東北一帶餘黨俱應之，皆執青旗爲號。」〔註317〕從「降賊」

〔註313〕見林豪《東瀛紀事》（臺灣銀行經濟研究室/編，臺灣文獻史料叢刊第七輯，p.45）。

〔註314〕見林豪《東瀛紀事》（臺灣銀行經濟研究室/編，臺灣文獻史料叢刊第七輯，p.39）。

〔註315〕詳見丁日健〈會奏生擒東王戴萬生等勦滅巨股會匪彰屬西南大路肅清摺〉（丁日健/編著，《治台必告錄》（下），臺灣銀行經濟研究室/編，南投：臺灣省文獻委員會/印行，1997.6.30，pp.451～452。）

〔註316〕詳見羅士傑《清代的地方菁英與地方社會——以清同治年間的戴潮春事件爲討論中心》（新竹：國立清華大學歷史研究所碩士論文，2000，pp.156～157）。

〔註317〕見林豪《東瀛紀事》（臺灣銀行經濟研究室/編，臺灣文獻史料叢刊第七輯，p.39）。

二字，可知張三顯先前曾經投降官兵。3月底，張三顯被族人捉送丁日健，被斬首。〔註318〕

4. 廖談的妾被箭射死，蕭泉父子在靜觀

連累廖談小姨生命白白死、扴到寶斗溪就射箭：

腳縫下著了二枝箭、站置動動晃。眾人站置看、元帥是蕭泉：

蕭家元帥頂不通、伊後生做元帥、伊老父領令做先鋒。

「小姨」音「sè-î」、「sòe-î」，就是妾、小老婆。「寶斗溪」就是北斗溪。據林豪記載：西螺（今雲林縣西螺鎮）廖談是戴軍的將軍，他的妾蔡邁娘，性格激烈，每戰必定臨陣督軍。當廖談打算投降官兵時，蔡邁娘說：「勢敗而背人，非信也。寧死於紅旗下，始瞑目耳！何為束手就戮乎？」「西螺街舖戶半附官，蔡氏恨之，燒毀百餘間，談不能止。」〔註319〕據吳德功記載，廖談和蔡邁娘是在同治 2 年（1863）12 月 21 日被捉到北斗，由丁日健審問，處死。〔註320〕

「腳縫下著了二枝箭」的「著」音「tiòh」，就是中箭。「站置動動晃」，是說那蔡邁娘人已經死了，但是那兩枝箭仍然在那裡晃來晃去。「站置」音「tiàm-tit」，就是在那裡。「動動晃」是說晃動不停。

「蕭泉」或許就是林豪所記載的「蕭金泉」，關帝廳人，在同治 1 年（1862）3 月底加入戴軍，稱為「三元帥」。〔註321〕「頂不通」是說很沒有道理，因為父親竟然當兒子的先峰，歸兒子指揮，有違孝道。

5. 臺灣道台丁日健斬殺戴潮春

大小曾做事有仔細、令了丁太爺押了戴萬生。

到了寶斗溪、陳越司扴來就刣肉、

簡豬哥煞落閘。眾大哥看著落閘喊罪過！

「大曾」是臺灣鎮總兵曾玉明，「小曾」是福建水師提督曾元福。「丁太爺」

〔註318〕詳見林豪《東瀛紀事》（臺灣銀行經濟研究室/編，臺灣文獻史料叢刊第七輯，pp.39～40），《吳德功先生全集：施案紀略、戴案紀略、讓台記》（南投：臺灣省文獻會，1992.5.31，pp.48、50）。

〔註319〕見林豪《東瀛紀事》（臺灣銀行經濟研究室/編，臺灣文獻史料叢刊第七輯，pp.7、50）。

〔註320〕見吳德功《戴案紀略》（《吳德功先生全集：施案紀略、戴案紀略、讓台記》，南投：臺灣省文獻會，1992.5.31，p.48）。又見林豪《東瀛紀事》（臺灣銀行經濟研究室/編，臺灣文獻史料叢刊第七輯，pp.45）。

〔註321〕見林豪《東瀛紀事》（臺灣銀行經濟研究室/編，臺灣文獻史料叢刊第七輯，pp.7、50）。

是臺灣道台丁日健。「寶斗溪」就是北斗溪，在今彰化縣北斗鎮。「陳越司」是陳捷元，先前的官位是游擊，[註322] 此時為參將。[註323]「扴」音「liàh」，捉。「扴來就刣肉」是說捉來割肉分屍。

據吳德功記載：同治2年（1863）12月21日，「三顯以肩輿坐潮春到北斗，曾元福許照朱一貴之例，解送京師。甫至北斗，丁道坐堂審問。春立不跪，且云起事者惟本藩一人，與百姓無干。陳捷元自後以靴踢其足，扐其脛，使跪，猶出言不遜。丁道叱令捷元推出斬之。元割肉啖之，以其兄一家三十餘口皆死於亂也。」[註324]

「簡豬哥煞落閘」，簡豬哥不知為何人，但應當是戴潮春的部下。「落閘」就是被砍頭。

6. 林文察（林有理）攻四塊厝林晟

> 貓皆輸賭獻彰化。獻了彰化都完備、林有理點兵圍鄉里。點兵來起
> 行、要攻四塊厝大哥林态晟。攻來攻去無法伊。

「貓皆」就是林貓皆，據林豪記載，同治1年3月底林貓皆擔任大元帥林晟（林晟）的中軍，掌帥印，林晟事事倚重他；「晟之作惡，多皆所為。」[註325] 據吳德功記載：同治2年9月，戴軍的鎮北將軍林大用率眾投降臺灣鎮總兵曾玉明，林大用是中寮（在今彰化縣和美鎮）人，本來負責駐守彰化城北門，他降官之後，引起駐守在彰化縣城內的戴軍軍情不穩，多人逃回林晟的根據地四塊厝（在今台中縣霧峰鄉四德村），林晟也將他所斂聚的財物運回四塊厝，只留下江有仁、林貓皆駐守彰化城。[註326] 同治5年（1866）秋，林貓皆被擒獲斬殺。[註327]

〔註322〕見吳德功《戴案紀略》：「遊擊陳捷元」（《吳德功先生全集：施案紀略、戴案紀略、讓台記》，南投：臺灣省文獻會，1992.5.31，p.35）。

〔註323〕詳見丁日健《治台必告錄》（臺灣銀行經濟研究室/編，南投：臺灣省文獻委員會/印行，1997.6.30，p.468）。

〔註324〕見吳德功《戴案紀略》（《吳德功先生全集：施案紀略、戴案紀略、讓台記》，南投：臺灣省文獻會，1992.5.31，p.48）。又見林豪《東瀛紀事》（臺灣銀行經濟研究室/編，臺灣文獻史料叢刊第七輯，pp.45）。

〔註325〕見林豪《東瀛紀事》（臺灣銀行經濟研究室/編，臺灣文獻史料叢刊第七輯，p.6）。

〔註326〕詳見吳德功《戴案紀略》（《吳德功先生全集：施案紀略、戴案紀略、讓台記》，南投：臺灣省文獻會，1992.5.31，pp.43～44）。

〔註327〕見林豪《東瀛紀事》（臺灣銀行經濟研究室/編，臺灣文獻史料叢刊第七輯，p.51）。

　　「貓皆輸賭獻彰化」是說林貓皆因為賭輸了，所以將彰化城獻給官兵。這裡對官兵收復彰化城的過程有錯誤，因為這和賭博無關，而是雙方人馬的一場激烈交戰。同治2年（1863）11月3日〔註328〕，清晨臺灣鎮總兵曾玉明率林大用從北門進入彰化城，當時趙戇、陳鮒、陳狗母、陳在、盧江等人從東門逃往四塊厝林晟處；上午9～11點（巳時）丁日健、林占梅也越過大肚溪，進入彰化城；官兵收復彰化縣城，殺戴軍糧官蔡豬、江有仁、鄭豬母。〔註329〕

　　「獻了彰化都完備、林有理點兵圍鄉里」，這兩句是說官兵收回彰化城之後，林文察率兵攻打「鄉里」，就是阿罩霧莊四塊厝。事實上，林文察是在同治2年（1863）11月18日收復斗六之後，才從嘉義縣他里霧（在今雲林縣斗南鎮）率軍北上，經北斗、鹿港〔註330〕，在同治2年（1863）12月5日抵達彰化縣城。〔註331〕隨後，林文察領兵攻打四塊厝（今台中縣霧峰鄉四德村）林晟。

〔註328〕收復彰化城的日期有兩種記載，丁日健〈彰境開仗連日大捷並南路各營獲勝摺〉與林豪〈官軍收復彰化始末〉記為11月3日，吳德功《戴案紀略》與蔡青筠《戴案紀略》記為12月3日，筆者推算相關日期，應為11月3日。詳見丁日健《治台必告錄》（臺灣銀行經濟研究室/編，南投：臺灣省文獻委員會/印行，1997.6.30，pp.432），林豪《東瀛紀事》（臺灣銀行經濟研究室/編，《東瀛識略、東瀛紀事、臺灣紀事、台海見聞錄（合訂本）》，臺灣文獻史料叢刊第七輯，臺灣大通書局/印行，1997.6.30，pp.38～39），《吳德功先生全集：施案紀略、戴案紀略、讓台記》（南投：臺灣省文獻會，1992.5.31，p.46），蔡青筠《戴案紀略》（臺灣文獻叢刊第206種，臺灣銀行經濟研究室/編印，台北：臺灣銀行/發行，1964.11，p.51）。

〔註329〕收復彰化城的記載吳德功與林豪有所不同：林豪說是林占梅先進入彰化城，吳德功是彰化人，他說自己曾親見其事，事實上是曾玉明最先進入彰化城。詳見林豪《東瀛紀事》（臺灣銀行經濟研究室/編，《東瀛識略、東瀛紀事、臺灣紀事、台海見聞錄（合訂本）》，臺灣文獻史料叢刊第七輯，臺灣大通書局/印行，1997.6.30，pp.37～39），《吳德功先生全集：施案紀略、戴案紀略、讓台記》（南投：臺灣省文獻會，1992.5.31，pp.46～47）。

〔註330〕林文察進入彰化城的路線有兩種說法：一是從他里霧進軍北斗、鹿港，抵達彰化，見黃富三，《霧峰林家的興起——從渡海拓荒到封疆大吏（1729～1864）》（台北市：自立晚報社文化出版部/出版，1987.10，p.286）及丁日健《治台必告錄》（臺灣銀行經濟研究室/編，南投：臺灣省文獻委員會/印行，1997.6.30，pp.447），二是從阿罩霧進軍，從市仔尾進入彰化城，見吳德功《戴案紀略》（《吳德功先生全集：施案紀略、戴案紀略、讓台記》，南投：臺灣省文獻會，1992.5.31，pp.46～47）及蔡青筠《戴案紀略》（臺灣文獻叢刊第206種，臺灣銀行經濟研究室/編印，台北：臺灣銀行/發行，1964.11，p.51）。

〔註331〕林文察進入彰化城的日期有三種說法：一是12月5日，見丁日健《治台必告錄》（臺灣銀行經濟研究室/編，南投：臺灣省文獻委員會/印行，1997.6.30，pp.447）與吳德功《戴案紀略》（《吳德功先生全集：施案紀略、戴案紀略、

　　「林恙晟」就是林晟、林晟。「攻來攻去無法伊。」是說林文察無法攻下林晟的根據地。據蔡青筠記載：林文察以林文明阻斷四塊厝後路，「以王世清爲左翼，林文鳳爲右翼，自以精兵直搗中堅，連攻三日不克。」〔註332〕「時間可能在 12 月 12 日至 19 日間。」〔註333〕

　　賊星注伊要該敗、遇著陳厝莊陳主星封門孔。

　　大銃釘鐵丁、内裏叛出來。恙虎晟一見、駁合鄙。

　　「賊星注伊要該敗」

　　「陳厝莊」是地名。「陳主星」，可能就是「陳梓生」，因爲兩者都讀爲「Tân Chú-seng」。陳梓生是戴軍中的將軍，茄投（在今台中縣龍井鄉）人。〔註334〕「遇著陳厝莊陳主星封門孔」，「遇著」音「tú-tiȯh」，就是遇到。「封門孔」就是將門口封住。據林豪記載：同治 3 年（1864）1 月，林晟手下多人降官，林晟懷疑手下大將有二心，「乃緊閉寨門，另鑿狗竇，欲進内白事者，伛僂乃入。」〔註335〕又據吳德功《戴案記略》：「晟疑梓生等有異志，防閑極密，門戶不得擅進。」〔註336〕「梓生」就是陳梓生。

　　「大銃釘鐵丁」，「大銃」就是大礮，「釘鐵丁」就是用鐵釘釘住。據林豪記載：「群賊乃佯與官軍接仗，戀虎信之，始肯放入。梓生密使其黨釘封大礮，

讓台記》，南投：臺灣省文獻會，1992.5.31，pp.46～47），二是 12 月 4 日，見蔡青筠《戴案紀略》（臺灣文獻叢刊第 206 種，臺灣銀行經濟研究室/編印，台北：臺灣銀行/發行，1964.11，p.51），三是 12 月 6 日，見黃富三，《霧峰林家的興起──從渡海拓荒到封疆大吏（1729～1864）》（台北市：自立晚報社文化出版部/出版，1987.10，p.286）。

〔註332〕見蔡青筠《戴案紀略》（臺灣文獻叢刊第 206 種，臺灣銀行經濟研究室/編印，台北：臺灣銀行/發行，1964.11，p.54）。林豪《東瀛紀事》也有記載，但較簡單。（臺灣銀行經濟研究室/編，《東瀛識略、東瀛紀事、臺灣紀事、台海見聞錄（合訂本）》，臺灣文獻史料叢刊第七輯，臺灣大通書局/印行，1997.6.30，p.47）。

〔註333〕見黃富三，《霧峰林家的興起──從渡海拓荒到封疆大吏（1729～1864）》（台北市：自立晚報社文化出版部/出版，1987.10，p.295）。
從阿罩霧進軍，從市仔尾進入彰化城。

〔註334〕見林豪《東瀛紀事》（臺灣銀行經濟研究室/編，臺灣文獻史料叢刊第七輯，p.6）。

〔註335〕見林豪《東瀛紀事》（臺灣銀行經濟研究室/編，臺灣文獻史料叢刊第七輯，p.47）。

〔註336〕見吳德功《戴案紀略》（《吳德功先生全集：施案紀略、戴案紀略、讓台記》，南投：臺灣省文獻會，1992.5.31，p.49）。

與官軍訂期爲內應。」〔註337〕可見，林晟已經到了眾叛的末日處境。「內裏叛出來」就是窩裡反。被手下一個個背叛，手下一個個幫助敵人來打擊自己，林晟自然是要「駛合鄙」一番。「駛合鄙」音「siá kap phí」，就是以極不雅的三字經咒罵對方。〔註338〕

> 王阿萬拿話就應伊：「不必元帥你掛意、咱今烘爐火整齊備、鉛子火藥佈落去、大家總著死、不免被那狗官來凌遲。」

> 忞虎晟聽著心歡喜。兩邊大哥滿滿是、一手牽大某、一手牽小姨、合了大哥置會議：「這遭大家著來死、不免被伊扐去受凌遲。」

> 小姨想要走出去、忞虎晟想要去牽伊：王仔萬看一見、烘爐火踢落去：「厚恁同齊死！」

> 忞虎晟燒無死、燒得牙仔 gi……。

「王阿萬」、「王仔萬」就是王萬，是林晟手下的將軍。在同治 1 年（1862）3 月 19 日左右，王萬領官府命令，在彰化縣城「帶勇守城」，卻和戴軍約定，做戴軍的內應，3 月 20 日他打開城門引戴軍入城。〔註339〕據林豪記載，林文察攻四塊厝時，雖極力招降林晟手下，「唯王萬罪大不赦。」〔註340〕

「應伊」就是回他話。「應」音「in」，回話。「伊」音「i」，他，這裡指林晟。「元帥」就是林晟，他在同治 1 年 1862）年 3 月自稱大元帥。「烘爐火整齊備、鉛子火藥佈落去、大家總著死」，這三句是說王萬提議大家一起引火藥自殺。「狗官」指的是福建陸路提督林文察。

「大某」就是大老婆，「小姨」就是小老婆。「合了大哥置會議」是說林晟招集手下的大將商議。「這遭」就是這一回，「著來死」的「著」音「tiòh」，就是應當、理當。「不免」就是不必、以免。「扐」音「liàh」，就是捉。

〔註337〕見吳德功《戴案紀略》（《吳德功先生全集：施案紀略、戴案紀略、讓台記》，南投：臺灣省文獻會，1992.5.31，p.49）。
　　　　與蔡青筠《戴案紀略》（臺灣文獻叢刊第 206 種，臺灣銀行經濟研究室/編印，台北：臺灣銀行/發行，1964.11，p.55）。

〔註338〕楊守愚註：「駛合鄙：咒罵也。」（楊清池，《辛酉一歌詩》（三），《臺灣新文學》，台中：臺灣新文學社，1936.12.28，v2n1，p.64）。又陳憲國、邱文錫註：「駛佮鄙：罵三字經。」（《臺灣演義》，臺北：樟樹出版社，1997.8，p.163）。

〔註339〕詳見林豪《東瀛紀事》（臺灣銀行經濟研究室/編，臺灣文獻史料叢刊第七輯，pp.4～5）。

〔註340〕見林豪《東瀛紀事》（臺灣銀行經濟研究室/編，臺灣文獻史料叢刊第七輯，p.47）。

「厚恁同齊死」，就是讓你們一起死。「厚」音「hō」，給、讓、使。「恁」音「lín」，你們。「同齊」音「tâng-chē」、「tâng-chōe」，一起。「gi……」應是三連音「ngī-ngī-ngī」，形容臉部被火燒得變形，牙齒外露的狀態。〔註341〕

據林豪記載：「王萬自知不免，以變走告晟。晟環火藥桶於門，與妻妾王萬對飲，酒酣登床，妻爲燒洋烟吸之，兩妾侍立。其一蕭氏乃擄自良家者，寵嬖專房，至是不願從死，聞礮聲漸迫，遽走出門外，晟亟挽之入，而妻已點放火藥，與王萬俱成灰燼。晟與蕭氏爲火藥所轟，飈出戶外，氣未絕。」〔註342〕此處，指出引燃火藥的人是林晟的大老婆，而不是王萬。又要逃走的那爲小老婆姓蕭，是被林晟強搶回來的女人。

> 被伊有理來扴去、勸到晟叔仔：「退紅茶喰了離、我救你生命即劊死。」
> 恁虎晟聽一見、──彼當時前後厝站置拼、因爲陳大恁這起的代誌、
> 那裏肯饒我的道理？
> 不如咬舌來身死。──「要刣要割隨在你。」
> 恁虎晟死了都完備、也著過刀即合理：裂四腿四角頭去現示。

「有理」就是林文察。「晟叔仔」，是林文察對林晟的稱呼。因爲林晟與林文察是都是阿罩霧莊林姓宗族的人，林晟是後厝人，林文察家族是前厝人。「退紅茶喰了離」，廖漢臣將「退紅茶」改寫爲「退癀茶」。〔註343〕陳憲國、邱文錫標音爲「thòe hông tê」，註：「癀是發炎之意，『退癀茶』是防止發炎，降低火燒傷害的茶水。」〔註344〕因爲林晟正受火燒之苦，此處極有可能是喝「退癀茶」，現在的「紅茶」讀爲「âng-tê」，但是「紅」又可讀爲「hông」，與「癀」同音。「喰了離」是說喝下去。

「彼當時前後厝站置拼」，指的是林晟家族與林文察家族的恩怨。「站置拼」，就是拼個你死我活。「陳大恁」不知爲何人。林豪在《東瀛紀事》中指出：

〔註341〕楊守愚註：「gi：將『語』此音之母音ㄌ加以鼻音化則得，狀張嘴露齒之態也。」（楊清池，《辛酉一歌詩》（三），《臺灣新文學》，台中：臺灣新文學社，1936.12.28，v2n1，p.64）。又陳憲國、邱文錫改寫爲「齮齮齮」，音「gi7 gi7 gi7」，註：「牙齒外露出來，因爲臉部被燒，肌肉收縮捲起，牙齒就露出來。」（《臺灣演義》，臺北：樟樹出版社，1997.8，p.164）。

〔註342〕見林豪《東瀛紀事》（臺灣銀行經濟研究室/編，臺灣文獻史料叢刊第七輯，p.47）。

〔註343〕見廖漢臣〈彰化縣的歌謠〉（《臺灣文獻》，臺北：臺灣省文獻委員會，1960.9.27，v11n3，p.34）。

〔註344〕見陳憲國、邱文錫/編註《臺灣演義》（臺北：樟樹出版社，1997.8，p.165）。

「先是後厝人林和尚仇害前厝人，爲 12 歲幼孤所殺。而戀虎晟亦後厝人，聲言爲和尚報仇，與前厝連年械鬥。」〔註345〕被殺前厝人是林定邦（1808～1848）〔註346〕，12 歲〔註347〕幼孤指的是林定邦之子林文察〔註348〕。又，同治 1 年（1862）3 月底到 4 月初，戴潮春與林晟帶領數萬人，合攻阿罩霧前厝莊林家，戴、林猛攻三日，差一點就攻破林家。〔註349〕雙方有不共戴天之仇。

　　「『要刣要割隨在你。』」應是說唱者模擬林晟的語氣，所說的話。「刣」音「thâi」，就是宰殺。「隨在你」就是隨你方便、任你高興。「也著過刀卽合理」的「過刀」就是分屍，「也著」，就是也必須。「卽」音「chiah」，才。「裂四腿四角頭去現示」，是說將林晟的手腳當成動物的「腿」，所以有「四腿」，「四角頭」，泛指各個角度、地方。「現示」，是說昭告大眾，一方面可以安撫人心，一方面有警惕作用。據林豪記載：「官軍執誅之，分其屍爲六，以首級函送邑城，其兩手兩足被分寶被擾各處。寨中積蓄尚多，皆兩年間所搶掠者。」〔註350〕

　　同治 3 年（1864）1 月 11 日攻下四塊厝後，林文察回到阿罩霧老家，屯兵五十多日。〔註351〕

〔註345〕詳見林豪《東瀛紀事》卷上〈賊黨陷彰化城〉（臺灣銀行經濟研究室/編，《東瀛識略、東瀛紀事、臺灣紀事、台海見聞錄（合訂本）》，臺灣文獻史料刊第七輯，臺灣大通書局/印行，1997.6.30，p.7。）

〔註346〕林定邦生卒年見《臺灣霧峰林氏族譜》的〈曾祖考太封翁家傳〉（林幼春撰）、〈世譜〉（臺灣銀行經濟研究室編，《臺灣霧峰林氏族譜》，南投：臺灣省文獻委員會/印行，1994.12.31，pp.115、198）。

〔註347〕據林幼春爲林文察所寫的傳記〈先伯祖剛愍公家傳〉，指出林文察 19 歲時父親被殺，他「歷 34 度月圓」，才在林定邦的墓前手刃林和尚。34 度月圓就是指經過 34 個月，就是咸豐 1 年（1851）6 月，當時林文察應已 22 歲。（臺灣銀行經濟研究室編，《臺灣霧峰林氏族譜》，南投：臺灣省文獻委員會/印行，1994.12.31，pp.116～119。）

〔註348〕林文察生卒年見《臺灣霧峰林氏族譜》的〈先伯祖剛愍公家傳〉（林幼春撰）、〈世譜〉（臺灣銀行經濟研究室編，《臺灣霧峰林氏族譜》，南投：臺灣省文獻委員會/印行，1994.12.31，pp.116～119、239）。

〔註349〕他莊前來救援林家的記載，詳見林獻堂〈先伯父文鳳公家傳〉（臺灣銀行經濟研究室編，《臺灣霧峰林氏族譜》，南投：臺灣省文獻委員會/印行，1994.12.31，p.109）。

〔註350〕見林豪《東瀛紀事》（臺灣銀行經濟研究室/編，臺灣文獻史料叢刊第七輯，p.47）。

〔註351〕詳見丁日健〈彰屬餘匪復行勾結思逞摺〉（《治台必告錄》，臺灣銀行經濟研究室/編，南投：臺灣省文獻委員會/印行，1997.6.30，pp.463～466）。

7. 大小曾攻小埔心陳弄，義首羅冠英陣亡

　　眾大哥弄空就行動。大小曾請令要攻小埔心大哥啞口弄。

　　先鋒隊羅仔賊領令去攻伊、攻來攻去無法伊。

「眾大哥」，應當是指戴軍的殘餘勢力，那些還沒有被官兵擊敗、捉拿的股首。「弄空就行動」，應該是說這些大哥找到機會，就又起事反抗政府。「空」就是機會。據丁日健〈彰屬餘匪復行勾結思逞摺〉：同治 3 年（1864）3 月底到 4 月初，彰化縣的縣城、內山（揀東、貓霧、黎頭店、水沙連）、寶斗等地都陸續有臺灣人趁機作亂的事件發生，所幸都已被官員平定。〔註352〕

　　同治 3 年（1864）3 月，林文察在阿罩霧屯兵五十多日後，3 月 11 日抵達寶斗（今彰化縣北斗鎮），與曾元福、王世清、張世英等，合攻小埔心（今彰化縣埤頭鄉合興村）的陳弄（啞狗弄）。

　　「大小曾」，大曾是曾玉明，小曾是曾元福。大小曾的職務在同治 3 年（1854）4 月 6 日互換，曾玉明改任福建水師提督，曾元福改任臺灣鎮總兵。〔註353〕「小埔心」在今彰化縣埤頭鄉。「啞口弄」就是陳弄，他在同治 1 年（1862）3 月底加入戴軍，稱大將軍，陳弄有很嚴重的口吃。他的妻子姓陳，外號「無毛招」。陳弄夫妻在戴軍中，算是性格比較殘酷的股首，對待敵人的手段極爲兇殘。〔註354〕據丁日健〈會攻小埔心生擒僞西王陳啞狗弄張三顯等懲辦摺〉記載：「中、南二路已形鎮定，似可無虞。所慮者，惟佔距小埔心勾通王功、二林、海口一帶三十餘莊之逆首陳啞狗等，最爲兇悍狡滑。」〔註355〕

　　「攻來攻去無法伊」是說官兵無法攻破陳弄的根據地。據吳德功記載：同治 3 年（1864）3 月底，林文察率軍攻打陳弄，一時無法攻下，又正好彰化城又有人企圖作亂，於是林文察調兵回彰化城。〔註356〕

〔註352〕詳見丁日健《治台必告錄》（臺灣銀行經濟研究室/編，南投：臺灣省文獻委員會/印行，1997.6.30，pp.463～466）。

〔註353〕見《大清穆宗毅皇帝實錄》同治 3 年 4 月 6 日「諭議政王軍機大臣等」（臺灣銀行經濟研究室/編，《清穆宗實錄選輯》，南投：臺灣省文獻委員會/印行，1997.6.30，pp.65～66）。

〔註354〕陳弄夫妻的記載，詳見林豪《東瀛紀事》（臺灣銀行經濟研究室/編，臺灣文獻史料叢刊第七輯，pp.6、48、60）。

〔註355〕詳見丁日健《治台必告錄》（臺灣銀行經濟研究室/編，南投：臺灣省文獻委員會/印行，1997.6.30，p.467）。

〔註356〕見吳德功《戴案紀略》（《吳德功先生全集：施案紀略、戴案紀略、讓台記》，南投：臺灣省文獻會，1992.5.31，p.51）。

「羅仔賊」，就是羅冠英（？～1864），字福澤，是彰化縣東勢角莊（在今台中縣東勢鎮）的客家人，擔任「勇首」，駐軍在翁仔社（在今台中縣豐原市），同治 1 年（1862）3 月底到 4 月初，戴潮春與林晟帶領數萬人，合攻阿罩霧前厝莊（今台中縣霧峰鄉甲寅村）林家，羅冠英曾帶領 200 名客家屯勇前來協助擊退戴、林的軍隊。〔註357〕後來也數次帶兵到大甲城，擊退戴、林的軍隊。〔註358〕

　　啞口弄置竹城內便知機、就喊客婆嫂來到此：「你將羅仔賊來打死、賜你十二元白白來給你。」

　　客婆嫂聽著心歡喜、手銃拿一支、近來竹城邊、打客話給伊來說起：「你小妹在這竹城內、艱苦佳易兼利市、望你阿賊哥緊緊炁我出來去！」

　　羅仔賊聽著客婆聲、心肝內就歡喜。踏上砲臺頂來未幾時、客婆嫂一門銃入有二粒子、兇兇就放去。

　　客婆嫂打銃上蓋會、一門銃打去對對著二個：頂不通、一個是元帥、一個是先鋒。

　　文武官員看見羅仔賊被人來打死、目屎落淋漓、運棺就返去。

「置竹城內」，就是在刺竹圍城內，清領時期，臺灣人習慣以刺竹圍層層環繞住家外圍，以抵禦土匪強盜入侵。「客婆嫂」就是客家婦女，「婆嫂」是尊稱。「打客話」就是說客家話。「話給伊來說起」，就是對著城外的羅冠英說話。「小妹」是一種謙虛又增加親切感的自稱詞。「艱苦佳易兼利市」，「交易興隆稱佳易，此處又辛苦，又興隆利市，指她自己被賣從娼，生意很好，因此生活很艱苦。」〔註359〕「阿賊哥」是客婆嫂對羅冠英的尊稱，稱兄妹以攀交情，降低敵人心防。「炁」，音「chhōa」，帶領。「未幾時」就是過不了多久。「一門銃入有二粒子」，就是一把槍裝有兩顆子彈。「兇兇」，音「hiông-hiông」，就是突

〔註357〕羅冠英救援霧峰林家的記載，詳見林獻堂〈先伯父文鳳公家傳〉（臺灣銀行經濟研究室編，《臺灣霧峰林氏族譜》，南投：臺灣省文獻委員會/印行，1994.12.31，p.109）。

〔註358〕羅冠英救援大甲的記載，詳見林豪《東瀛紀事》〈大甲城守〉（臺灣銀行經濟研究室/編，臺灣文獻史料叢刊第七輯，pp.19～24）。

〔註359〕見陳憲國、邱文錫/編註《臺灣演義》（臺北：樟樹出版社，1997.8，p.167）。又楊守愚註：「佳易，貿易極情也。易：讀也。」（楊清池，《辛酉一歌詩》（三），《臺灣新文學》，台中：臺灣新文學社，1936.12.28，v2n1，p.65）。

然。「兇兇就放去」,就是突然開槍射擊。「目屎落淋漓」,是說官兵目睹羅冠英被擊斃,淚如雨下。「返去」,就是回去。

關於羅冠英的死,據林豪記載,同治 3 年(1864)3 月 19 日,陳弄的妻子以「贏卒」引誘羅冠英靠近之後,才開礮重擊,結果,「冠英與壯士數十人皆中礮身亡」。〔註360〕另據吳德功記載:同治 3 年 4 月,「義首羅冠英率廖廷鳳諸勇士猛攻,弄死拒竹圍內,不能遽下。」「19 日,羅冠英悉力攻打,弄妻作粵語,誘以降意。英不知防,弄妻陰以鳥鎗橫擊之,其徒數十人,皆中砲死。」〔註361〕

> 激了水城來淹伊。賊星注伊要該敗、遇著監州地理先來到此。說叫:
> 「大人、喂!我看啞口弄猴神來出世、鼎簽穴來起義、將這土地公
> 面頭前的地理、掘溝敗落去、不免攻、家已開離離。」啞口弄打開
> 多完備。

「激了水城夾淹伊」,是說官兵引水淹陳弄的根據地。據林豪記載,同治 3 年(1864)3 月陳弄根據地的屋瓦被官兵的大礮擊塌,「乃就屋中掘地爲窖,匿其中以避敵。官軍引水灌之,水注地窖,賊遂不支。」〔註362〕

「賊星」是指陳弄,「賊星注伊要該敗」,是說惡人必定有惡報,陳弄命中注定會被官兵擊敗。「監州」是官名,又叫通判。〔註363〕「地理先」就是幫人家看方位吉凶的風水勘輿師傅。「啞口弄猴神來出世」,是說陳弄是由猴神投胎轉世的。「鼎簽」,音「tiáⁿ-kám」,就是鍋蓋。〔註364〕

「面頭前」就是前面。「掘溝敗落去」,是說在土地公廟前面的土地挖掘水溝,陳弄的風水就會變差,就會失敗。「家已」就是自己,「開離離」,就是指陳弄的竹城就會露出破綻,敞開大門,讓官兵入內擒拿陳弄。「啞口弄打開」是說陳弄的竹圍城終於被攻下。

〔註360〕見林豪《東瀛紀事》(臺灣銀行經濟研究室/編,臺灣文獻史料叢刊第七輯,
　　　　pp.48～49)。
〔註361〕見吳德功《戴案紀略》(《吳德功先生全集:施案紀略、戴案紀略、讓台記》,
　　　　南投:臺灣省文獻會,1992.5.31,p.52)。
〔註362〕見林豪《東瀛紀事》〈大甲城守〉(臺灣銀行經濟研究室/編,臺灣文獻史料叢
　　　　刊第七輯,p.48)。
〔註363〕監州的解釋轉引自見陳憲國、邱文錫/編註《臺灣演義》(臺北:樟樹出版社,
　　　　1997.8,p.170)。
〔註364〕鼎簽的解釋轉引自見陳憲國、邱文錫/編註《臺灣演義》(臺北:樟樹出版社,
　　　　1997.8,p.170)。

　　同治 3 年（1864）5 月 21 日臺灣鎮總兵曾元福「親督兵勇、義民」，攻破小埔心陳弄根據地，陳弄妻被殺，陳弄逃亡。〔註365〕5 月 23 日，陳弄被官兵擒殺，「極刑處死」，被用竹竿懸掛首級，「梟示被擾各地方。」。〔註366〕

8. 百姓慘狀，劉仔賜賑災

　　　孩獸十三莊搶了十一莊、搶不夠、深坑八莊搶七莊來湊。大水 k刀流、百姓被大水漂流去。人馬駐紮二潭墩。二潭墩劉仔賜上蓋富、看見走反的苦傷悲、一家厝扣卜五斤蕃薯簽、一斤鹽、給那走反的煮。

這一段描寫難民的慘狀。「孩獸」應當是地名，但不知在何處〔註367〕；也可能是人名。「十三莊搶了十一莊」，是說十三村莊中有十一個村莊被搶劫財物。「深坑」，極有可能是地名，今台北縣有深坑鄉，但是位置在臺灣北端，離戴潮春事件的地點很遠，也未見戴潮春事件的相關史料有記載到深坑，因此，或許另有地名爲深坑。

　　「k刀」，音「chhih-chhòah」，就是氾濫。〔註368〕「大水 k刀流」，就是洪水暴發。「二潭墩」，應是地名，不知在何處。「人馬駐紮二潭墩」，「人馬」不知指的是被洪水漂流兒去的百姓，還是官兵。「劉仔賜」，是人名。「上蓋富」，就是最有錢。「走反的」，指的是在戴軍與官兵間，無辜被波及而離家逃難的百姓。「一家厝扣卜五斤蕃薯簽」，是說每一戶人家征收將近五斤重的地瓜簽。「卜五斤」是說將近五斤重。「給那走反的煮」，是說分送給逃難的百姓煮食。這一段應該是說劉仔賜不但自己出資，還向當地居民募集食糧，共同救濟難民。

9. 大小曾攻呂梓，臭頭沙獻呂梓

　　　大小曾要攻下縣呂仔主。呂仔主探聽知、安排三千銀、連夜就起行、

〔註365〕詳見丁日健《治台必告錄》（臺灣銀行經濟研究室/編，南投：臺灣省文獻委員會/印行，1997.6.30，pp.469）。

〔註366〕見丁日健《治台必告錄》（臺灣銀行經濟研究室/編，南投：臺灣省文獻委員會/印行，1997.6.30，p.470）。

〔註367〕廖漢臣註：「孩獸，地名。」（〈彰化縣的歌謠〉，《臺灣文獻》，臺北：臺灣省文獻委員會，1960.9.27，v11n3，p.35）。

〔註368〕楊守愚註：「k刀：做氾濫解。」（楊清池，《辛酉一歌詩》（三），《臺灣新文學》，台中：臺灣新文學社，1936.12.28，v2n1，p.66）。又，陳憲國、邱文錫將「k刀」改寫「乒乓」，標音爲「phin phong」（《臺灣演義》，臺北：樟樹出版社，1997.8，p.170）。

去到布袋嘴、臭頭沙面頭前逃生命。臭頭沙看見呂仔主來到此、心
肝內十分暗歡喜、大開宴席來請伊：一面透冥寫文書、行到北港蔡
麟淵親看見。蔡麟淵看批暗歡喜、人馬點齊備、去到布袋嘴。

「下縣」，指的是嘉義縣。「呂仔主」就是「呂仔梓」、「呂梓」（～1865），「主」
與「梓」都讀爲「chú」，是大崙人，他在同治 1 年（1862）3 月底加入戴軍，
稱將軍，〔註369〕同治 2 年（1863）5 月，福建水師提督吳鴻源進軍大崙，呂
梓投降官兵。〔註370〕

「大小曾要攻下縣呂仔主」，這句話有誤，因爲，大曾福建水師提督曾玉
明早在同治 3 年（1864）夏就已經渡海回到福建。而呂梓再次作亂卻是在同
治 4 年（1865）3 月到 4 月間。據丁日健記載，同治 4 年（1865）2 月，呂梓
等人，在「二重溝」（在今嘉義縣太保市）舉旗再度反抗政府。〔註371〕

「布袋嘴」，就是今嘉義縣布袋鎮，西連臺灣海峽。「臭頭沙」是人的外
號，本名爲「蔡沙」。「透冥」就是連夜。「大開宴席來請伊：一面透冥寫文書」，
是說蔡沙對呂梓採取兩面作法，一方面請他大吃一餐，一方面寫信報告官府。
「北港」，是地名，今雲林縣北港鎮。「蔡麟淵」，是人名，不詳，蔡沙寫信請
他帶人手去捉拿呂梓。據丁日健奏摺：同治 4 年（1865）4 月 9 日，據報呂梓
逃到布袋嘴，打算逃到福建省漳州府，投靠太平軍；「隨經諭令該處紳士蔡如
璋等確探堵截，並飭署知縣白鷥卿會同游紹芳及督令紳士陳熙年、義首蔡圖
南等圍拏。」〔註372〕「紳士蔡如璋」、「義首蔡圖南」不知與蔡沙、蔡麟淵何
有關係。

臭頭沙押大哥、押了呂仔主到山城未幾時、白太爺昇堂就問伊：
「下縣呂仔主莫非你正是？」呂仔主預辨死、合伊格硬氣：
「你知我是呂仔主、問卜給我鄙、也不是？」眾人站置看、三哥出
來到、說叫：「白太爺！呂仔主不免審問伊、擬罪銅錢剮！」
大家站置呼、日頭未許午、剮到下半晡。

〔註369〕關於呂仔梓的生平，可參見林豪《東瀛紀事》（臺灣銀行經濟研究室/編，臺
　　　灣文獻史料叢刊第七輯，pp.7、29、50～51、61）。
〔註370〕見林豪《東瀛紀事》（臺灣銀行經濟研究室/編，臺灣文獻史料叢刊第七輯，
　　　p.29）。
〔註371〕詳見丁日健《治台必告錄》（臺灣銀行經濟研究室/編，南投：臺灣省文獻委
　　　員會/印行，1997.6.30，pp.497～500）。
〔註372〕詳見丁日健《治台必告錄》（臺灣銀行經濟研究室/編，南投：臺灣省文獻委
　　　員會/印行，1997.6.30，p.500）。

「山城」應該是指嘉義縣城，因為嘉義舊名「諸羅山」。「白太爺」就是嘉義縣知縣白鸞卿。「預辨死」就是預料自己必定死路一條。「合伊格硬氣」，是說呂梓自知必死，就和縣令睹一口氣魄，不願意跪地求饒。「問卜給我鄙」，是說你故意問我，以藉機羞辱我。「鄙」，音「phí」，就是辱罵。「也不是」，就是「是不是」。「站置看」就是在旁邊觀看。「三哥」不知是何人。「擬罪銅錢刈」，就是依罪該判他受「銅錢刈」這種刑法。〔註373〕「日頭未許午」，是說太陽還有走到正中央的位置，也就是還沒有到中午。「下半晡」就是下午近黃昏時分了。

　　關於呂梓的死，有兩種記載，丁日健的奏摺與這首歌裡面的情節比較類似。丁日健報告說：同治4年（1865）4月12日官員與臺灣義首、紳士，合力「將呂仔梓獲解到案。」最後他被「凌遲處死」。〔註374〕而據林豪、吳德功、蔡青筠記載，呂梓是被蔡沙誘騙，而葬身臺灣海峽。以林豪的記載最為詳細：同治4年（1865）4月，參將徐榮生、嘉義知縣白鸞卿，出兵征討呂梓。呂梓分兵為三個營，「以奇兵假官兵旗幟，從間道夾擊；官軍幾為所乘，乃更築壘以困之。副將陳啓祥以巨礮擊賊寨，梓歛眾為一營，勢窘甚。時有海賊蔡沙（諢號臭頭沙）所居海口名布袋喙，素以賊接濟。梓以家口寄沙處，沙善待之，誘梓同坐巨艇脫入海，邀至海邊，乃執而數之曰：『汝名投誠，實持兩端觀望。嚴辦為擄之時，汝不引援，今唇亡齒寒，行將及我，皆汝貽之也。』遂沉之於海。官軍乘戰艦將擊之，偵梓已死，乃引還。」〔註375〕據丁日健奏摺，嚴辦最慢在同治4年（1865）2月初，在與官兵交戰時，被斬殺。〔註376〕

（五）尾　聲

1. 亂平，官兵回鄉裏

　　呂仔主、嚴仔魚刈了都完備、大小官員點兵回鄉裏。文官就賞兵、武宦就謝旗。

〔註373〕楊守愚註：「銅錢刈：刑法之一種。」（楊清池，《辛酉一歌詩》（三），《臺灣新文學》，台中：臺灣新文學社，1936.12.28，v2n1，p.66）。

〔註374〕詳見丁日健《治台必告錄》（臺灣銀行經濟研究室/編，南投：臺灣省文獻委員會/印行，1997.6.30，p.500）。

〔註375〕見林豪《東瀛紀事》（臺灣銀行經濟研究室/編，臺灣文獻史料叢刊第七輯，pp.50～51）。

〔註376〕詳見丁日健《治台必告錄》（臺灣銀行經濟研究室/編，南投：臺灣省文獻委員會/印行，1997.6.30，pp.495～496）。

「嚴仔魚」，應當就是「嚴魚」，事蹟不詳，在同治 4 年（1865）5 月以前被官兵捉到，予以懲辦。〔註377〕「刈了」是說被凌遲至死。「回鄉裏」指的是渡海回到福建內地。事實上，在同治 3 年夏天，福建陸路提督林文察與水師提督曾玉明，就陸續帶兵回到福建。而在之後，臺灣鎮道仍有一些後續的平亂工作。

「文官就賞兵、武宦就謝旗。」是說朝廷獎賞有功的文武官員。這一次的戰役，歷時三年以上，死傷極爲慘重，當然，有功的人也特別多。同治 3 年（1864）2 月，清穆宗准福建巡撫徐宗幹之請，先行獎勵曾元福與丁日健，「曾元福著賞給堅勇巴圖魯名號，丁日健賞加二品頂戴，以示鼓勵。」〔註378〕同治 4 年（1865）5 月，清穆宗又獎勵曾元福與丁日健，加賞布政使銜。〔註379〕

同治 3 年（1864）3 月 23 日，清穆宗升參將林文明爲副將。〔註380〕

其他詳細的獎勵名單，請見丁日健同治 5 年 4 月（1866）所呈的〈會奏妥籌善後摺〉，以及〈咨部請獎名單〉。〔註381〕

2. 林文察率臺灣勇去內地平亂

> 遇著唐山行文來到此、召要有理仔去平長毛的代誌。有理仔接著旨
> 意、隨時點兵就要去、給伊小弟有田相通知：「若是敗兵的代誌、臺
> 灣勇愛來去。」點兵緊如箭、總到漳州直直去。

「唐山行文」，這裡指福建巡撫徐宗幹與閩浙總督左宗棠和朝廷，多次發公文催促林文察帶兵回中國內地平定太平軍。「有理仔」就是林文察。「長毛」，就是太平天國的軍隊，官方稱爲「髮匪」。「有田」就是林文明。「若是」，就是如果是。「敗兵的代誌」，就是替政府出征作戰的事情。「愛來去」，是必須要去，就是義不容辭。「總到」，音「chông kàu」，就是衝到，形容行軍神速。「漳州」，在福建省。「總到漳州直直去」，是說林文察一刻也不停留，火速趕回福

〔註377〕見丁日健《治台必告錄》（臺灣銀行經濟研究室/編，南投：臺灣省文獻委員會/印行，1997.6.30，p.513）。

〔註378〕詳見丁日健〈賞加二品頂戴恭謝天恩摺〉（《治台必告錄》，臺灣銀行經濟研究室/編，南投：臺灣省文獻委員會/印行，1997.6.30，pp.475～476）。

〔註379〕詳見丁日健〈賞加二品頂戴恭謝天恩摺〉（《治台必告錄》，臺灣銀行經濟研究室/編，南投：臺灣省文獻委員會/印行，1997.6.30，p.510）。

〔註380〕見《大清穆宗毅皇帝實錄》同治 3 年 3 月 23 日諭（臺灣銀行經濟研究室/編，《清穆宗實錄選輯》，南投：臺灣省文獻委員會/印行，1997.6.30，p.62）。

〔註381〕詳見丁日健《治台必告錄》（臺灣銀行經濟研究室/編，南投：臺灣省文獻委員會/印行，1997.6.30，pp.511～536、557～560）。

建進勦太平天國的軍隊。

　　由於太平軍入侵福建省，在朝廷催促林文察與曾玉明統兵內渡。〔註382〕同治3年（1864）6月23日，福建陸路提督林文察從彰化縣犁頭店（在今台中縣南屯區）軍營起程，兵分兩路，準備由淡水和鹿港搭船到福建，7月30日抵達泉州。〔註383〕在大約同一時間，福建水師提督曾玉明也從鹿港搭船回福建。〔註384〕但是，清穆宗卻在同治3年（1864）8月15日「諭議政王軍機大臣等」：「以防勦遷延，福建署提督林文察、曾玉明下部議處。」又8月24日「諭議政王軍機大臣等」：「曾玉明、林文察二員早已有旨令其內渡，本日適據林文察奏到擬即配船內渡；仍令該督、撫委員迎提。如仍無內渡信息，即行從重參處。」〔註385〕顯然公文傳遞之間有所延遲。在10月1日清穆宗下旨：「林文察被參赴調延緩處分，著加恩寬免。」雖是寬免，但是並還是認為林文察之前確實有延遲內渡。這和這首歌中所唱的「總到漳州直直去」，顯然有矛盾。據黃富三研究，林文察內渡一事，涉及他自身的家族利益，以及他和臺灣道丁日健、曾元福，以及福建巡撫徐宗幹，及福建許多官員的人事矛盾或衝突。而在同治3年（1864）9月太平軍誓王李世賢佔據福建省漳洲，10月林文察率軍進攻漳州，敗多勝少，在11月3日林文察的軍營被攻擊，林文察中槍身亡，屍首下落不明。〔註386〕

　　同治3年（1864）12月5日，清穆宗下旨「予福建漳州陣亡署提督林文察祭葬、世職加等，諡『剛愍』。」〔註387〕

3. 謀反者的下場：身死、田園被抄

　　此歌是實不是虛、留得要傳到後世、勸人子兒不當叛反的代誌：

〔註382〕詳見《大清穆宗毅皇帝實錄》同治3年5月11日及5月24日「諭議政王軍機大臣等」（臺灣銀行經濟研究室/編，《清穆宗實錄選輯》，南投：臺灣省文獻委員會/印行，1997.6.30，pp.74～75）。

〔註383〕詳見黃富三，《霧峰林家的興起——從渡海拓荒到封疆大吏（1729～1864）》（台北市：自立晚報社文化出版部/出版，1987.10，p.333）。

〔註384〕詳見丁日健《治台必告錄》（臺灣銀行經濟研究室/編，南投：臺灣省文獻委員會/印行，1997.6.30，p.470）。

〔註385〕詳見《大清穆宗毅皇帝實錄》（臺灣銀行經濟研究室/編，《清穆宗實錄選輯》，南投：臺灣省文獻委員會/印行，1997.6.30，pp.81～82）。

〔註386〕詳見黃富三，《霧峰林家的興起——從渡海拓荒到封疆大吏（1729～1864）》（台北市：自立晚報社文化出版部/出版，1987.10，pp.300～331）。

〔註387〕見《大清穆宗毅皇帝實錄》（臺灣銀行經濟研究室/編，《清穆宗實錄選輯》，南投：臺灣省文獻委員會/印行，1997.6.30，p.90）。

　　若是謀反一代誌、拿來活活就打死：不免官府受凌遲、田園抄去煞伶俐。

　「此歌是實不是虛」，是說這首歌的內容都是根據事實，不是虛構的。「此」，音「chit」。

　「不當叛反的代誌」，是說不要意圖推翻政府。「一代誌」，就是這種事情。「不免官府受凌遲、田園抄去煞伶俐」，是說一旦造反，先不說會被官府極刑處死，只要一想到辛苦開墾的田園將會被官府沒收得一乾二淨，就已經讓人難以承受了。「煞伶俐」是說家產被全數充公，造反者落得一無所有。臺灣的漢人以移民開墾者爲最多，失去田園等於是要了這些農民的命。

　《新刊臺灣陳辦歌》的背景在 1832 年，《辛酉一歌詩》在 1861 到 1865 年之間，兩首歌的背景時間相距 30 年；在《新刊臺灣陳辦歌》中也勸人不要謀反，理由是會「骨肉慢慢痛半死」，與《辛酉一歌詩》的「拿來活活就打死」意思是一樣的，也就是說，起義不但不可能成功，還會惹來殺身之禍。

　　不過，「田園抄去煞伶俐」這一句，在《新刊臺灣陳辦歌》中並沒有類似的話，這或許是因爲參加張丙事件的臺灣人以無田產的人居多，而參與戴潮春事件的臺灣人有許多是地方擁有資產的地主階級，如戴潮春、林晟、陳弄、洪欉等人，他們不但身死，家產也全數被充公。

第七章 《相龍年一歌詩》文字校對與內容解析

　　臺灣清領時期，1862 年到 1865 年發生的「戴潮春事件」，有兩種 Holo 語的「歌仔」歌唱這一事件：一是《辛酉一歌詩》（又名：天地會的紅旗反、戴萬生反清歌）；二是高雄縣田寮鄉曾傳興（1911～1997）的毛筆手抄本，無歌名，筆者以第一句歌詞名之爲《相龍年一歌詩》〔註1〕，爲目前僅見的抄本。

　　本章以《相龍年一歌詩》爲研究對象。《相龍年一歌詩》目前未見有校注及研究。從句型來看，《相龍年一歌詩》的句型與傳統歌仔冊不同，不是採用七字一句的「七字仔」；而是與《辛酉一歌詩》一樣，採用句型長短不一的雜言體。《辛酉一歌詩》是將藝人楊清池彈唱的唱詞，以文字記錄保存，由此可以確知這是一首歌仔；而，《相龍年一歌詩》由於文字抄寫者沒有說明來源，而且抄錄者已經去世，因此無法確知其實際演唱的方式，可以確知的是這首「歌仔」的抄寫年代爲臺灣日治時期〔註2〕。遺憾的是，這首歌仔的只留下文字記錄，沒有留下樂譜，無法進一步了解其音樂演出型式。

〔註 1〕 曾傳興以毛筆手抄的《相龍年一歌詩》（原歌無題目，筆者以該歌首句爲題）共 25 頁。曾傳興，生於 1911 年，於 1997 年逝世，高雄縣田寮鄉西德村蛇仔穴人，日治時期國民學校畢業，曾就讀漢學私塾。據他的次子曾乾舜先生（1934～）表示：原抄本來自他的阿公（曾傳興先生的父親），他的阿公雖然沒有受過教育，但能夠讀寫台語漢字；曾傳興先生的抄本，是在日治時期重抄自父親的舊抄本。曾傳興先生的抄本現由曾乾舜先生收藏。（1.電話訪問曾乾舜先生，2005.4.17 晚上 7 點；2.感謝蔡承維先生提供影本）。
〔註 2〕 蔡承維指出曾傳興在臺灣日治時期抄寫這一首「歌仔」。（2004.10.23 電話訪問）

連橫在 1933 年左右指出當時有盲女彈唱「戴萬生」〔註3〕，連橫的母語是臺灣 Holo 話，他所聽到的「戴萬生」，與《相龍年一歌詩》應有很大的關聯。

《相龍年一歌詩》唱詞中有「只牌、丑、旦」、「丑白、旦白、不盡白」這類的文字，「牌」應是曲牌，「丑」、「旦」是戲劇角色名稱，「白」是說白，由此可知，這一首歌含有戲劇成分，施師炳華懷疑這首歌或許是歌仔戲、布袋戲、皮猴戲（皮影戲）這一類臺灣 Holo 語戲劇的劇本。〔註4〕「歌仔冊」《新刊番婆弄歌》〔註5〕中，也有標出「丑白」、「丑唱」、「旦白」、「旦唱」。陳健銘指出：「觀其內容竟然是一齣紀錄相當完整的車鼓戲演出原始腳本。」〔註6〕

「本地歌仔」是「臺灣歌仔」與「車鼓小戲」兩種藝術的結合，起源約在 1900 年代以前，距今有一百年以上的歷史，在 1920 年代「改良歌仔（戲）」興起後，「本地歌仔（戲）」仍在臺灣農村、鄉間被演出。〔註7〕宜蘭縣文化局出版的一系列「本地歌仔（戲）」的戲文（也被稱爲「歌仔冊」），有一些慣用語與《相龍年一歌詩》相同，如：「清早起來天光時」、「一時有主意」、「力話就應伊」、「聽著笑微微」，而且這些本地歌仔所使用的手抄「歌仔冊」，和臺灣唸歌的唱本「歌仔冊」大致相同，但由於是戲文，所以偶爾（不多見）會出現「口白」二字，或在歌詞上方直接寫出角色姓名，目的應在說明該段歌詞由那一角色演唱。〔註8〕

〔註3〕 見連橫《雅言》：「台南有盲女者，挾一月琴，沿街賣唱；其所唱者，爲『昭君和番』、『英臺留學』、『五娘投荔』，大多男女悲歡離合之事。又有采拾臺灣故事，編爲歌辭者，如『戴萬生』、『陳守娘』及『民主國』，則西洋之史詩也。」（台北：臺灣銀行經濟研究室，臺灣文獻叢刊第 166 種，1963.2，p.36。）（《連雅堂先生全集：臺灣語典雅言》，南投：臺灣省文獻委員會，1992.3。）

〔註4〕 施師炳華口頭意見（2004.10.13）。

〔註5〕 影本收藏國立臺灣圖書館（原名：國立中央圖書館臺灣分館）臺灣特藏室，與《新刊臺灣陳辦歌》影本放在同一個書架，以精裝本樣式的封皮裝訂，藏書碼爲「T 539.1232/1211/79」，登錄碼爲「302104」，書名登錄爲「新刊番婆弄歌」。封面另有「T33/23」編號。正本應當也是被收藏在南投縣中興新村的臺灣省文獻會圖書館，但是已經遺失。

〔註6〕 見陳健銘《野台鑼鼓》p.37（台北：稻鄉出版社，1989 初版，1995 再版）。

〔註7〕 關於「本地歌仔（戲）」的介紹，詳見以下兩本專書：（1）陳進傳（等著）《宜蘭本地歌仔——陳旺欉生命紀實》（台北：國立傳統藝術中心籌備處，2000.12），pp.12～22。（2）楊馥菱（著）、曾永義（校閱）《臺灣歌仔戲史》（台中市：晨星出版公司，2002.12.30），pp.61～66。

〔註8〕 詳見宜蘭縣文化局出版的一系列「本地歌仔」戲文（歌仔冊）：（1）林茂賢（文

　　同時，《相龍年一歌詩》以「唱出」「一歌詩」爲開場白，這又是傳統「歌仔冊」的開頭慣用語。〔註9〕歌詞中常用的「一時有主意」，在歌仔冊《新刊臺灣陳辦歌》中也出現數次；又筆者檢索王順隆「閩南語俗曲唱本『歌仔冊』全文資料庫」〔註10〕，也發現「清早起來天光時」、「一時有主意」、「力話就應伊」這些語句在一些「歌仔冊」中也出現過。〔註11〕又，《相龍年一歌詩》的文字形式與內容，和《辛酉一歌詩》的前半段極爲相似，而《辛酉一歌詩》確實來自說唱藝人的彈唱。因此，筆者也懷疑《相龍年一歌詩》曾被以「唸歌」的方式彈唱。

　　從「歌仔冊」的用途來看，它本來可作爲「唸歌」的唱本，後來又被當作「本地歌仔」的戲文；因此，筆者仍將《相龍年一歌詩》界定爲「歌仔冊」。

　　就地域來講，《辛酉一歌詩》採集於臺灣中部的彰化縣，而《相龍年一歌詩》則來自於臺灣南部的高雄縣；就文字記錄時間來看，都在臺灣日治時期被記載〔註12〕。施師炳華與筆者懷疑這兩首「歌仔」有一個共同的母本根源，

案)《臺灣戲劇音樂集：本地歌仔　山伯英台》(1997.7，1書8CD)。(2) 林鋒雄 (總編審)《歌仔戲四大齣之一　山伯英台 (上) (下)》(1997.7)。(3) 林鋒雄 (總編審)《歌仔戲四大齣之二　陳三五娘 (上) (下)》(1998.10)。(4) 林鋒雄 (總編審)《歌仔戲四大齣之三　呂蒙正》(1999.8)。(5) 林鋒雄 (總編審)《歌仔戲四大齣之四什細記》(1999.6)。

〔註9〕詳見本論文第二章第一節。

〔註10〕王順隆「閩南語俗曲唱本「歌仔冊」全文資料庫」，http://www32.ocn.ne.jp/~sunliong/。

〔註11〕「清早起來天光時」、「清早起來天光明」、「清早起來天漸光」、「清早起來細思量」、「清早起來鬧猜七」、「清早起來先敬茶」、「清早起來日頭紅」(新竹：竹林書局286冊《英台留學歌》、台中：瑞成書局959冊《梁祝回陽結爲夫妻歌 (上本)》、廈門：手抄本1331冊《三伯英台》、廈門：手抄本1327冊《孟姜女》、廈門：手抄本1335冊《陳三五娘》、廈門：手抄本1340冊《陳三五娘歌》、嘉義：捷發出版社678冊《三伯想思歌》、廈門：手抄本1328冊《陳三歌》)。

「一時有主意」、「一時有主張」(廈門：手抄本1327冊《孟姜女》、廈門：手抄本1328冊《陳三歌》、廈門：手抄本1340冊《陳三五娘歌》、台中：瑞成書局959冊《梁祝回陽結爲夫妻歌 (上本)》)。

「力話就應伊」、「見說就應伊」、「力話著應伊」(廈門：手抄本1327冊《孟姜女》、廈門：手抄本1331冊《三伯英台》、廈門：手抄本1340冊《陳三五娘歌》)。

〔註12〕1936年楊守愚將賴和 (筆名「懶雲」) 約十年前 (1926年左右) 所記錄的《辛酉一歌詩》重新整理，分三期發表在《臺灣新文學》(台中：臺灣新文學社，(一)：1936.9.19，v1n8，pp.125～132，(二)：1936.11.5，v1n9，pp.63～72，

後來在不同地域傳唱演出，促使這兩首「歌仔」後半段的內容有所不同；同時，這一「歌仔」也可能成爲戲劇的戲文來源，因此，《相龍年一歌詩》中才會出現「只牌、丑、旦」、「丑白、旦白、不盡白」這類的文字。

如上所述，如果《相龍年一歌詩》與《辛酉一歌詩》有一個共同的母本，那麼，筆者從這兩首「歌仔」的內容有很多與歷史事件相吻合的情形看來，其創作時代應在清領時期，在同治 4 年（1865）戴潮春事件大致被平定之後，由民間藝人創作。

第一節 《相龍年一歌詩》的文字校注

《相龍年一歌詩》是高雄縣田寮鄉曾傳興（1911～1997）的毛筆手抄本，該抄本無歌名，筆者以開頭的歌詞名之。字數將近三千七百字，約爲《辛酉一歌詩》的一半字數。由於《相龍年一歌詩》原稿用字不一致，加上借音字過多，其文字有必要再重新加以整理一番，以方便讀者閱讀與理解。因此本節將對《相龍年一歌詩》的文字加以校對，並就被校改的文字加以註解，說明該用字被校改的原因。至於歌詞內容的詳細解說與史事出處，將留待在下一節中處理。

爲求文字校注易於比對，讓讀者便於閱讀，本節的校注加以表格化，以三個欄位來呈現，第一欄是原稿用字，第二欄是文字校注，第三欄是校對後的文字。

「原稿打字版」是筆者根據原抄本用字加以重新打字的版本，原稿影本請見本論文的附錄。原稿中有一些用字的字形與打字版未必完全相同，如果是還可以辨認其爲何字者，筆者就以打字處理；然而，原稿中有少部份用字無法辨識，筆者只好掃描原稿用字，以圖片貼上。原稿中有「只牌、丑、旦」、「丑白、旦白、不盡白」這類的說明文字，筆者將這些字加上方框，和唱詞文字做一區隔。

「文字校注」欄的處理原則爲：1.「：」之前的文字是原稿用字。2.「：」之後爲校注說明，又分爲三種，各以「。」加以區隔。（1）先列出該原稿用字的校改新字；尚有疑問的用字，則在字後加上「（？）」。（2）以臺灣羅馬字（白話字）標明該字詞的字音。如果該字有兩種字音，中間以「/」加以區隔。

（三）：1936.12.28，v2n1，pp.63～67）。

讀者如果需要臺灣羅馬字與其他台語拼音符號的對照，請見本論文「附錄一台語音標對照轉換表」。(3) 若該字詞需要解說，則在字音之後加以解說。如：「道：著，就。北部音 tiòh，南部音 tòh。」與「紧紧：緊緊。音 kín-kín。趕快。」，「道」與「紧紧」為原稿用字，「著，就」為「道」的校改字，「緊緊」為「紧紧」的校改字，「北部音 tiòh，南部音 tòh」與「音 kín-kín」是字音，「趕快」是「紧紧」的的解說。

　　「校對後新版」的處理原則說明：1.該字如果有兩種寫法，前一種寫法為校注者選擇的用字，第二種寫法則用「（　）」註明在後，讓讀者自行取捨。如：「轉（返）」。2.如果字詞用字有疑問，無法確知者，在該字詞後面加上「（？）」，並在該字詞下方加上橫線，方便辨識。3.少部分原稿用字無法辨識，則直接採用原稿文字，以圖片格式來處理。4.標點符號，改用新式標點符號。5.為了便於閱讀，原稿用字中有許多簡體字體，在校對版中改以現行通用的繁體字。6.疑有漏字，筆者增補的字，加上[　]。

　　本節校對後的文字版本，將做為本章第二節內容解析的採用版本。

　　整首「歌仔」押「i」、「iⁿ」韻。

原稿打字版	文字校注	校對後新版
尔今听道听。听我唱。 唱出相龍年。乙歌詩。 孔道台。倒任未几時。 庫艮夭未到。 身迻兜。 並無半文倿。可使用。 点叫小軍吩咐尔。 小軍。听乙見 雄雄走瓦去。 双脚叠齐跪落去。 未知。孔道台。位着乜代志。 全頭說出我知机。 孔道台。力話就應伊。 我今倒任。未几時。 庫艮妖未到。 身迻兜。	尔：你。 听：聽。 道：著，就。北部音 tiòh/南部音 tòh。 相：音 siùⁿ。生肖所屬。 乙：一。音 chit。 倒任：到任。 庫艮：庫銀。 夭未到：夭音 iáu。還沒到。 迻：邊（臧汀生教授意見） 可：音 thang。可以。 倿：錢。音 chîⁿ。 点：音 sûi，立刻、馬上（臧汀生教授意見 2005.1.13）。 叫：叫。音 kiò。 尔：你。音 lí。 瓦：倚。音 óa。	你今聽著聽，聽我唱。 唱出相龍年一歌詩。 孔道台到任未幾時。 庫銀夭未到。 身邊兜， 並無半文錢可使用。 点叫：「小軍！吩咐你。」 小軍聽一見， 雄雄走倚去， 雙脚叠齊跪落去： 「未知孔道台為著乜代志？ 從頭說出我知機。」 孔道台掠話就應伊： 「我今到任未幾時， 庫銀夭未到。 身邊兜，

第一欄

並無半文倓。可使用。
未知小軍怎主意。
小軍力話就應伊。
現時。帳下周衣申。
伊人眞忠議。
孔道台。力話。就應伊。
現時帳下周伊申
今日未迿圓。
紆紆。報過夫人得知机。
小軍奉令点着去。
不敢薙緣池。
去到報過夫人得知机。
我是奉令來到只。
愛且夫人三上議。
未知夫人。怎主意。
夫人力話。点着去。
問卜相公喚我。
妾身有乜事志。
全頭說出我知机。
相公。力話点應伊。
我呾無說夫人尔不知机。
我呾。今日倒任未几時。
庫艮夭未到。
思此叫尔夫人。呾知机。
夫人力話点應伊。
欠用庫艮。
不事。相公尔掛意。
只牌丑旦
相公听說玘。
何必煩惱。做是乜。
誰是相公。遘迿圓。
庫艮未到。
何用相公掛心机。
軍中議仁尽都有。
性周衣申。忠議仁。
何不令伊去主意。
何用相公掛心机。

第二欄

叠：thia̍p。疊。
位著：爲著。爲了。
乜：音 mih。什麼。
代志：音 tāi-chì。事情。代是借
音字。
力：掠。音 lia̍h。拿。力，泉州
音 lia̍h，爲借音字。
几時：幾時。
妖未到：夭未到。夭音 iáu。還
沒到。
忠議：忠義。
紆紆：緊緊。音 kín-kín。趕快。
薙：（1）久。音 kú；（2）另解：
句音 kù，再。
緣池：延遲。
只：音 chí。「只處」的省略，這
裡。
且：請。音 chhiáⁿ。
三上議：相商議。相，音 saⁿ。
事志：事古音 tāi。本「歌仔」
多作「代（大）志」，代是借音
字。
全：從。泉音 chn̂g。
呾：今。音 taⁿ。發語詞。「呾」
音 tàⁿ，呾是今的音近借字。
我呾今日：我今今日。前一
「今」，音 taⁿ，發語詞；後一
「今」，音 kin/kim。
不事：不使。免。
只牌、丑、旦：疑爲曲牌，但
抄者省略。
玘：起。音 khí。
是乜：甚乜。音 sím-mih，什麼。
誰：雖。音 sui。「誰」音 sûi，
爲音近借字。
議仁：義人。
尽：盡。
性：姓。

第三欄

並無半文錢可使用。
未知小軍怎主意？」
小軍掠話就應伊：
「現時帳下周衣申，
伊人眞忠義。」
孔道台掠話就應伊：
「現時帳下周衣申，
今日未轉圓。
緊緊報過夫人得知機。」
小軍奉令点著去，
不敢久（句）延遲。
去到，報過夫人得知機：
「我是奉令來到只，
愛請夫人相商議。
未知夫人怎主意？」
夫人掠話点著去。
問卜：
「相公喚我妾身有乜事
志？
從頭說出我知機。」
相公掠話点應伊：
「我今無說，夫人你不知
機。
我今今日到任未幾時，
庫銀夭未到。
思此，叫你夫人今（呾）
知機。」
夫人掠話点應伊：
「欠用庫銀，
不使相公你掛意。
只牌、丑、旦
相公聽說起。
何必煩惱做甚乜？
雖是相公卜（？）轉（返）
圓，
庫銀未到，
何用相公掛心機。
軍中義人盡都有，
姓周衣申，忠義人。
何不令伊去主意？
何用相公掛心機。

急得煩惱。愁越天。	愁越天：愁越添。	免得煩惱愁越添。」
[只牌]完餎	荷惱：呵咾。音 o-ló。誇獎，讚美。	[只牌]完餎
相公听著笑微匕。	勿意：主（？）意。	相公聽著笑微微，
荷惱夫人好勿意。	首來：（1）著（？）來（道來）。	呵咾夫人好主（？）意。
且尔。入內紒首來爲是。	（2）回（？）來。	請你入內，緊著（回）（？）
待我吩附左右去叫伊。	慘議：參議。	來爲是。
叫卜周衣申來慘議。		「待我吩附左右去叫伊，
我今。令人外館去。		叫卜周衣申來參議。」
小軍奉令点着去。		我今令人外館去。
不敢薘緣池。		小軍奉令点著去，
去到外館。未几時。		不敢久（句）延遲。
報過周將軍。得知机。		去到外館未幾時，
小人（軍）奉令。來到只。		報過周將軍得知機。
老爺且尔周將軍。去相見		小人/軍奉令來到只，
周衣申。听着笑微匕。		老爺請你周將軍去相見。
点共小軍說知机。		周衣申聽著笑微微，
老爺有令。且我。我着		点共小軍說知機：
去。		「老爺有令請我，我著
		去。」
去到見着老爺嗜嗜跪	嗜嗜：雄雄。音 hiông-hiông。	去到，見著老爺雄雄跪落
落去。	趕緊，突然。	去：
未知老爺且我乜大志。	大志：代志。音 tāi-chì。事情。	「未知老爺請我乜代
孔道台力話点應伊。		志?」
我今。今日倒任未几時。		孔道台掠話点應伊：
庫艮夭未到		「我今今日到任未幾時，
身辺兜。		庫銀夭未到。
並無半文俴可使用。		身邊兜，
且卜周將軍來慘議。	古盤掁班事好进智：這一句用	並無半文錢可使用。
古盤掁班事好进智。	字無法辨識。	請卜周將軍來參議。
未知周將軍。心內。怎主		古盤掁辦事好进智。（？）
意。		未知周將軍心內怎主
周衣申听着笑微微。		意?」
庫艮未到。		周衣申聽著笑微微：
不事老爺尔掛意。		「庫銀未到，
欠用庫艮捴着对。	只：這。這個。	不使老爺你掛意。
只三交來打起。	三交：三郊。音 sam-kau。清領	欠用庫銀，
孔道台。听着笑微匕。	時期臺灣府城三郊指的是：北郊	總著對只三郊來打起。」
	蘇萬利、南郊金永順、糖郊李勝	孔道台聽著笑微微，
	興。	

荷恼。周將軍。好心意。
尔咀贊我壱代志。
朝呈國法。後理周將軍去
料里。
若是三交僕艮却來。
到敢尔公恩大如天。
若是風調共雨順。
國泰民安太平年。
我佂位尔入朝來灶主。
大官小官峯乎理。
老爺紏匕且入內。
未知三交壱事意安排。

清早起來天光時。
周衣申心內壱時有主意。
文榜四菓宅來。我寫字。
奉卜老爺朱令去却僕
周衣申。奉令点着去
不敢薩緣池。
將只三交來却起。
却卜庫艮式百四。
大坎店却百二。
小坎店。却七／八拾。
表主間。却式百。
煙土行却三百。
布店却七拾。
拾世店。愛却六拾四。
杉仔行。却百六。
米粉間。却四拾
敢仔店。却三拾。
磁仔店。却拾六。
羔仔店。却拾式。
若是店頭却完俻。
將者市場來却起。
肉點却式円。魚架却円
式。

壱：這。音 chit。這個。

朝呈：朝廷。
後理：乎你。音 hō lí。交給你。
料里：料理。
却：音 khioh。收錢。
敢：感。
共：音 kāng。和，連接詞。

佂：才，音 chiah。
位尔：爲你。
灶主：奏主。
峯乎理：封乎你。
意安排：怎安排（？）。

文榜四菓：文房四寶。
宅：撦，提。音 thèh。拿。

庫艮：庫銀。
大坎店：大籤店。音 tōa kám-
tiàm。大盤商。坎音 khám,爲籤的
音近借字。
表主間：婊子間。妓女戶。
煙土：鴉片。
拾世：雜細。音 chàp-sè。雜貨。

敢仔店：籤仔店。音 kám-á-tiàm。
小雜貨店。
磁仔：磁仔。音 hûi-á。瓷器。

羔仔：糕仔。音 ko-á。糕餅。

者：音 chiá。這些。借音字。
肉點：肉店。

呵咾周將軍好心意：
「你今贊我這代志，
朝廷國法乎你周將軍去
料理。
若是三郊錢銀却來到，
感你公恩大如天。
若是風調共雨順，
國泰民安太平年。
我才爲你入朝來奏主。
大官小官封乎你。」
「老爺緊緊請入內，
未知三郊一事怎安排？」

清早起來，天光時。
周衣申心內一時有主意：
「文房四寶撦來我寫字。
奉卜老爺朱令去却錢。」
周衣申奉令点著去，
不敢久（句）延遲。
將只三郊來却起，
却卜庫銀式百四。
大籤店却百二，
小籤店却七、八拾，
婊主間却式百，
煙土行却三百，
布店却七拾，
雜細店愛却六拾四，
杉仔行却百六，
米粉間却四拾，
籤仔店却三拾，
磁仔店却拾六，
糕仔店却拾式。
若是店頭却完備，
將者市場來却起：
肉店却式圓，魚架却圓
式，

原文	註解	校訂
賣茱却弍百。飯卓仔却三百。 糶米却百伍。賣番薯。却伍拾。 洮柴却三拾。 換俴櫽炉夫却二占。 梹榔卓。却乙百。 買肉骨却六占。扛轎。却拾六。 洮屎却拾俴。做乙食却六文。 出入城。查某人却拾文。 查埔人却拾弍。 俴艮却完俻 合共壹万八千四。 若是開無到空 行過路却來添。 紧比報過老爺。得知机。 清早起來天光時。 三交自興周衣申。 垒盤。無道里。 尔今在可。俴艮乎伊來却去。 三交頭。 五大聖。 燒招眾八姓。來慘議。 未知。眾八姓。心內怎子意。 眾八姓。听壹見。眞不愿 壹時傳批甲謨反。 八姓傳批。**点**著去。 不可外人。得知机。 壹事你來都俻。 着伊孔道台。周衣申。 壹大來溝起。	飯卓:飯桌。 糶:音 thiò。賣米。 洮:挑,擔。音 taⁿ。 炉:爐。 占:音 chiam。貨幣單位,如:一占錢。 梹:檳。 文:音 bûn。貨幣單位,如:一文錢。 万:萬。音 bān。 興:恨。音 hīn。漳州音「興」音 hin,爲音近借字。 垒:攬。音 lám。總攬。「垒」音 làm,爲音近借字。 在可:侢可,怎可。音 chai⁶-thang,cháiⁿ-thang。怎麼可以。侢音 chai⁶,是泉州古音,意同「怎」。今多作「怎」,音 cháiⁿ。 五大聖:五大姓。清領時期臺灣府城居民有五大姓氏:蔡、郭、黃、許、盧。 燒招:相招。 八姓:百姓。 子意:主意。 愿:願。 甲:佮。音 kah/kap。和。 謨反:謀反。 壹事:這事,chit-sū。 俻:備。 壹大:這代,音 chit-tāi。這代志,這件事情。 溝起:講起。	賣茱却弍百,飯桌仔却三百, 糶米却百伍,賣番薯却伍拾, 擔柴却三拾, 換錢櫽爐夫却二占, 檳榔桌却一百, 賣肉骨却六占,扛轎却拾六,擔屎却拾錢,做乞食却六文。 出入城:查某人却拾文,查埔人却拾弍。 錢銀却完備, 合共一萬八千四。 若是開無到空, 行過路却來添。 緊緊報過老爺得知機。 清早起來,天光時。 三郊著恨周衣申: 「**攬盤**無道理! 你今怎可錢銀乎伊來却去?」 三郊頭、 五大姓, 相招眾百姓來參議: 「未知眾**百姓**心內怎主意?」 眾百姓聽一見,眞不願, 一時傳批佮謀反。 百姓傳批**点**著去, 不可外人得知機。 這事你來都[完]備。 著[共]伊孔道台、周衣申, 這代[志]來講起:

孔道台。做官貪才利。
謨衣。周衣申。去却俴。
合共却有壹万八千四。
五朝街。活豹市。
五大聖。眾八姓。心內子
意。
頭鬃丙栗纏。手袖直乜
別。
小刀仔。興前連栽五六
枝。
不道莫。卜著做未是。
有事三交頭家挑起乜。

清早起來。天光時。
三交頭。五大聖。眾八
姓。
壹時。有主意。
八城門。踏告是。
壹時謨營点着去。
將老乞奸臣。來宝死。
順次。次槍乜。
好胆次呼死。
無膽。庫茶沙乜治。
今仔日奸臣周衣申。
頭壳敢下打不見。

孔道台。看見周衣申。
却俴点返去。
暢心甲歡喜。荷恼周衣
申。
猴办事。好計智。
若是有日太平年。
敢尔公恩。大如天。
周衣申。力話点應伊。
我今做尔。壹手下。

才利：財利。
衣：伊。音 i。他。

五朝街：五條街。清領時期臺灣
府城有五條港街。
活：喝。音 hoah。喊叫。
豹市：罷市。音 pā-chhī。「豹」
音 pà，爲音近借字。
丙：拼。音 piàⁿ。
栗：力。音 la̍t。栗音 la̍t，是借
音字。
袖：袘，音 ńg。
別：音 pih。捲起。
興前：胸前。
莫：mài。不要。
未是：微是。音 bî-sī。好，細密
之意。未是借音字。
踏告是：貼告示。
宝：疑音 tu̍h。以刀刺殺。
順次：順紲。音 sūn-sòa。順便。
次：刺。音 chhì。
乜：乜（人），什麼人？
次呼死：刺乎死。「乎」是「予
（hō）伊」的合音。
奸臣：奸臣。
頭壳：頭殼。
敢下：敢會。音 kám-ē。

猴：勢。gâu。能幹，賢能。「猴」
音 kâu，爲音近借字。

「孔道台做官貪財利，
謀伊周衣申去却錢，
合共却有一萬八千四。」
五條街，喝罷市；
五大姓、眾百姓，心內主
意。
頭鬃拼力纏，手袘直直
別。
小刀仔胸前連栽五、六
枝。
「不就莫，卜著做微是，
有事三郊頭家擔起起。」

清早起來，天光時。
三郊頭、五大姓、眾百
姓，
一時有主意。
八城門，貼告示，
一時謀營点著去。
將這個奸臣來宝死，
順紲刺槍：
乜〔人〕好胆，刺乎死；
無胆，褲底（？）沙沙治。
今仔日奸臣周衣申，
頭殼敢會打不見！

孔道台看見周衣申，
却錢点轉（返）去。
暢心佮歡喜，呵咾周衣
申：
「勢辦事！好計智！
若是有日太平年，
感你公恩大如天。」
周衣申掠話点應伊：
「我今做你一手下，

朝呈國法。乎我來料里。
孔道台。听着笑微乚。
卞卜酒緣暢飲來吟詩。
孔道台。周衣申。
暢飲吟詩未已時。
人報番軍。賊馬滿乚是。
賊馬留乚去留乚行。
行到杉行口。着安營。
等待今夜。三庚。時份正來行。
眾兄弟。等斉。**点**著去
蘿卜周衣申受甯池。
去到看見大門。開**彶**乚。
有人著卜贊。有人着卜**㧓**。
有人卜宅俴。有人卜宅乜。
有人無臭消。有人斬店窓。
有人夯椅寮。有人夯皮想。
有人袖衣**將**。有人夯綿被。
有人袖草席。有人扛代櫃。
有人夯椅卓。有人捧香炉。
有人所桶盤。有人夯門邦。
有人盤碗**硾**。
盤甲內面空空。無半港。
有壱亇小子緒
慘人。卜宅乜。宅無乜。
對興房仔內留乚行留乚去。
去到看見壱亇史桶紅記記。
唔乚夯起來。**点**着去

酒緣：酒筵。

未已時：已，當作「己」，是「幾」的借音字。

留：liu。
庚：更。音 kiⁿ/keⁿ。
時份：時分。
斉：齊。是「一下」的合音。
蘿：掠。音 liàh。捉拿。蘿，泉音 liak，白話音 liàh。
甯池：凌遲。音 lêng-tî。
彶：離。音 li7。（臧汀生教授指出敦煌變文有此用字，2005.1.13）
卜：音 beh/boeh。要。
宅：搣，提。音 thèh。拿。
乜：物。音 mih。（乜音 mih。）
臭消：消，音 siâu。罵人不乾淨，惡言惡行待人。
椅寮：椅條。
皮想：皮箱。
袖：捲。
代櫃：大櫃。

椅卓：椅桌。
門邦：門枋。即門板。邦、枋同音 pang。
盤：搬。
碗硾：銅（？）鐘。
無半港：無半項。一件都沒有。港→巷=項，音 hāng。
緒：人名（？）。
對興房仔內：興，音 hìn。那裡。
亇：個，個。音 ê/gê。
史桶：屎桶。

朝廷國法乎我來料理。」
孔道台聽著笑微微，
辦卜酒筵暢飲來吟詩。
孔道台、周衣申，
暢飲吟詩未幾時。
人報番軍賊馬滿滿是。
賊馬留留去留留行。
行到杉行口，著安營。
等待今夜三更時分才來行。
眾兄弟等一下，**点**著去，
掠卜周衣申受凌遲。
去到，看見大門開離離。
有人著卜贊，有人著卜**㧓**，
有人卜搣錢，有人卜搣物，
有人無臭消，有人斬店窗，
有人夯椅條，有人夯皮箱，
有人捲衣**將**，有人夯棉被，
有人捲草席，有人扛大櫃，
有人夯椅桌，有人捧香爐，
有人掀桶盤，有人夯門枋，
有人搬銅（？）鐘。
搬甲內面空空無半項。
有一個小子緒，
參人卜搣物，搣無物，
對興房仔內留留行留留去。
去到，看見一個屎桶紅記記，
雄雄夯起來**点**著去。

人亡問尔小子縤。 尔今夯圪勹史桶。達乜俴 伊安壱時見少。 紤紤。沔落去。 也有五百円白記亡。 乎伊做工俴。	圪：迄。音 hit。那個。 安：安（？）。這樣。 見少：見笑。 沔：音 phiaⁿ。丟下。 円：圓。音 îⁿ。	人人問：「你小子縤！ 你今夯迄個屎桶，值乜 錢?」 伊安（？）一時見笑， 緊緊沔落去。 也有五百圓白記記， 乎伊做工錢。
清早起來天光時。 眾八姓且卜三交來慘議 卜力周伊申尋不見 著伊勿共箱了祜 未知三交心內怎主意 三交听壱見	勿共：物件。 箱了祜：收了離。	清早起來，天光時。 眾百姓請卜三郊來參議。 卜掠周衣申，尋不見， 著[共]伊物件收了離。 未知三郊心內怎主意？ 三郊聽一見，
心內壱時有主意 宅卜紙必寫批時。 壱批寫來都完俻 令下走朱傳批点著去走 朱。 傳批著世字 不可外人得知枝。 今夜。傳批透夜去 報過戴万生得知枝 去到。看見戴万生 有記冺行前有爲記 着我。批信献乎依。 看壱見 力話着問伊。 看尔下。禾我名字。 小人力話着應伊 我咀有听阮本說有說起 講尔行前有爲記 正是戴万歲尔名字。 戴万稅尔名字。 戴萬生听笑亡微。 自批信打開看壱見 暢心甲歡喜。 眾八姓五大聖三交頭。	紙必：紙筆。 下：會。音 ē。 會走朱：跑得很快的姓朱的人。 点：音 sûi，馬上。（臧汀生教授意見） 世字：細膩。音 sè/sòe-jī。小心。 知枝：知機。 記冺：記認。音 kì-jīm。冺是「人」的「增符變音」。（臧汀生教授意見 2005.1.13） 行前：胸前。 爲記：做記號之物。 依：伊。音 i。他。 禾：疑其義爲「識」。音 pat/bat。認得。 本說：本帥。 万稅：萬歲。	心內一時有主意， 掃卜紙筆寫批時， 一批寫來都完備。 令會走朱傳批，点著去。 走朱傳批著細膩， 不可外人得知機。 今夜傳批，透夜去， 報過戴萬生得知機。 去到，看見戴萬生。 有記認胸前有爲記， 著[共]我批信獻乎伊。 [戴萬生]看一見， 掠話著問伊： 「看你會識我名字？」 小人掠話著應伊： 「我今有聽阮本帥有說起， 講你胸前有爲記， 正是戴萬歲你名字， 戴萬歲你名字。」 戴萬生聽[著]笑微微， 著[共]批信打開看一見， 暢心佮歡喜。 眾百姓、五大姓、三郊頭，

招伊謨出壱大至。 戴万生壱時有主意 壱時謨營。甲辟旗 辟有黃旗。青旗。紅旗。 鳥旗。白旗滿滿是。 辟起戴万生。伊名字。 戴万生。壱時謨出天地會 奉卜。走朱去傳批。 傳有頂到三省。下到農喬 頂淡水。傳到下淡水。 東西南北傳照知。 北無候人做先生。 着者。庄中來此起主帥。 戴万生大歌爲元歲 埤仔頭。領先風。 阿里港响珍冬。 阿候去打洞。 東港打ㄥㄉ。 石公坑眞正旗。 白某舟做世姨。 新埤頭烟吞促。 新庄做大某。 七帝厝凍不可。 大林浦。丑白不盡有坴 人。 有健坴壱万八千四。 韞仔牢頭。着帝倫。 赤竹著帝呪。 想思完。着帝京。 林投湖着帝倫。 許令腳。田草崙。 莿蔥腳。空地仔。 听壱見暢心甲欢喜。 燒招着卜去。 去到田中央。 前也厝後也厝。 丑白且白不盡白	大至：代志。 辟：徛。音 khiā。樹立，豎。 農喬：瑯瑀。今屏東縣恆春鎮的舊地名。 照：chiâu，全部。 候：勢，音 gâu。賢能。 者：音 chiá。這裡。借音字。 大歌：大哥。 元歲：元帥。 先風：先鋒。 珍冬：叮噹。 ㄥㄉ：音 phin-phông。水聲。 旗：奇（？）。音 kî。 某舟：牡丹。 世姨：細姨。小老婆。 大某：大老婆。 七帝厝：七塊厝。地名。 凍不可：擋不可。音 tòng m̄-thang。阻止，不可以這樣作。 坴：咱。音 lán。我們。坴，音 làm，爲音近借字。 韞仔牢頭：塭仔牢頭。 帝：塊。音 tè。正在，在…… 倫：論。音 lūn。談論。 呪：咒。音 chiù。詛咒。 想思完：相思冤（？）。 京：驚。 許令：苦楝。音 khó-lēng。	招伊謀出一代志。 戴萬生一時有主意， 一時謀營甲徛旗， 徛有黃旗、青旗、紅旗、 鳥旗、白旗滿滿是。 徛起戴萬生伊名字。 戴萬生一時謀出天地會， 奉卜走朱去傳批。 傳有頂到三省，下到瑯 瑀； 頂淡水傳到下淡水， 東西南北傳照知。 北無勢人做先生， 著這庄中來此起主師。 戴萬生大哥爲元帥， 埤仔頭領先鋒， 阿里港响叮噹， 阿候去打洞， 東港打ㄥㄉ。 石公坑眞正奇（？）， 白牡丹做細姨， 新埤頭烟吞促， 新庄做大某， 七塊厝擋不可。 大林浦丑白不盡有咱人， 有健咱一萬八千四。 塭仔牢頭著塊論， 赤竹著塊咒， 相思冤（？）著塊驚， 林投湖著塊論。 苦楝腳、田草崙、 莿蔥腳、空地仔， 聽一見，暢心佮歡喜， 相招著卜去。 去到田中央， 前也厝，後也厝。 丑白、且白、不盡白

頂後庄。下後庄。問知枝。 燒招着卜去。 去到墆單牢脚。 愚着七老爺。 招卜今夜時份正來行。 行到付伊戴万生。可合營。	愚著：遇著。 可：音 thang。可以。	頂後庄、下後庄，問知機， 相招著卜去。 去到埤單牢脚， 遇著七老爺， 招卜今夜時分才來行。 行到赴伊戴萬生，可合營。
清早起來天光時 戴万生。燒招着三議。 將好漢听壹見。 頭鬃丙摅纏手袖丙力別。 着者佳絲絇齊俻 隨時着卜去。 旗後帝思候 大港三塊厝 丑白旦白不盡白 大慘捤帝慮 喜西甲。人馬無机百听壹見。 牛調埔趙仔办 眞正俒眞正俒。 思卜入大哥可領。令 赤山崙眞合和眞合和 有換旗。無換刀 不敢出眞名字。 今夜時份正來去 戴万生壹時三月初好日止。 傳有批照通知。將好漢入內領令旗。燒招着卜行。 行到下爲秀旧城。 遇着三坪蘭蟶戲。	將好漢：眾好漢。 丙摅：拼力。音 phiàⁿ-la̍t。用力，使勁。 佳絲：傢俬。武器。 絇：音 chhôan。準備。 喜西甲：戲獅甲。地名，在今高雄市前鎮區。 机百：幾百。 牛調埔：牛稠埔。地名。 思：想。音 siūⁿ。 可：音 thang。可以。 壹時：即時。即，音 chit。 日止：日子。 照：音 chiâu。全部。 下爲：下圍。地名。 旧城：舊城 坪：棚。音 pîⁿ/pêⁿ。 蘭蟶：亂彈。音 lān-tân。中國北方傳來的戲劇。	清早起來，天光時， 戴萬生相招著相議。 眾好漢聽一見， 頭鬃拼力纏，手綰拼力別， 著者傢俬絇齊備， 隨時著卜去。 旗後塊伺（？）候， 大港三塊厝， 丑白、旦白、不盡白 大慘捤塊慮。 戲獅甲人馬無幾百， 聽一見。 牛稠埔趙仔辦 眞正興（？）眞正興（？）。 想卜入大哥，可領令。 赤山崙眞合和，眞合和， 有換旗，無換刀， 不敢出眞名字。 今夜時分才來去， 戴萬生即時三月初好日子， 傳有批照通知。 眾好漢入內領令旗， 相招著卜行。 行到下圍秀舊城， 遇著三棚亂彈戲：

壱坪盤做郭子義。 壱坪盤做郭華買烟芝。	盤：搬。音 poaⁿ。 郭子義：郭子儀。中國唐朝平定安史之亂的名將。 烟芝：胭脂。音 ian-chi。	一棚搬做郭子儀， 一棚搬做郭華買胭脂。
清早起來天光時天光時。 戴万生。點兵人馬港万千	港：總。音 chóng。港疑爲滄，爲音近借字。	清早起來，天光時，天光時。 戴萬生點兵，人馬總萬千，
議卜弍拾名人大哥。可領令。 合會邱知高。卜領兵有二千。	知高：豬哥。	議卜弍拾名人，大哥可領令。 合會邱豬哥，卜領兵，有二千。
邱元涼領兵有二千 法令着起行。	法令：發令。	邱元涼領兵有二千， 發令著起行。
簡天保。簡天生。 二人領兵。有四千。 點兵着起行。		簡天保、簡天生， 二人領兵有四千。 點兵著起行，
付卜今夜可合營 合會王仔裎王定法。	付：赴。 裎：程。	赴卜今夜可合營。 合會王仔程、王定法，
二人領兵有四千。 合會張文老。林進達。		二人領兵有四千。 合會張文老、林進達，
二人領兵有四千。 合會商法海。蔡阿發		二人領兵有四千。 合會商法海、蔡阿發（?），
二人領兵有四千。 合會蔡義吉。林阿三。		二人領兵有四千。 合會蔡義吉、林阿三，
二人領兵有四千 許丁爲。許丁保。		二人領兵有四千。 許丁爲、許丁保，
二人領兵有四千 許丁貴。許丁完。		二人領兵有四千。 許丁貴、許丁完，
二人領兵有四千十六名 將兄弟。領兵三万二。 点出着起行	點：點。音 tiám。 漳化：彰化。	二人領兵有四千十六名。 眾兄弟領兵三萬二， 點出著起行。
行到今夜三庚時份 卜打漳化城 卜打漳化想不兀。	兀：久（?）。 生：先。音 seng（白話音）。	行到今夜三更時分， 卜打彰化城。 卜打彰化想不久（?），
壱時法兵生打呼炉墩。 眾兄弟去到未机時。 看見大門開离离。	呼炉墩：葫蘆墩。地名。 未机時：未幾時。	一時發兵先打葫蘆墩。 眾兄弟去到未幾時， 看見大門開離離。

也有人点帝走。		也有人点塊走,
也有人点帝閃。		也有人点塊閃,
也有人点		也有人点……
城外人看壹見		城外人看一見,
暢心甲歡喜。	杀：殺。音 thâi。	暢心佮歡喜。
城內杀總里。	曹：音 chô。用刀（？）。	城內殺總理,
四快五曹六快共九曹	共：音 kāng。和，同。	四快五曹，六快共九曹,
四計尋總無。	四計：四界。	四界尋總無。
好厚人点帝走	好厚人：富戶人。	富戶人点塊走,
做官人点帝溜。		做官人点塊溜,
店頭人京甲面憂	順次：順紲。	店頭人驚甲面憂,
力着馬老爺順次綴口鬚。	綴：音 chhoah。拔。	掠著馬老爺順紲綴口鬚。
有人尋過來有人尋过去。	勿：物。音 mih。	有人尋過來，有人尋過去,
有人卜杀人。有人愛宅勿。	墫：趒（？）。音 chông。四處奔跑。	有人卜殺人，有人愛撏物,
有人愛宅艮。有人愛宅俴。	躍：音 liok（？）。	有人愛撏銀，有人愛撏錢,
有人点帝墫。有人点帝躍。		有人点塊趒（？），有人点塊躍。
戴万生。壹時收軍。着起行		戴萬生一時收軍著起行,
隨時著安營		隨時著安營。
候卜三月十八日		候卜三月十八日,
卜公漳化城。	公漳化城：攻彰化城。	卜攻彰化城。
王德曾食飯三千古。	古：股。音 kó。戴潮春部眾以「股」爲計算單位。各股的領袖爲「股首」，敬稱爲「大哥」。	王德曾食飯三千股,
陳元德。講伊守城虎。		陳元德講伊守城虎,
楊目丁無俴得大古。		楊目丁無錢得大股,
許保成豬西魯。	豬西魯：豬屎魯（臧汀生教授意見）。	許保成豬屎魯。
洪花好恩某。	恩：個。音 in。他的。	洪花好個某,
大脚𧾷是伊ㄅ踏頭某。	𧾷：程。	大脚程是伊ㄅ踏頭某。
簡豬歌內豬母。		簡豬哥、內豬母,
丑白旦白不盡白		丑白、旦白、不盡白
邱豬哥。黃豬母。透夜着起行。		邱豬哥、黃豬母，透夜著起行。
行过𤜏肚腸。		行過𤜏肚腸,
遇着反人潘米定	反人：番人（臧汀生教授意見）。	遇著番人潘米定。
看壹見着問伊。		看一見，著問伊。

点叫林仔郝來慘議
燒招今夜三人來走監。
㷉着是。
走到郭大風家中安身己
郭大風不敢乎伊帶
甲伊卜姓命。
㷉着行今夜三人走出城。
走出城外牛朝埔
遇着壹ケ六大老
慘伊嚴仔办眞正好。
甲伊壹下呼
憎伊白艮。三百円。
宅过手不甘食不甘用
不甘做身屚。
隨時走上絲去領令。
令旗領落來
遇著戴万生查路杀道台。
壹下杀式下杀天地多未
平
孔道台頭壳做二平。
今日做有壹事。
正是周衣申尔今做得
今日刈肉杀頭。正合皆。
周衣申孔道台杀壹死
眾人暢心甲歡喜。
周本縣下大老死了最掛
隨時點兵工漳化。

清早起來天光時
天地有乖意。
清天白日雨淋漓。
眾好漢不敢去。
壹營坪埔番不京死透雨
去。
去到身打路。下德爲。田
中央。

㷉：總（？）。
身己：身體。
帶：音 tòa。住在那裡。
甲伊：共伊。音 kāi。向他要。
姓命：性命。
牛朝埔：牛稠埔。地名。

慘：參。音 chham。和。
呼：喝。音 hoah。喊叫。
憎：贈。音 chān（白話音）。

做身屚：做身穿。
上絲：上司。

二平：二爿。音 nn̄g-pêng。兩半。
壹事：這事。音 chit-sū。

刈：割。音 koah。
合皆：合該。
下大老：夏大老。疑爲曾任北路
協副將的夏汝賢。
最掛：罪過。音 chōe-kòa。過的
白話音讀爲 kòa。
工漳化：攻彰化。

坪埔番：平埔番。音 pîⁿ/pêⁿ-po͘-
hoan。平埔族原住民。
京死：驚死。
下德爲：下竹圍（？）。下：音
ē。

点叫林仔郝來參議。
相招今夜三人來走監，
總（？）著是，
走到郭大風家中安身己。
郭大風不敢乎伊帶，
共伊卜性命。
總（？）著行，今夜三人
走出城，
走出城外牛稠埔，
遇著一個六大老，
參伊嚴仔辦眞正好。
共伊一下喝，
贈伊白銀三百圓。
撫過手，不甘食，不甘
用，
不甘做身穿。
隨時走上司去領令，
令旗領落來，
遇著戴萬生查路殺道台。
一下殺，式下殺，天地多
未平。
孔道台頭殼殺做二爿。
「今日做有這事，
正是周衣申你今做得，
今日割肉殺頭，正合該。」
周衣申、孔道台殺一死，
眾人暢心佮歡喜。
周本縣、夏大老死了罪
過。
隨時點兵攻彰化。

清早起來，天光時，
天地有乖意。
清天白日雨淋漓，
眾好漢不敢去；
一營平埔番不驚死，透雨
去。

五江水慍庠腳。 眞落簡家庄。 丑白旦白不盡白 隨時着起行。 行到付卜元歲可合營。 候卜三月十八日 卜公漳化城 眾兄弟。看壱見 大城門開劦匕。 九蹉連豬。五六枝 大鎗小鎗滿匕是。 鎗子打着腳腿迄。 打著馬老爺無身絲。 丑白旦白不盡白 八城門破壱開。 弍民將勇死死大舞追 清早起來天光時 混濁不分男共女 覌見水清老盤魚。 戴万生出來着廣起 伊今連打三陣过。 未知卜人可收尾掠 掠隣咀將兄弟着起行 隨時卜卜回營。 勸蠢眾兄弟 垃小倹艮着去趂 思去思前共処意完傗	慍庠腳：塩牢腳（？）。 付：赴。音 hù。 腳腿迄：腳腿邊。 身絲：身屍，身尸。 弍民：義民。音 gī-bîn。「弍」音 jī，訛音爲 gī。 大舞追：大舞堆。音 tōa-bú-tui。 一大堆。舞爲語助詞。 共：音 kāng。和，連接詞。 廣起：講起。音 kóng-khí。 卜人：乜（？）人。 隣：恁。音 lín。你們。 咀：說。 蠢：存（？）。 垃：咱。音 lán。我們。垃音 làm， 爲音近借字。 趂：趁的俗字。逐利、獲得曰趁。 思：音 siūⁿ。 処：處。音 tè。地方。	去到身打路、下竹圍、田 中央、五江水、塩牢腳 （？）， 眞落簡家庄。 丑白、旦白、不盡白 隨時著起行， 行到赴卜元帥可合營。 候卜三月十八日， 卜攻彰化城。 眾兄弟看一見， 大城門開離離。 九蹉連豬五六枝， 大鎗小鎗滿滿是。 鎗子打著腳腿邊， 打著馬老爺無身屍。 丑白、旦白、不盡白 八城門破一開， 義民、將、勇死死大舞 堆。 清早起來，天光時， 混濁不分男共女， 觀見水清老盤魚。 戴萬生出來著講起： 伊今連打三陣過， 未知乜（？）人可收尾？ 掠恁咀：「眾兄弟著起 行， 隨時卜回營。 勸蠢眾兄弟： 咱小錢銀著去趁。」 思去思前，共處意完傗。

第二節　《相龍年一歌詩》的內容解析

　　《相龍年一歌詩》是高雄縣田寮鄉曾傳興（1911～1997）的毛筆手抄本，該抄本無歌名，筆者以開頭的歌詞名之。字數將近三千七百字，約為《辛酉一歌詩》的一半字數。

　　由於《相龍年一歌詩》原稿用字不一致，加上借音字過多，其文字有必要再重新加以整理一番，以方便讀者閱讀；因此，本節引用的《相龍年一歌詩》用字，採用本章第一節校改後的文字，這是施師炳華與筆者共同校注的版本。該字如果有兩種寫法，前一種寫法為校注者選擇的用字，第二種寫法則用「（　）」註明在後，讓讀者自行取捨，如：「轉（返）」。如果字詞用字有疑問，無法確知者，在該字詞後面加上「（？）」，並在該字詞下方加上橫線，方便辨識。疑有缺漏字的增補字，加上[　]。少部分原稿用字無法辨識，則直接採用原稿文字，以圖片格式來處理。標點符號，改用新式標點符號。同時，為了便於閱讀，原稿用字中有許多簡體字體，在校對版中改以現行通用的繁體字。讀者如果需要查閱原稿用字，請見本章第一節，以及本論文附錄的原抄本掃描圖檔。

　　《相龍年一歌詩》的內容，從「孔道台」因為欠缺軍餉，而剝削臺灣府城商民的錢，繼而遭受百姓的罷市抗爭寫起，到 1862 年戴潮春等人殺了貪官孔道台為止。本節將參照歷史事件來解析《相龍年一歌詩》的內容。

一、辛酉年（咸豐 11 年，1861 年）台南府城百姓罷市抗稅

1. 臺灣道台孔昭慈無錢可用

　　你今聽著聽，聽我唱。唱出相龍年一歌詩。

　　孔道台到任未幾時。庫銀天未到。身邊兜，並無半文錢可使用。

「今」音「taⁿ」，現在，也作為發語詞。「著」，音「tiȯh」/「tȯh」，就。這首歌開頭以「聽」和「唱」等字為開場，而不是以「看」和「寫」為開場。推論應該是訴諸於聽覺而非視覺的說唱藝術，同時「唱出……歌詩」是唸歌慣用的開場白，詳見本論文第二章。筆者猜測這個手抄本應該是抄者曾先生聽藝人唸歌，邊聽邊抄的筆記，因為邊聽邊抄，純屬娛樂，在用字上不很講究，而是以標音為主，因此借音字特多，部分用字也不一致。

　　「相」音「siùⁿ」，屬。「相龍年」，就是十二生肖屬龍的那一年。戴潮春正

式武裝反抗政府那一年是清穆宗同治 1 年（1862），屬狗年，干支爲壬戌年；而臺灣府城以罷市反抗臺灣道台不當課稅的那一年是清文宗咸豐 11 年（1861），屬雞年，干支爲辛酉年。「孔道台」指的是福建分巡臺灣兵備道孔昭慈，他在道光 3 年（1823）考中進士，咸豐 4 年（1854）到 6 年（1856）間任職臺灣府北路理番鹿仔港海防捕盜同知，咸豐 6 年（1856）到 8 年（1858）任職臺灣府知府，咸豐 8 年（1858）3 月升任臺灣道。〔註 13〕孔昭慈升任臺灣道那一年是馬年，干支爲戊午年。因此，這一首歌說要唱屬龍那一年的故事，年代可能有誤。清文宗咸豐 6 年（1856）那一年才是龍年，干支爲丙辰年，這一年孔昭慈升任爲臺灣府知府，還沒有晉升爲臺灣道台。

「庫銀夭未到」是說應當要從福建內地運來供臺灣使用的官銀還沒有運到，主要是駐臺班兵的軍餉。「身邊兜，並無半文錢可使用」是說臺灣官府已經沒有錢可以使用。據許雪姬研究：「臺灣的地丁錢糧不足台兵的餉，故臺灣的餉需由福建運來。」〔註 14〕但是，「台郡一年的徵輸，實不足供全部的兵食，不足者，仍得由福建窮蹙的財政下撥給。閩省的兵費則由額征地丁、鹽課、關稅、春秋報撥的臺灣餉稅及無定額的雜項銀兩內提撥，若仍不足，只能寄望於各省的協餉。」〔註 15〕自從道光 30 年（1850）洪秀全建立太平天國之後，咸豐 3 年（1853）太平天國定都天京（南京），一直到同治 3 年（1864）4 月太平天國亡國，14 年間，大清帝國在長江以南疲於與太平軍對抗，耗費大量的人力物力財力；又咸豐 7 年（1857）英法聯軍攻佔廣州，隔年又攻佔大沽砲台，簽定天津條約，同年俄國佔領黑龍江左岸，璦琿條約；又咸豐 10 年（1860）英法聯軍佔領北京，清文宗逃亡到熱河，隨後簽定北京條約。大清帝國遭遇前所未見內憂外患，差點就要亡國。

當時大清大國財政的困窘，可從《清文宗實錄》與《清穆宗實錄》見出：「福建自咸豐 3 年（1853）辦理軍務，需餉浩繁，銀錢不能周轉，經在籍候

〔註 13〕 孔昭慈的生平參見以下資料：《臺灣通志》〈職官・文職〉（《臺灣方志集成・清代篇——第一輯》，高賢治/主編，第 28 冊，臺北：宗青圖書出版公司/印行（轉印自：臺灣銀行「臺灣文獻叢刊第 73 種」），上冊 p.351）、許雪姬/總策畫《臺灣歷史辭典》【附錄】（台北：遠流出版事業有限公司/編輯製作，行政院文化建設委員會/發行，2004.5.18 一版，pp.A087、A092、A103）。

〔註 14〕 見許雪姬《清代臺灣的綠營》（中央研究院近代史研究所專刊（54），台北：國立中央研究院近代史研究所，1987.5 初版，p.72）。

〔註 15〕 見許雪姬《清宮臺灣的綠營》（中央研究院近代史研究所專刊（54），台北：國立中央研究院近代史研究所，1987.5 初版，p.338）。

選訓導優貢生王式金倡議開設官局，行用官票。」〔註16〕「閩省前因錢法疲敝，奏停永豐官局。嗣因兵餉不敷，復出準銀司票。」〔註17〕咸豐10年（1860）福建省的軍隊大量前往浙江與太平軍作戰，福建的財政更是困窘。當時，遠在海外的臺灣也因而缺餉。孔昭慈任職臺灣道的時間從咸豐8年（1858）到同治1年（1862），正是大清帝國財政十分艱難的時期。

　　㸔叫：「小軍！吩咐你。」小軍聽一見，雄雄走倚去，雙腳疊齊跪落去：「未知孔道台為著乜代志？從頭說出我知機。」

　　孔道台掠話就應伊：「我今到任未幾時，庫銀天未到。身邊兜，並無半文錢可使用。未知小軍怎主意？」

　　小軍掠話就應伊：「現時帳下周衣申，伊人真忠義。」

　　孔道台掠話就應伊：「現時帳下周衣申，今日未轉（返）圓。緊緊報過夫人得知機。」

「**㸔**」音「sûi」，立刻、馬上。「小軍」應當是低階的武官。「雄雄」音「hiông-hiông」，在這裡做「立刻、趕緊」解釋。「走倚去」就是跑到孔昭慈身邊。「倚」音「óa」，就是靠近。「為著乜代志」是說為了什麼事情。「乜」音「mih」，就是什麼。「代志」，音「täi-chì」，有時寫成「事志」，就是事情。「知機」，就是知道。「掠」，音「liàh」，就是捉、逮、抓；原文作「力」，「力」泉州音「liàh」，為借音字。「應」，音「ìn」，就是回答。

　　「掠話就應伊」在這首歌中出現3次；「掠話**㸔**應伊」則有4次，「就」變為「**㸔**」；「掠話著應伊」只有1次。總計整首歌「掠話×應伊」這個套語，共出現8次。臧汀生指出：「『**㸔**』讀為 sûi」。〔註18〕「就」、「著」：臺灣北部腔讀為「tiõh」，南部腔讀為「tõh」。在宜蘭縣文化局出版的一系列「本地歌仔」戲文（歌仔冊）中，「掠話×應伊」這一套語也很常見，多寫成「力話<u>就</u>應伊」。〔註19〕

〔註16〕見《大清文宗顯皇帝實錄》咸豐7年2月13日諭內閣（臺灣銀行經濟研究室/編，《清穆宗實錄選輯》，南投：臺灣省文獻委員會/印行，1997.6.30，p.50）。

〔註17〕見《大清穆宗毅皇帝實錄》同治1年11月25日上諭：「順天府府尹林壽圖奏〈請釐剔閩省積弊〉」臺灣銀行經濟研究室/編，《清穆宗實錄選輯》，南投：臺灣省文獻委員會/印行，1997.6.30，p.37）。

〔註18〕2005.1.13 口試意見。

〔註19〕參見林鋒雄（總編審）《歌仔戲四大齣之二陳三五娘》（宜蘭縣文化局，1998.10），上冊 pp.73、80，下冊 pp.73、74。《歌仔戲四大齣之三呂蒙正》（宜蘭縣文化局，1999.8），pp.16、19、52。

　　「帳下」應該是說軍隊中。「周衣申」，本抄本有時會抄成「周伊申」，不知是誰；不過，下面孔昭慈稱他爲「周將軍」，想必是一位中、高階的武官。在《辛酉一歌詩》中，爲孔道台獻策的人是「周維新」。「衣」和「伊」都讀爲「i」；「維」可唸爲「î」或「ûi」。「申」和「新」都讀爲「sin」。

　　「今日未轉（返）圓」的「轉」，又寫作「返」，音「tńg」。「未返圓」即匆促到任，還沒有餘暇回家與妻子團圓。從下文看來，「夫人」指的是孔昭慈的妻子，因爲他稱孔道台爲「相公」。

> 小軍奉令**點**著去，不敢久（句）延遲。去到，報過夫人得知機：「我是奉令來到只，愛請夫人相商議。未知夫人怎主意？」
>
> 夫人掠話**點**著去。問卜：「相公喚我妾身有乜事志？從頭說出我知機。」
>
> 相公掠話**點**應伊：「我今無說，夫人你不知機。

　　我今今日到任未幾時，庫銀天未到。思此，叫你夫人今（咀）知機。」
「**點**著去」，就是馬上出發前往。「只」，是「只處」（音 chí-tè）的省略，就是這個地方。「愛請」的「愛」就是「要」，音「ài」。「卜」，音「beh」或「boeh」，在這一首歌中多次使用「卜」字來當作語助詞，或者是爲了配合唸歌的音樂旋律，而加上這個字。「妾身」是孔夫人對丈夫的自稱詞。

　　「叫你夫人今（咀）知機」的「今（咀）」，原文作「咀」。「咀」應是「今」的音近借字，南管「今」常唱「taⁿ」。不過，「叫你夫人咀知機」的「咀」，也可以解釋爲「說」的本義。〔註20〕這首「歌仔」中絕大多數的「咀」都作爲「今」解釋。「今」，就是現在，也可作爲發語詞。

> 夫人掠話**點**應伊：「欠用庫銀，不使相公你掛意。相公聽說起。何必煩惱做甚乜？雖是相公卜（？）轉（返）圓，庫銀未到，何用相公掛心機。軍中義人盡都有，姓周衣申，忠義人。何不令伊去主意？何用相公掛心機。免得煩惱愁越添。」

「返圓」（轉圓）在宜蘭縣文化局出版的《臺灣戲劇音樂集：本地歌仔　山伯英台》唱詞中，出現數次，意思是「回來」。〔註21〕「不使」，可能讀爲「put-sái」，

〔註20〕「叫你夫人今（咀）知機」的「咀」之解說，採用施師炳華的解釋（2004.10.14）。
〔註21〕見陳旺欉、林走坐、林木枝、林爐香、陳松、葉木塗、何阿通（演唱）、林茂賢（文案）《臺灣戲劇音樂集：本地歌仔　山伯英台》（宜蘭縣文化中心，1997.7，1書8CD），pp.15、31、69、97。

或「m̄-sú」，就是不需要。「掛意」，就是操心費神。「做甚乜」就是做什麼。

　　這一小段是孔夫人安慰丈夫的話，她指出只要交待忠義之士周衣申處理這件事，孔道台自然可以安心，而不必煩惱。

　　　　相公聽著笑微微，呵咾夫人好主（？）意。請你入內，緊著（回）（？）來爲是。「待我吩附左右去叫伊，叫卜周衣申來參議。」我今令人外館去。小軍奉令亰著去，不敢久（句）延遲。去到外館未幾時，報過周將軍得知機。小人/軍奉令來到只，老爺請你周將軍去相見。

「呵咾」音「o-ló」，就是誇讚。「緊著（回）（？）來爲是」的「著」，原文作「為」，是「著」的俗寫字。「外館」，應當是指官署以外的地方，可能就是周衣申的住所。「周將軍」，就是周衣申。

　　以上這一大段，使用對話的方式，重複說出臺灣道台孔昭慈無錢可用的煩惱。以下周衣申與孔道台的對話也大抵如此。善用多人對話的方式來演唱故事，是臺灣唸歌藝人常用的藝術手法，實際演唱時，通常僅有一到二人，一人分飾多角，同一藝人以不同聲音來扮演角色以說唱故事。

2. 周衣申建議孔道臺向臺灣府郊商課稅

　　　　周衣申聽著笑微微，亰共小軍說知機：「老爺有令請我，我著去。」

　　　　去到，見著老爺雄雄跪落去：「未知老爺請我乜代志？」

　　　　孔道台掠話亰應伊：「我今今日到任未幾時，庫銀天未到。身邊兜，並無半文錢可使用。請卜周將軍來參議。古盤擤班辦事好徙智。未知周將軍心內怎主意？」

　　　　周衣申聽著笑微微：「庫銀未到，不使老爺你掛意。欠用庫銀，總著只三郊來打起。」

這一小段又再次重覆孔道台無錢可用的困境。「古盤擤班事好徙智」這一句話由於手抄本字跡難以辨認，無法確知爲何字，推測是一句俗諺，孔道台引用來誇讚周衣申。

　　「郊」就是「以前商行的工會組織，類似今日的商業同業工會。」〔註22〕

〔註22〕「郊」的解釋見莊展鵬總策畫《臺灣深度旅遊手冊10：台南歷史散步》〈府城三郊〉（台北：遠流出版事業有限公司/出版發行，1995.5.30初版,p.216）。又，邱澎生〈試論清代臺灣工商社團權力發展的特質〉一文對「郊」有更深入的介紹與分析。（中央研究院，網址：http://www.sinica.edu.tw/~pengshan/

台南三郊指的是：北郊蘇萬利、南郊金永順、糖郊李勝興，嘉慶年間這三大郊商又進一步合成一個大組織，就是三郊，辦事處設在水仙宮（位在今台南市西區）邊室的三益堂。「三郊的貿易市場各不相同，進出口貨物的內容也互異。北郊以廈門以北各港的貿易爲主，專司藥材、絲綢、南北貨等的輸入；南郊與廈門以南各港做生意，專門採辦煙絲、陶瓷、磚瓦等貨物；而糖郊主要從事的則是糖、米、豆、麻等的出口與轉運。」「三益堂不但要協調、處理五條港上的進出口事務，也擔負了修建廟宇、維護治安、疏通河道等地方公益事業，並成爲城防主力。」〔註 23〕清代臺灣稱做「郊」的商業團體，是以台南三郊、鹿港泉郊、台北三郊與澎湖的台廈郊最爲有名，組織龐大而有力。〔註 24〕

「打起」是說對三郊課徵稅金。

> 孔道台聽著笑微微，呵咾周將軍好心意：「你今贊我這代志，朝廷國法乎你周將軍去料理。若是三郊錢銀却來到，感你公恩大如天。若是風調共雨順，國泰民安太平年。我才爲你入朝來奏主。大官小官封乎你。」「老爺緊緊請入內，未知三郊一事怎安排？」

「這代志」，就是這件事。「乎」音「hō」。「乎你」就是給你。「料理」，就是處理。「却」音「khioh」，就是課徵稅金。這一段指出周衣申打算對臺灣府城的生意人課稅籌錢。

從孔道台大方的答應要爲周衣申謀取官位，可見無錢可用的處境深深困擾著孔昭慈。同時，身爲臺灣最高行政長官的孔道台，竟然打算將他職責所在的公務，全數交由周衣申來處理，可見他不關心臺灣百姓的福祉，只在意自己的職位能否保住。因爲欠缺軍餉，很容易引起軍隊的叛變。

3. 周衣申擬出課稅清單

> 清早起來，天光時。周衣申心內一時有主意：「文房四寶攏來我寫字。奉卜老爺朱令去却錢。」周衣申奉令点著去，不敢久（句）延遲。

Taiwanmerchantassociation.htm，寫於 1992.1）

〔註 23〕「府城三郊」的解釋見莊展鵬總策畫《臺灣深度旅遊手冊 10：台南歷史散步》〈府城三郊〉（台北：遠流出版事業有限公司/出版發行，1995.5.30 初版,pp.216～217）。

〔註 24〕詳見邱澎生〈試論清代臺灣工商社團權力發展的特質〉（中央研究院，網址：http://www.sinica.edu.tw/~pengshan/Taiwanmerchantassociation.htm ，寫於 1992.1）。

「清早」就是清晨。「天光」就是天亮。這首歌仔一共使用了八次「清早起來，天光時」，以這句話做為段落的開頭。在宜蘭縣文化局出版的《臺灣戲劇音樂集：本地歌仔　山伯英台》唱詞中，也有「清早起來天光時」這一慣用語，出現 10 次以上，音「chhiang-chá khí-lâi thiⁿ-kuiⁿ-sî」，應是宜蘭腔的臺灣 Holo 話。〔註25〕演唱時會配合旋律加上襯音「a」「e」，如「chhiang-a-chá khí-a-lâi-a thiⁿ-e-kuiⁿ-sî」〔註26〕、「chhiang-a-chá-e khí-a-lâi-a -e thiⁿ-a-kuiⁿ-sî」。〔註27〕同時，在《臺灣戲劇音樂集：本地歌仔　山伯英台》唱詞中，「一時有主意」這一慣用語十分常見。〔註28〕

　　「文房四寶」就是紙、筆、墨、硯。「撋」音「thçh」，就是拿、取。「老爺」在此處指臺灣道台孔昭慈。「却錢」就是對百姓課稅以增加官銀收入。

> 　　將這三郊來却起，却卜庫銀式百四。大籤店却百二，小籤店却七、八
> 拾，婊主間却式百，煙土行却三百，布店却七拾，雜細店愛却六拾
> 四，杉仔行却百六，米粉間却四拾，籤仔店却三拾，磁仔店却拾六，
> 糕仔店却拾式。

「大籤店」就是大盤商、大批發商。「小籤店」是小盤商、小批發商。「婊子間」就是妓女戶。「煙土」就是鴉片，又稱爲「洋藥」。「雜細店」就是賣家庭日用品的店鋪。「杉仔行」是賣杉木的店鋪。「米粉間」是製作米粉的店鋪。「籤仔店」，音「kám-á-tiàm」是小型的雜貨店，賣最基本常見的家庭日用品。「雜細店」和「籤仔店」所賣的東西有一些類似，但是「雜細店」賣的東西比較多樣，

〔註25〕見陳旺欉、林走坐、林木枝、林爐香、陳松、葉木塗、何阿通（演唱）、林茂賢（文案）《臺灣戲劇音樂集：本地歌仔　山伯英台》（宜蘭縣文化中心，1997.7，1 書 8CD），pp.15、31、42、45、49、59、69、97、116、133、145。
　　　　宜蘭有一個特殊音，就是泉州音的聲化母音「-ng」，純漳州音的宜蘭腔發爲「-uiⁿ」，所以「光」讀爲「kuiⁿ」。
〔註26〕林木枝演唱：第一段盤請，祝母出場第一句唱詞，曲調爲「七字調」。（《臺灣戲劇音樂集：本地歌仔　山伯英台》，宜蘭縣文化中心，1997.7，書 p.15，CD 第 1 片）
〔註27〕陳松演唱：第五段山伯探，山伯老師鬼谷先生出場第一句唱詞，曲調爲「大調」。（《臺灣戲劇音樂集：本地歌仔山伯英台》，宜蘭縣文化中心，1997.7，書 p.42，CD 第 4 片）
〔註28〕見陳旺欉、林走坐、林木枝、林爐香、陳松、葉木塗、何阿通（演唱）、林茂賢（文案）《臺灣戲劇音樂集：本地歌仔山伯英台》（宜蘭縣文化中心，1997.7，1 書 8CD），pp.16、26、38、76、78、88、89、93、115、116、117、122、126、127、134、135、137、143。

店鋪的規模也比「簽仔店」大很多。「磁仔店」，音「hûi-á-tiàm」，就是賣瓷器製品的店。「糕仔店」是糕餅店，音「ko-á-tiàm」。「弍百四」就是兩百四十。「百二」就是一百二十。「百六」就是一百六十。

以上店鋪商家的稅金，從多到少，依序為：煙土行、三郊、婊子間、杉仔行、大簽店、小簽店、布店、雜細店、米粉間、簽仔店、磁仔店、糕仔店。

> 若是店頭卻完備，將者市場來卻起：肉店卻弍圓，魚架卻圓式，賣菜卻弍百，飯桌仔卻三百，糶米卻百伍，賣番薯卻伍拾，擔柴卻三拾，換錢樑爐夫卻二占，檳榔桌卻一百，賣肉骨卻六占，扛轎卻拾六，擔屎卻拾錢，做乞食卻六文。

> 出入城：查某人卻拾文，查埔人卻拾弍。錢銀卻完備，合共一萬八千四。若是開無到空，行過路卻來添。緊緊報過老爺得知機。

「店頭」就是店鋪。「市場」是指沒有店鋪的市集攤位與流動攤販。「肉店」是賣牲畜肉的攤販。「魚架」本是展示魚的攤架，這裡指賣魚的攤販。「飯桌仔」本是吃飯用的桌子，這裡應該是指賣餐點的小販。「糶米」，音「thiò-bí」是指將米賣出去，這裡是指賣米的小販。「番薯」就是地瓜。「擔柴」，指賣薪柴的小販。「做乞食」就是當乞丐的人。「出入城」應該是說進出臺灣府城門的人。「查某」就是女人，音「cha-bó」。「查埔」是男人，音「cha-po」，又可讀為「ta-po」，所以也可寫作「乾埔」。

「換錢樑炉夫」，不知是那一種行業。

「若是開無到空，行過路却來添」是說如果這些錢不夠花用，就對過路人收過路費，做為貼補。

周衣申建議孔道台向商家課稅的主張，應該就是指咸豐 11 年（1861）全臺灣開始徵收的貨物稅「釐金」〔註29〕，當年開始在全臺灣設立「釐金局」〔註30〕。

〔註29〕《淡水廳志》卷四，志三〈賦役志〉，記載：「釐金之名，肇始於咸豐年間，所以濟稅課不足。名之曰釐，極言其輕，亦國家不得已之政。」（陳培桂，《淡水廳志》，臺灣：大通書局，1987，p.113。）

〔註30〕釐金的徵收機構稱為「釐金局」，全台各地的徵收機構，詳見陳怡如〈釐金與臺灣建設（1861～1895）〉：「釐金於咸豐 11 年（1861 年），臺灣知府洪毓琛奉飭督辦，在艋舺設總局，下轄安平、滬尾，上隸屬福建省釐金總局，以後補知府程榮春為委員，以主持實務。後歸分巡臺灣道辦理，在各地增設局、卡，以便利徵收。總計有：淡水分局、滬尾卡，基隆分局、三貂嶺卡、金包裏卡，宜蘭分局、力澤簡卡，新竹分局、後壠卡、舊港卡、鹿港分局、翻控卡、梧棲卡，笨港分局，安平分局、十二宮卡、布袋嘴卡、港仔寮卡、撲仔腳卡，

清國的釐金制度是平定太平天國的權宜辦法，主要是爲了籌軍餉。到了光緒 13 年，清政府國庫收入釐金就佔了一半以上。由於缺乏整體規範，全國各地各行其事，有加上貪官汙吏，藉機勒索百姓，太平天國平定之後，釐金制度的負面效應漸漸顯露，如：釐金局越來越多、釐金越收越多、課稅項目無所不課、扣留商品、強行所賄等等。〔註31〕

4. 臺灣府城百姓集體罷市抗官

清早起來，天光時。三郊著恨周衣中：「攬盤無道理！你今怎可錢銀乎伊來卻去？」三郊頭、五大姓，相招眾百姓來參議：「未知眾百姓心內怎主意？」眾百姓聽一見，真不願，一時傳批佮謀反。百姓傳批点著去，不可外人得知機。

「攬盤」就是全部收攬，「攬」音「lám」。「怎可」，音「cháiⁿ-thang」就是怎麼可以。

「你今俙可錢銀乎伊來却去」的「你」指的是被課稅的百姓，「伊」應該是指周衣申和孔道台。「三郊頭」就是三家郊商的頭家（負責人）。「五大姓」，據劉家謀《海音詩・題序》：「大西門外，五大姓，蔡姓最多，郭姓次之，黃、許、盧三姓又次之，并強悍不馴，各據一街，自爲雄長。然乾隆 51 年林爽文之亂，五大姓皆充義民，爾後郡城守禦，亦屢資其力。」〔註32〕

「一時傳批佮謀反」的「一時」就是馬上、立刻，「批」就是書信，「傳批」就是寄送信件。「佮」音「kah/kap」，就是「和」。「謀反」意思是說要反抗官府，與官方唱反調。

旗後分局、東港卡。臺灣港灣分歧，所設局卡因地制宜，隨時增損。後因茶、樟腦貿易量大增，於光緒 12 年在臺北府大稻埕設茶釐總局，光緒 13 年設腦務總局，其他釐金徵收全歸臺北府稅釐總局辦理（光緒 12 年 6 月設）。光緒 12 年，清政府宣佈臺灣建省，劉銘傳任臺灣巡撫。劉銘傳爲統籌釐金稅收事宜，於光緒 13 年，在臺北府設全台釐金總局，由布政使督辦。總計自釐金創設至割讓日本，臺灣釐金徵收機構，除總局外，設立了約 38 處分局卡。」（陳怡如，〈釐金與臺灣建設（1861～1895）〉，http://www.sljhs.ylc.edu.tw/yee/（西螺國中）→老師論文，2004.3.16 下載。）

〔註31〕關於清國釐金制度與臺灣的釐金實施情形，參見：1.范繼忠〈郭嵩燾與厘金制略議〉，《清史研究》2000 第 2 期，pp.72～78，2.陳怡如〈釐金與臺灣建設（1861～1895）〉（http://www.sljhs.ylc.edu.tw/yee/（西螺國中）→老師論文，2004.3.16 下載）。

〔註32〕轉引自：伊能嘉矩，《臺灣文化志》上卷，台中市：臺灣省文獻委員會/編譯/出版，1985.11，p.502。

> 這事你來都[完]備。自伊孔道台、周衣申，這代[志]來講起：「孔道
> 台做官貪財利，謀伊周衣申去卻錢，合共卻有一萬八千四。」五條
> 街，喝罷市；五大姓、眾百姓，心內主意。頭鬃拼力纏，手碗直直
> 別。小刀仔胸前連栽五六枝。「不就莫，卜著做微是，有事三郊頭家
> 擔起起。」

「這事你來都[完]備」就是這件事有你加入就容易成功。這應當是百姓書信與
耳語的用語，用來呼朋引伴，壯大陣容。接下來，就在書信中詳細說明孔道
台和周衣申的惡行。「這代」，就是這件事情，這裡省略「志」字，應是「這
代志」。

　　「五條街」，五條港區是清朝中期以後府城對外貿易的主要船運路線，
道光 3 年 （1823）發生一場大風雨，造成臺灣府城西側的台江逐漸淤積陸
化，海岸線也跟著西移退到今天金華路附近，西門路以西一帶，形成新生沼
地，使得船隻無法直接靠岸，當時爲了暢行貨船的載運，開闢發展出商業機
能港道——五條港，沿河流開發的街市合稱爲五條街，其由北而南分別爲新
港坞港（又名咾咕石港，今臨安路）、佛頭港（今海安路 414 巷）、南勢港（民
權路）、南河港（民權路、和平路）、安海港（民生路），此五條港道爲當時
府城貿易的主要路線。其中，南勢港，又名北勢港，因爲港道進口處奉祀媽
祖，港道盡頭爲水仙宮，奉祀水仙尊王，其邊側之三益堂爲三郊總部，因此，
南勢港爲興盛期五條港的總樞紐，水仙宮廟前廣場更居五條港街區的中樞。
〔註33〕

〔註33〕五條港街的資料詳見：台南市政府「台南市舊五條港周圍地區都市更新計畫」
　　　　（http://www.thikhh.com.tw/5river/cd07.htm）、文建會文化知識網「台南市古蹟
　　　　使用調查與評估」第 6 章（http://www.cca.gov.tw/culture-net/books/70315/ch6
　　　　-3-1.html）、「台南市五條港歷史區域社區營造心點子」（http://www.arch.ncku.
　　　　edu.tw/html/NCKUINFO/2002info/005-1.pdf）及吳秉聲〈隱沒、顯形：初描五
　　　　條港歷史區域營造計畫〉（http://www.dialogue-arch.com.tw/tainan/index5c.
　　　　htm）。（2004.10.24 參考）。

附圖1：清領時期五條港港道分佈概況〔註34〕

　　「喝」就是喊。「喝罷市」就是呼籲大家停止做生意。罷市之後，進一步要去找周衣申算帳。「頭鬃拼力纏，手碗直直別，小刀仔胸前連栽五、六枝。」這三句形容百姓武裝自我的樣態。「頭鬃」就是頭髮，大清帝國的男性綁有一條髮辮，與敵人對打時，容易被敵人捉住辮子，因此要將髮辮盤在頭上。「拼力纏」就是用力纏起來，「力」音「la̍t」。「手碗」音「chhiú-ńg」，就是衣袖。「別」音「pih」，「直直別」就是將衣袖捲得很高，與敵人對打時，行動比較俐落。「小刀仔胸前連栽五、六枝」是說他們隨身攜帶多把小刀，插在胸前，可能身上背有一個可以放刀的袋子，五、六枝應該是表示百姓武器盡出，以突顯他們氣憤之情。

〔註34〕此地圖引自吳秉聲〈隱沒、顯形：初描五條港歷史區域營造計畫〉附圖1（http://www.dialogue-arch.com.tw/tainan/images/89-97/01.jpg，2004.10.24參考）。

　　「不就莫，卜著做微是」是說如果要下決心要這麼做，就要做得完善；不然，一開始就不要這麼做。「不就莫」音「m̄ tio̍h mài」，「莫」就是不要。「卜」音「beh」或「boeh」，就是要。「微是」，音「bî-sī」就是好、細密、周詳、完善。〔註35〕「頭家」就是老闆、負責人。「擔起起」就是負責任。

　　臺灣史學者許文雄指出：「臺灣在 1861 年開始徵收釐金，主要對像是進口的鴉片，以及出口的茶、樟腦等貨品。官府也從土貨售價抽收 2.5%釐金，而引起本地商人及居民不滿。1861 年 7 月初，台南府城居民反彈。他們有些罷市、罷工，甚至攻擊官員，投擲東西，打壞他們的轎子，逼得官員暫時收回成命。」〔註36〕

　　這種反抗官府課稅的情形，在清國內地的福建省也有發生，如：同治 1 年（1862）年 11 月順天府府尹林壽圖奏〈請釐剔閩省積弊〉：「全閩土產，以洋藥、茶葉為大宗。自添設釐金以來，微至手挈肩挑，亦層層抽稅，商民交困。釐局有總督衙門承辦書吏分設局所飯食等費，名目滋繁，與小民爭利；一以官勢行之，往往激而生變。如福州、興化、泉州各局，皆有闖關毀卡之事，官亦無如之何；此雜項抽釐之亟宜改革也。」〔註37〕

5. 臺灣府城百姓攜帶武器找周衣申算帳

　　清早起來，天光時。三郊頭、五大姓、眾百姓，一時有主意。八城門，貼告示，一時謀營**点**著去。將這個奸臣來寶死，順紲刺槍：乜[人]好胆，刺乎死；無胆，褲底（？）沙沙治。今仔日奸臣周衣申，頭殼敢會打不見！

「八城門」，臺灣府城在乾隆 53 年（1788）之後，擴建為八個城門：大東門、大西門、大南門、大北門、小東門、小西門、小南門、小北門。〔註38〕「一

〔註35〕「微是」的解釋，參見施師炳華註釋《最新運河奇案》：「好微是：真是好。微有細微之意。」（國科會專題研究計劃報告，2003.7），p.60，243 行。

〔註36〕詳見許達然（許文雄）〈清朝臺灣最後的民變〉，古鴻廷、黃書林/編，《臺灣歷史與文化（六）》，（台中：東海大學通識教育中心專刊 14，臺北：稻鄉出版社，2003.2），p.75。

〔註37〕見《大清穆宗毅皇帝實錄》同治 1 年 11 月 25 日上諭：「順天府府尹林壽圖奏〈請釐剔閩省積弊〉」臺灣銀行經濟研究室/編，《清穆宗實錄選輯》，南投：臺灣省文獻委員會/印行，1997.6.30，p.38）。

〔註38〕臺灣府城城門，參見道光年間編寫的《臺灣采訪冊》（《臺灣方志集成・清代篇——第一輯》，高賢治/主編，第 27 冊，臺北：宗青圖書出版公司/印行），pp.24～25。

時謀營**点**著去」就是立刻進行號召百姓參與反抗政府的軍事行動。「謀營」就是組織軍隊，這裡未必有很完善的軍事計畫與隊伍。「宝死」，可能是刺死，「宝」在這裡若當刺殺解釋，音「tủh」。「順紲」，音「sūn-sòa」，就是順便。「乜」，音「mih」，「乜[人]好胆，刺乎死」就是「啥物人好膽，就刺hō伊死」，「伊」就是周衣申，「刺乎死」的「乎」是「hō伊」的合音。「庫**祭**沙沙治」的「**祭**」不知爲何字，但據上下文意猜測，「刺乎死」應當與「庫**祭**沙沙治」意思相反。「刺乎死」是說將敵人刺死，「庫**祭**沙沙治」也許是說「褲底沙沙滴」，就是說嚇得尿失禁，尿液從褲腳一直滴下來。「頭殼敢會打不見」意思是說被砍下腦袋，身首異處。「打不見」，今多合音讀爲「phàng-kìⁿ」，就是不見、遺失。

> 孔道台看見周衣申，却錢**点**轉（返）去。暢心佮歡喜，呵咾周衣申：
> 「**勢**辦事！好計智！若是有日太平年，感你公恩大如天。」周衣申
> 掠話**点**應伊：「我今做你一手下，朝廷國法乎我來料理。」孔道台
> 聽著笑微微，辦卜酒筵暢飲來吟詩。孔道台、周衣申，暢飲吟詩未
> 幾時。人報番軍賊馬滿滿是。

「甲」，音「kah」。「暢心甲歡喜」就是心情十分高興。「勢」，音「gâu」，就是厲害、能幹。「有日」就是有朝一日。「未幾時」就是過了不久。「人報」是說有人前來報告。「番」，清國稱臺灣的原住民爲番，「番軍」就是原住民組成的軍隊。「賊馬」是指漢人組成的軍隊。「滿滿是」就是到處都是，也就是說官府已經被重重包圍住。

　　這一小段採用跳接畫面的手法，從百姓的憤怒轉到孔道台與周衣申的歡宴。呼應前面孔道台委託周衣申幫他籌錢時的承諾。接著，將百姓的反抗與官府的交織在一起，結果，官府下場淒慘。

> 賊馬留留去留留行。行到杉行口，著安營。等待今夜三更時分才來行。
> 眾兄弟等一下，**点**著去，掠卜周衣申受凌遲。去到，看見大門開離
> 離。有人著卜贊，有人著卜**扰**，有人卜掃錢，有人卜掃物，有人無臭
> 消，有人斬店窗，有人夯椅條，有人夯皮箱，有人捲衣**裯**，有人夯
> 棉被，有人捲草席，有人扛大櫃，有人夯椅桌，有人捧香爐，有人掀
> 桶盤，有人夯門枋，有人搬銅（？）鐘。搬甲内面空空無半項。

「留」音「liu」，「留留去留留行」是說一路往前去。「杉行口」，應該就是位在臺灣府城外的「杉行街」，今名普濟街〔註39〕。「安營」就是紮營休息。「今夜

〔註39〕「杉行街」記載見謝金鑾、鄭兼才/纂修《續修臺灣縣志》（嘉慶 12 年（1807）

三更時分」就是半夜，這是軍隊再出發的時間。「凌遲」是凌虐至死，也就是讓對方不得好死。「大門開離離」是說大門敞開，沒有關上。

　　「有人……」這個句型在這裡一共使用了 17 次，以這種句型來鋪寫、強調百姓的憤怒，以及忙於拆掉周衣申的房子的情形。「贊」，是借音字，音「chàm」，就是用腳踹東西。「朩」這個字無法辨認。「卜撦錢」是說要取走周衣申的錢。「無臭消」的「消」也是借音字，音「siâu」，本意是指男性的精液。「無臭消」應當是說趾高氣揚，不懼怕對方；也可以解釋爲罵人不乾淨，口出惡言。「斬店窗」是將窗戶拆下。「夯」音「giâ」，就是將東西扛在肩上。「椅條」就是長條板凳。「捲衣裾」可能是指捲起衣袖。「大櫃」就是大的櫥櫃。「門枋」就是門扇。「搬甲內面空空無半項」是說將房子內的東西被搬得一乾二淨。「甲」音「kah」，「內面」就是裡面。百姓不只是要殺周衣申，還要將他的財物全部搶走，佔爲己有，或加以破壞。這裡生動地寫出當時臺灣人的草莽性格。

> 有一個小子緒，參人卜撦物，撦無物，對興房仔內留留行留留去。
> 去到，看見一個屎桶紅記記，雄雄夯起來点著去。人人問：「你小子緒！你今夯迄個屎桶，值乜錢？」伊安（？）一時見笑，緊緊泏落去。也有五百圓白記記，乎伊做工錢。

「緒」可能是這個小夥子的名字，也可能是用來形容他的笨。「參人」就是加入搜括周衣申加中財物的陣營。「屎桶」就是臥房內供人們大小便用的木桶。「紅記記」用來形容「屎桶」的顏色正豔紅，可能是一個新的或是乾淨的屎桶。「夯起來点著去」是說扛在肩上，拿了就走，想都沒想一下。「迄個」音「hit ê」，就是那一個。「值乜錢」就是值什麼錢、值多少錢。「伊安一時見笑」是說他突然覺得很丟臉。「緊緊泏落去」就是馬上將屎桶往地上丟下去。「泏」音「phiaⁿ」，就是丟掉。「白記記」形容銀兩發出白色亮光。「乎伊」就是給這個年輕人。

　　這一小段特寫一個年輕人可笑的舉動，讓這一場反抗官府的行爲，更加具有戲劇性與輕鬆可笑的氣氛。

二、台南府城郊商請出戴潮春來推翻政府

1. 臺灣府城郊商寫密函給戴潮春

薛志亮初刻刊行，道光 1 年（1821）鄭兼才補刻本，收在《臺灣方志集成・清代篇 —— 第一輯》，高賢治/主編，第 13 冊，臺北：宗青圖書出版公司/印行），p.10。

清早起來，天光時。眾百姓請卜三郊來參議。卜掠周衣申，尋不見，
著[共]伊物件收了離。未知三郊心內怎主意？三郊聽一見，心內一
時有主意。掅卜紙筆寫批時，一批寫來都完備。令會走朱傳批，点
著去。走朱傳批著細膩，不可外人得知機。今夜傳批，透夜去，報
過戴萬生得知機。去到，看見戴萬生。有記認胸前有為記，著[共]
我批信獻乎伊。

「卜掠」就是要捉拿。「尋」音「chhōe」或「chhē」，就是尋找。「著[共]伊物
件收了離」，這一句話是說找不到周衣申的人，就拆他的房子、拿光他的東西
來洩恨。

　　「批」就是信。「令會走朱傳批」，就是命令會傳遞信件的人去送信。「朱」，
或是指姓朱的人；或是指朱紅色的印信，因為是一封重要的信件，所以加蓋
朱印以資證明；也可能是反清復明的意思，因為明朝的天子姓「朱」，大清國
統治臺灣時期，漢人反抗政府都習慣以反清復明為口號，以加強反抗的合理
性，及增加對群眾的號召力。但是臺灣自從清聖祖康熙 23 年（1684）正式被
劃歸大清帝國福建省之後，到咸豐 11 年（1861），已經有 177 年之久，這時候
再以「復明」為口號，很難想像還有號召力。因此，筆者存疑。

　　「著細膩」就是要小心謹慎。「透夜」就是連夜，顯示臺灣府城郊商反抗
政府的決心與急切之情。「戴萬生」就是戴潮春。戴潮春，字萬生，彰化縣涷
東堡四張犁人（在今台中市北屯區），原籍福建省漳州府龍溪縣。戴潮春本來
在北路協當稿識，在咸豐 11 年（1861）年冬天，他因為拒絕北路協副將夏汝
賢的索賄，因而被革職。[註40]「有記認胸前有為記，著[共]我批信獻乎伊。」
這兩句應該是寫信的人對送信人說明的話，意思是說戴潮春的胸前有做記
號，證明是戴潮春之後，就將我的這封信呈給他。

　　[戴萬生]看一見，掠話著問伊：「看你會識我名字？」

　　小人掠話著應伊：「我今有聽阮本帥有說起，講你胸前有為記，正是
戴萬歲你名字，戴萬歲你名字。」戴萬生聽[著]笑微微，著[共]批信
打開看一見，暢心俗歡喜。眾百姓、五大姓、三郊頭，招伊謀出一
代志。

「阮本帥」就是我們的元帥。因為他們打算武裝抗官，所以稱負責的首領為

〔註40〕詳見林豪《東瀛紀事》卷上〈戴逆倡亂〉，pp.1～3。

元帥。「為記」就是做記號。「戴萬歲」就是戴潮春，萬歲是對帝王的尊稱，可見他們打算請戴潮春出來當大家的領袖，大家願意尊他為帝王，企圖推翻清國統治，自創王朝。「招伊謀出一代志」，就是邀他密謀推翻政府這一件事情。

2. 戴潮春組織天地會，號召眾人在全台各地舉旗造反

> 戴萬生一時有主意，一時謀營甲徛旗，徛有黃旗、青旗、紅旗、烏
> 旗、白旗滿滿是。徛起戴萬生伊名字。

「謀營」就是號召大家來加入武裝部隊。營，就是軍營。「徛旗」就是高舉旗幟造反，「徛」音「khiā」，樹立之意。

「徛有黃旗、青旗、紅旗、烏旗、白旗滿滿是」這一句是說戴軍的旗色有五種，但是，據其他相關記載，戴潮春軍隊舉的旗子應該是紅旗，如：林豪《東瀛紀事》記載：戴軍中的女將蔡邁娘曾說：「寧死於紅旗下，始瞑目耳！」林豪說：當時戴軍都以紅旗為號幟。〔註41〕又記載：「戴逆至水沙連派餉，以紅旗數對為前導。」〔註42〕而官旗則是白旗，據林豪記載：同治2年（1863）11月初官兵收復彰化縣城，在城上「立白旗」。〔註43〕身歷其事的彰化文人陳肇興則有詩句：「旗從紅白判」。〔註44〕吳德功《戴案紀略》也指出戴軍的旗色為紅色，官旗為白旗。〔註45〕又蔡青筠《戴案紀略》記載一般百姓兩難的處境：「賊給紅旗，賊來樹之；賊退官到，又揭白旗；其心亦良苦矣。」〔註46〕至於青旗，據吳德功記載：在戴潮春被官府斬殺之後，同治3年（1864）3月，張三顯謀反，「執青旗為號」。〔註47〕

> 戴萬生一時謀出天地會，奉卜走朱去傳批。傳有頂到三省，下到瑯
> 嶠；頂淡水傳到下淡水，東西南北傳照知。

〔註41〕詳見林豪《東瀛紀事》，p.50。
〔註42〕詳見林豪《東瀛紀事》，p.59。
〔註43〕詳見林豪《東瀛紀事》，p.39。
〔註44〕引自陳肇興《咄咄吟》之〈二十一日收復南投街，連日大捷，重圍以解〉（《陶村詩稿》南投：臺灣省文獻委員會/印行，1978.6，卷八，p.126。
〔註45〕參見《吳德功先生全集：施案紀略、戴案紀略、讓台記》（南投：臺灣省文獻會，1992.5.31），p.7、18、43、48。
〔註46〕見蔡青筠《戴案紀略》（臺灣文獻叢刊第206種，臺灣銀行經濟研究室/編印，台北：臺灣銀行/發行，1964.11），p.6。
〔註47〕詳見《吳德功先生全集：施案紀略、戴案紀略、讓台記》（南投：臺灣省文獻會，1992.5.31），pp.50～51。

「奉卜走朱去傳批」應該是說戴潮春再派人奉他的命令四處去 呼朋引伴，密謀成立天地會。傳信的範圍十分廣泛，「頂」是指北方，「下」是南方。以臺灣府城（今台南市）為中心，府城以北泛稱「頂縣」，以南泛稱「下縣」。「三省」不知是那一個地方。「瑯璚」在鳳山縣，是今屏東縣恆春鎮的舊地名，有時寫成琅嶠、瑯嬌、郎嶠、瑯嶠、郎嬌。〔註48〕「頂淡水」、「下淡水」都不在是現在的台北縣淡水鎮，淡水鎮在清領時期舊名為「滬尾」。現在「高屏溪」舊名為「下淡水溪」，溪畔有馬卡道族原住分的部落：上淡水社與下淡水社，位在今屏東縣萬丹鄉。

　　這一小段指出戴潮春所組織的團體稱為「天地會」，林豪《東瀛紀事》也是這麼說：咸豐11年（1861）冬季，戴潮春世襲的武職（北路協稿書）被革去，促使戴潮春招集群眾，成立天地會。林豪將戴潮春事件視為是「天地會」「反清」的叛亂，而且是一種事先的預謀，並且對該會入會儀式有很詳細的介紹，指出：「北門外立一香案，書戴潮春長生祿位，冠以奉天承運天命大元帥等偽號。旁別設一几，所奉皆從前逆首朱一貴、林爽文輩，皆妄稱先賢。」〔註49〕此一說法，一直被引用；但是，羅士傑對此提出質疑，指出清廷將「興立邪教」與「意圖謀反」兩罪合一，處罰極重。戴潮春曾任武職，而且他的祖父還曾經參與平定亂事，他對清廷的規定不可能不知道。〔註50〕劉妮玲在〈秘密結會與清代臺灣民變〉一文中指出：「天地會可以說是清代名目繁多的秘密會社之代表」，「由於天地會流傳於下階層社會之中，一向缺乏具體明確可靠的資料記載，口耳相傳之事跡日久變質，接近傳說與神話。」〔註51〕雖然天地會的原始宗旨是反清復明，但是，「戴潮春之結天地會，原始動機是自成勢力，以與地方官（夏汝賢）相抗衡，而戴潮春擁眾而成為地方上的一大勢力之後，一方面他是天地會的『香主』，另一方面他又是地方的『團練首』，換句話說，原是效忠清政府的。戴潮春所領導的天地會，本與『反清復明』

〔註48〕見國史館臺灣文獻館採集組（編輯）《臺灣地名辭書：卷四屏東縣》：恆春舊名「琅嶠」，1874年牡丹社事件後，沈葆楨奏請在琅嶠設恆春縣並建城。「琅嶠一詞為當地土著語言音譯而得。」（南投：國史館臺灣文獻館，2001.10，pp.179～180）。

〔註49〕見林豪《東瀛紀事》卷上〈戴逆倡亂〉，p.2。

〔註50〕詳見羅士傑《清代的地方菁英與地方社會——以清同治年間的戴潮春事件為討論中心》（新竹：國立清華大學歷史研究所碩士論文，2000），p.111。

〔註51〕見劉妮玲〈秘密結會與清代臺灣民變〉，《臺灣風物》v33n4（台北：臺灣風物雜誌社，1983.12.31），p.25。

之事無涉。」〔註52〕因此，戴潮春起義事件的起因是否就是「天地會」反清復明的一種預謀行動，值得懷疑。

> 北無勢人做先生，著這庄中來此起主師。戴萬生大哥為元帥，埤仔頭領先鋒，阿里港響叮噹，阿候去打洞，東港打 𣲶 。石公坑真正奇（？），白牡丹做細姨，新埤頭烟吞促，新庄做大某，七塊厝擋不可。大林浦有咱人，有僅咱一萬八千四。

「勢人」，音「gâu-lâng」，就是能幹的人。「北無勢人做先生」的「北」不知實際所指，或許是指北臺灣，也或許是指臺灣府城以北。「北無勢人做先生，著這庄中來此起主師」，這兩句話可能是說北邊沒有大將之才，就在這一個村莊中建立主要的軍隊。由戴潮春領軍擔任元帥。「埤仔頭」，為清領時期鳳山縣舊城所在地，在今高雄市左營區。〔註53〕「烟吞促」不知是什麼意思。「阿里港」，在今屏東縣里港鄉。「響叮噹」應當是指名聲響亮。「阿候」，今屏東市舊名阿猴，又寫為「阿侯」。〔註54〕此地原為平埔馬卡道族「阿猴社」（Akauw）之定居所在地。「打洞」，在這裡不知為何意。「東港」，在今屏東縣東港鎮。〔註55〕「𣲶」音「phîn-phông」，是大水泛濫的意思。

「石公坑」應是地名，花蓮縣玉里鎮有此一地名，〔註56〕但是這裡所指

〔註52〕見劉妮玲〈秘密結會與清代臺灣民變〉，《臺灣風物》v33n4（台北：臺灣風物雜誌社，1983.12.31），p.30。

〔註53〕見鄉土臺灣/地名由來/高雄/二、鳳山市（http://www.taiwan123.com.tw/LOCAL/name03-12.htm）。

〔註54〕見國史館臺灣文獻館採集組（編輯）：「屏東縣舊稱『阿猴』，原是南臺灣馬卡道系平埔族活動的區域，這些馬卡道族就是史稱『鳳山八社』之一的『阿猴社』（Akauw 或 Akou）。」「阿猴」舊屬鳳山縣，1920 年改名為「屏東」。《臺灣地名辭書：卷四屏東縣》：（南投：國史館臺灣文獻館，2001.10，p.50）。

〔註55〕見國史館臺灣文獻館採集組（編輯）《臺灣地名辭書：卷四屏東縣》：「東港」在清領時期屬鳳山縣，曾在東港設「下淡水巡檢」。「東港即為下淡水溪（西溪）、東港溪（東溪）兩河相會所形成的自然海灣。」（南投：國史館臺灣文獻館，2001.10，pp.117～118）。

〔註56〕根據駱香林主修之「花蓮縣志稿」卷 3（上）「民族」中記載，大庄平埔族分佈於迪階（玉里鎮三民里）、識羅（玉里鎮春日里）、媽汝（玉里鎮松浦里麻汝部落）、觀音山（玉里鎮觀音里）、臺教寮（玉里鎮觀音里高寮部落）、殺牛坑（玉里鎮東豐里鐵份部落）、石公坑（玉里鎮樂合里石公部落）、達仔完（樂合）、大庄（東里）、挽興埔（富里鄉萬寧村）、麻加祿（富里鄉新興村）、犁仔坑（富里鄉羅山村）、石牌、里巷（富里鄉明里村）、公埔（富里村）、里壠（關山鎮里壠里）等地。其中以大庄的人數最多，其次為公埔、里壠。（http://www.nmp.gov.tw/d/d2-d7a.htm，參考日期:2004.8.27）。

的地名應該是在掏屏地區。「眞正奇（？）」的「奇（？）」，「旗」，旗與奇同音「kî」，這裡可能是「奇」的意思，眞正奇就是很奇怪。「白牡丹」可能是地名，屏東縣有牡丹鄉。「細姨」就是小老婆。「新埤頭」今屏東縣新埤鄉舊名「新埤頭」。〔註57〕「新庄」，今高雄縣鳳山市有舊地名「新庄仔」〔註58〕，不知是不是指這裡。「大某」就是大老婆。「七塊厝」，今日屏東縣南州鄉七塊村，舊名爲七塊厝〔註59〕；不知這首歌所指地名是不是這裡。「大林浦」位在今高雄市小港區。〔註60〕「咱人」與「有儂咱一萬八千四」的「咱」，原文寫作「坔」。「坔」音「làm」或「lòm」，就是濕地、水田。〔註61〕但是此處可能是「咱」的借音字，「咱」音「lán」，就是我們。「咱人」可能是我們的人。「儂」不知爲何字。「一萬八千四」，這一個數字與前面周衣申獻計課稅的總收入一樣，此處可能也是指金錢。

　　在這一小段中，顯見作者將地名擬人化處理，也可以說是以地名來代表當地的居民。如：「埤仔頭領先鋒」是說由埤仔頭的人擔任先鋒隊，「阿里港響叮噹」可能是說阿里港的人威名響亮，「新庄做大某」或許是說新庄的人要擔任軍隊中類似於男人的大老婆這類的職務。還有一些用詞，可能只是爲了唸歌順口合韻，沒有特別的意思，如：「阿候去打洞」、「東港打ㄑㄤ」、「石公坑眞正奇」等等。下面幾個小段也有類似的情形。

　　　　塭仔牢頭著塊論，赤竹著塊咒，相思冤（？）著塊驚，林投湖著塊論。苦楝腳、田草崙、莉蔥腳、空地仔，聽一見，暢心佮歡喜，相招著卜去。去到田中央，前也厝，後也厝。頂後庄、下後庄，問知機，相招著卜去。去到埤單牢腳，遇著七老爺，招卜今夜時分才來行。行到赴伊戴萬生，可合營。

〔註57〕見鄉土臺灣/地名由來/屏東/
　　　　（http://www.taiwan123.com.tw/LOCAL/name03-13.htm，參考日期:2004.8.28）。
〔註58〕見曹公國小製作「發現鳳山老地名」
　　　　（http://content.edu.tw/local/kaushoun/chaukong/find/page6R.htm#top，
　　　　參考日期：2004.8.27）。
〔註59〕見國史館臺灣文獻館採集組（編輯）《臺灣地名辭書：卷四屏東縣》（南投：
　　　　國史館臺灣文獻館，2001.10，p.486）。
〔註60〕見高雄市教育網路（http://www.kh.edu.tw/cities/takauo/shaokan_a/iterm_2.htm，
　　　　參考日期:2004.8.27）。
〔註61〕坔在沈富進《增補彙音寶鑑》有三個發音：1.te7，全地字，2.lam3，俗云坔田，
　　　　3.lom3，濕地坔田坔堀也。（嘉義縣梅山鄉:文藝學社出版社，1954.12.20初版，
　　　　pp.99、362、647）。

「塭仔牢頭」，應是地名，不知在何處。「著塊論」，「著」音「tiȯh」或「tȯh」，就。「塊」音「teh」，正在。「著塊論」，就是正在談論這件事。「赤竹」，今高雄市旗津區上竹里舊明「赤竹」。〔註62〕「著塊咒」，是說就在咒罵，不知他們罵的內容是什麼。「相思冤（？）」，應是地名，但是不知位在何處，今鳳山市有舊地名「想思林庄」。〔註63〕「林投湖」，不知位在何處，今高雄市前金區有舊地名「林投圍」。〔註64〕「苦棟腳」，又寫為「苦苓腳」，今高雄縣林園鄉王公廟地區有此舊地名。「田草崙」，不知在何處。「莿葱脚」與「空地仔」都位在今高雄市小港區。〔註65〕「著卜去」，就是就要去。「田中央」，應是地名，今鳳山縣鳳山里有舊地名田中央〔註66〕；今日屏東縣林邊鄉鎮安村也有舊地名田中央。〔註67〕「前也厝」與「後也厝」或許是地名，也可能是說田中央這個地方人群聚落多，四處都有民宅。「頂後庄」與「下後庄」不知是何處地名，今高雄縣大寮鄉有舊地名「後庄」。「埤單牢脚」不知是何處的地名。「七老爺」在今高雄縣鳳山市有「七老爺庄」。〔註68〕「才來行」的「才」音「chiah」。

3. 三月，戴潮春發兵準備攻打彰化縣城

清早起來，天光時，戴萬生相招著相議。眾好漢聽一見，頭鬃拼力纏，手椀拼力別。著者傢俬*夠*齊備，隨時著卜去。旗後塊伺（？）候，大港三塊厝，大慘*挹*塊處。戲獅甲人馬無幾百，聽一見。牛椆埔趙仔辦真正興（？）真正興（？）。想卜入大哥，可領令。赤山崙

〔註62〕見（http://www.idea-tw.net/2003game_all/027/p1-1.htm，參考日期：2004.8.27）。

〔註63〕見曹公國小製作「發現鳳山老地名」
（http://content.edu.tw/local/kaushoun/chaukong/find/page6R.htm#top，參考日期：2004.8.27）。

〔註64〕見高市資教網製作「打狗城　高雄采風錄」
（http://www.kh.edu.tw/cities/takauo/index.htm，參考日期：2004.8.28）。

〔註65〕見高雄市教育網路（http://www.kh.edu.tw/cities/takauo/shaokan_a/iterm_2.htm，參考日期：2004.8.27）。

〔註66〕見盧德嘉《鳳山縣采訪冊》（《臺灣方志集成・清代篇——第一輯》，高賢治/主編，第13冊，臺北：宗青圖書出版公司/印行），p.4。

〔註67〕見國史館臺灣文獻館採集組（編輯）《臺灣地名辭書：卷四屏東縣》：（南投：國史館臺灣文獻館，2001.10，p.508）。

〔註68〕見曹公國小製作「發現鳳山老地名」
（http://content.edu.tw/local/kaushoun/chaukong/find/page6R.htm#top，參考日期：2004.8.27）。

眞合和，眞合和，有換旗，無換刀，不敢出眞名字。

「頭鬃拼力纏，手䘛拼力別」這兩句形容百姓武裝自我的樣態，與前面的「頭鬃拼力纏，手䘛直直別，小刀仔胸前連栽五、六枝」這三句的意思相同。「拼力纏」就是用力纏起來，「力」音「lát」。「手䘛」，就是衣袖。「別」音「pih」，「拼力別」就是將衣袖捲得很高，與敵人對打時，行動比較俐落。

「傢俬」就是工具，這裡指武器。「猭」，音「chhôan」，就是準備。「旗後」就是高雄市旗津的舊名，或寫作「旗后」。「塊思候」，「塊」音「teh」，就是「正在」，「思候」，應是等候的意思。「大港」和「三塊厝」位在今高雄市三民區。〔註69〕「大慘掩」應是地名，不知在何處。「塊慮」，就是在考慮要不要加入反抗政府的行列。「戲獅甲」，是地名，在今高雄市前鎮區。〔註70〕

「牛稠埔」，在今高雄縣鳳山市有「牛稠埔庄」，位在今鎮北里、忠誠里。〔註71〕「趙仔辦」不知爲何人。「眞正興（？）」的「興」，原稿寫作「俔」，不知是何意，如音「hèng」，則與「heng」音近；又或許是「倪」字筆誤，倪音「hiàn」，有向人炫耀、和人評比的意思。〔註72〕「入大哥」就是當大哥，戴軍尊稱各股的「股首」爲「大哥」。「趙仔辦眞正俔眞正俔」或許是說趙仔辦是一個很愛和別人比較身分高低的人。所以才接著說他想要「入大哥」，搶著當大哥。「赤山崙」不知在何處，今高雄縣鳳山市文山里舊名「赤山」。〔註73〕又屏東縣萬巒鄉有「赤山庄」，俗稱爲「大林庄」。此外，「下淡水溪」（今

〔註69〕見高市資教網製作「打狗城　高雄采風錄」
（http://www.kh.edu.tw/cities/takauo/index.htm，參考日期：2004.8.28）。

〔註70〕見高雄市建築師公會/戲說前鎮/8 戲獅甲：「『戲獅甲』部落，簡稱『西甲』，位於前鎮區北部，北爲苓雅區，南前鎮部落，東爲籬仔內，西臨高雄港，部落的中心位在今中山二路的兩旁，今日建隆里北和振興里一帶有王姓老厝，西甲里一帶有蘇姓古厝。戲獅甲的地名緣起有兩種說法，一說爲此地過去開墾的範圍形狀如戲獅，另一說則謂戲獅甲的宋江陣非常有名，甲於各莊，但當時戲獅甲周圍皆是平原，很難找到可以登高眺遠的高地，怎知此地形狀如戲獅呢？而訪問當地耆老，未聽說西甲有宋江陣的名聲。雖是如此，兩說皆有其參考價值。」（http://www.kaa.org.tw/talkshow/talkshow0128.htm，參考日期：2004.8.28）。

〔註71〕見曹公國小製作「發現鳳山老地名」（http://content.edu.tw/local/kaushoun/chaukong/find/page6R.htm#top，參考日期：2004.8.27）。

〔註72〕倪字見甘爲霖《廈門音新字典》（台南市：人光出版社，1913.2 初版，1997.8 十九版），p.181。

〔註73〕見曹公國小製作「發現鳳山老地名」（http://content.edu.tw/local/kaushoun/chaukong/find/page6R.htm#top，參考日期：2004.8.27）。

高屏溪）東岸平原有一座山丘，名爲「兩魚山」。此處山丘乃屬於一種泥火山，古來以「赤山噴火」之傳說記載於文獻之中，因而慣稱其爲「赤山」。〔註74〕「合和」就是團結的意思。「換旗」可能是指拆下官旗，改插戴潮春的旗幟。

> 今夜時分才來去，戴萬生即時三月初好日子，傳有批照通知。眾好
> 漢入內領令旗，相招著卜行。行到下圍秀舊城，遇著三棚亂彈戲：
> 一棚搬做郭子儀，一棚搬做郭華買胭脂。

「即時」音「chit-sî」，就是此時、這個時候。「照通知」的「照」音「chiâu」，就是齊全。「下圍秀旧城」應是地名，不知在何處。「棚」，音「pêⁿ」或「pîⁿ」，台語稱戲劇的量詞，三棚就是三齣。「搬」就是搬演、表演。

「亂彈戲」〔註75〕，據邱坤良研究：「亂彈戲（北管）是臺灣近代以來民間最興盛的劇種」，「亂彈傳入臺灣的時間當在乾嘉之際，花部戲曲最盛行的時期。」「在日治以前，亂彈已是臺灣最普遍的劇種。不但職業、業餘劇團林立，其他劇種如布袋戲、傀儡戲常用亂彈做後場音樂，其演員、樂師很多都是亂彈子弟，道士亦復如此，尤其是中北部的天師正乙派道士，不僅深習亂彈，其科儀亦使用了不少亂彈戲的關目排場。」〔註76〕又據林茂賢研究：「清

〔註74〕見鄉土臺灣/地名由來/屏東/（http://www.taiwan123.com.tw/LOCAL/name03-13.htm，參考日期：2004.8.28）。

〔註75〕連橫《臺灣通史》〈風俗志〉「演劇」：「臺灣之劇，一曰亂彈，傳自江南，故曰正音。其所唱者，大都二簧西皮，間有崑腔。今則日少，非獨演者無人，知音亦不易也。」「夫臺灣演劇，多以賽神。」邱坤良《日治時期臺灣戲劇之研究（舊劇與新劇）》：「連氏所稱『臺灣之劇』中演唱二黃西皮，間有崑腔的亂彈應是日治前傳入臺灣，成爲亂彈『新路』的皮黃戲，有別於1910年代以後由上海京班、福州京班傳入的大陸京劇。1920、30年代大陸京劇在臺灣流行一時，也被稱爲正音或北管，民間則稱之爲『外江戲』。在日人的調查記錄中，中國京戲（正音）是與臺灣亂彈不同的劇種。」（台北：自立晚報社文化出版部，1992, p.152）。

〔註76〕詳見邱坤良《日治時期臺灣戲劇之研究（舊劇與新劇）》：「亂彈戲（北管）是臺灣近代以來民間最興盛的劇種，它的內容十分豐富，有崑腔、吹腔、梆子腔、皮黃及一些民間小戲、雜曲，這正是清初花部的戲曲特色。《揚州畫舫錄》敘述乾隆末年花、雜兩部並立時，花部戲曲包含了京腔、秦腔、弋陽腔、梆子腔、羅羅腔、二黃調，統謂之『亂彈』。」「亂彈傳入臺灣的時間當在乾嘉之際，花部戲曲最盛行的時期。但百餘年來，臺灣亂彈除了保存流傳之初的花部原型之外，近代花部在各地流變所形成的戲曲——如皮黃系統的漢劇和徽調也傳入臺灣，成爲此地亂彈的一部份。一般而言，臺灣亂彈有福路與西皮兩大系統，福路屬於兩梆子腔戲路，被稱爲舊路，西皮（皮黃）爲新路，當係指其傳入之先後，而西皮『新路』實際也包含幾個不同時期的皮黃戲。」

中葉所謂『亂彈』是指非崑曲之各種聲腔。」「臺灣的北管，其實是包含花部亂彈與雅部崑曲，狹義的北管專指『亂彈』，而廣義的北管，尚包含崑曲、四平腔和其它非福佬、非客家系統的各種聲腔。」〔註77〕

「郭子儀」，郭子儀（697～781）是中國唐朝名將，世稱「郭汾陽」、「郭令公」，〔註78〕在這裡指的是亂彈戲的劇目。北管戲（亂彈戲）有名的劇目有《打金枝》，與郭子儀有關，故事大要為：「郭子儀八旬壽旦之日，六子八婿、夫妻姐妹皆來拜壽。唯獨第六子郭曖之妻—即公主未到，致使郭曖獨自拜壽而遭眾所譏。郭曖一怒之下，進宮打碎宮燈並扭打公主，郭子儀因 而綁子上朝請罪。代宗並無加罪，反將郭曖晉升三級。並令公主親與翁姑敬酒賠罪，一家 和好。」「這一個劇目又稱作『滿床笏』、『大拜壽』及『怒打金枝』等，為亂彈戲班及子弟團經常習唱及演出之劇。」〔註79〕由於這首歌仔只說演出「郭子儀」，因此無法詳知劇情內容。據林茂賢研究，北管戲西皮派有劇目《打金枝》、《大拜壽》；福路派劇目有《卸甲》。〔註80〕都是與郭子儀有關的劇目。〔註81〕

（台北：自立晚報社文化出版部，1992, pp.151～153）。

〔註77〕 詳見林茂賢《福爾摩沙之美臺灣傳統戲劇風華》：「清代中葉以降，至臺灣終戰之前，亂彈戲曲曾是臺灣民間最為盛行的之傳統戲劇」，「激烈喧騰的亂彈樂曲，成為臺灣歷史舞台重要的背景音樂。」「亂彈原本為尊崇雅部崑曲，貶抑其它聲腔之稱謂」，「雅部專指崑曲，原有尊崇崑曲之意，其它各種聲腔均歸納為花部，統稱為亂彈，乾隆以降，通俗質樸的花部亂彈便盛行於民間。」「清中葉所謂『亂彈』是指非崑曲之各種聲腔。」「臺灣的北管，其實是包含花部亂彈與雅部崑曲，狹義的北管專指『亂彈』，而廣義的北管，尚包含崑曲、四平腔和其它非福佬、非客家系統的各種聲腔。」（台中：行政院文建會中部辦公室，2001，pp.60～62）。

〔註78〕 郭子儀生平見《新唐書》〈郭子儀傳〉。

〔註79〕 打金枝的資料來自：國立台北藝術大學/臺灣傳統民間藝術影像館/北管與南管/北管，網址：http://artlist.tnua.edu.tw/folk/main/，參考日期：2004.8.27。

〔註80〕 見林茂賢《福爾摩沙之美臺灣傳統戲劇風華》（台中：行政院文建會中部辦公室，2001），p.69。

〔註81〕 與郭子儀相關的戲曲有 1.大拜壽：在早期的本地歌仔演出中，用的扮仙戲，演郭子儀七子八婿大拜壽的故事。2.卸甲：郭子儀奉命平定安史之亂，班師回朝，皇上在望春樓設筵犒勞，席中皇上欲親自為郭子儀卸下戰甲，以示君王養士尊賢。3.捧打金枝：郭子儀平安史之亂，中興唐室有功，代宗將女兒昇平公主許配郭曖。一次爭執中郭曖，出手痛打公主。郭子儀親押郭曖上殿請罪，代宗一笑置之，化解兒女親家危事。而後昇平公主性情收斂，從此相夫教子，不墜家聲，一雙子女皆榮貴家門。（http://home.kimo.com.tw/kuofamily2001/kuo/newlitrary.htm，參考日期：2004.8.28）。

「郭華買胭脂」，在這裡是指亂彈戲的劇目。據林茂賢研究，北管戲西皮派有劇目《買胭脂》。〔註82〕郭華買胭脂是中國民間傳說「七世夫妻」（又稱「七世姻緣」）第三世的故事。男主角名叫郭華，女主角名叫王月英。「郭華郎是唐朝人，生於德宗時代，自幼即有才名。一日，郭華郎漫步至一家胭脂店門前，看到了坐守店門的王月英，兩人一見鍾情，言談甚歡。然而，好事多磨，臨時來了一個賣貨郎，百般阻擾兩人，郭華郎與王月英只好密約次日晚上於土地廟中相會，再敘衷情。屆時，王月英如期來到廟中，郭華郎卻在此時醉酒而失約，王月英在廟中空自等待，久久未見伊人，只好悵然返家。直至郭華郎酒醒，急急趕往土地廟，王月英已然離去，只見得廟中壁上題有數句詩句，其意頗恨華郎爽約，華郎傷心愧疚，回到家中，竟然突發急病，從此不起。 王月英雖心恨華郎爽約，但是仍然惦念著他，終日懨懨臥病相思，郭華郎死後，托夢月英，月英不禁悲傷，不多時亦病故。」〔註83〕又，南管戲的劇目也有《買胭脂》〔註84〕，2004年8月榮興客家採茶劇團也公演《郭華郎買胭脂》的劇目。

歌中引述這兩齣戲碼的內容，與整首「歌仔」的內容沒有關聯，看不出作者特殊的用意。不過，這一小段對亂彈戲的敘述，也反映當時臺灣民間的戲劇文化。

〔註82〕 見林茂賢《福爾摩沙之美臺灣傳統戲劇風華》（台中：行政院文建會中部辦公室，2001），p.69。

〔註83〕 郭華與王月英的故事引自〈廿世紀最後一個元宵情人節——七世情圓〉，http://www.angelfire.com/me/EricBirthday/SPE24.html，參考日期：2004.8.30。又，中華電視台曾在1972年製作《七世夫妻》連續劇，共91集。其中第三世的劇情大綱爲：「郭華郎和王月英兩人在路邊和觀音廟中偶然地邂近，兩地的相思更加深彼此的眞情，但兩人的愛情卻遭遇到了阻礙，他們一方有黃十郎，另一方有柳元元的纏繞，加以錢媒婆、毛鬍子和他太太從中破壞，前途並不樂觀，而最悲觀的是華郎和月英數次的約會，竟無一次圓滿的結果，他們悲劇的產生是在第三次的幽會中，也許是陰錯陽差，但卻是天意的安排，他們沒有見面，並雙雙悒鬱而終。」（華視台史館，http://www.cts.com.tw/ctsmuseum/c1-6103.htm）

〔註84〕 板橋市：江之翠實驗劇場在2002年4月公演「遙遠的歌、樂～南管音樂與梨園戲」，其中有《買胭脂》這一段。該表演的內容介紹爲：「南管戲選段《買胭脂》：郭秀才巧遇胭脂鋪女兒月英，有意追求，常藉故買胭脂與其熟識，某日郭秀才又至胭脂鋪，與月英直展開一場你來我往、生動有趣的對話。」（http://www.hchcc.gov.tw/month/91year/april/0405theater.htm，參考日期：2004.8.30）。

清早起來，天光時，天光時。戴萬生點兵，人馬總萬千，議卜式拾
名人，大哥可領令。合會邱豬哥，卜領兵，有二千。邱元涼領兵有
二千，發令著起行。簡天保、簡天生，二人領兵有四千。點兵著起
行，赴卜今夜可合營。合會王仔程、王定法，二人領兵有四千。合
會張文老、林進達，二人領兵有四千。合會商法海、蔡阿發，二人
領兵有四千。合會蔡義吉、林阿三，二人領兵有四千。許丁爲、許
丁保，二人領兵有四千。許丁貴、許丁完，二人領兵有四千十六名。
眾兄弟領兵三萬二，點出著起行。

「議卜式拾名人，大哥可領令。」是說大家決議授命 20 位大哥擔任類似將軍
的職務。「邱豬哥」、「邱元涼」、「簡天保」、「簡天生」、「王仔程」、「王定法」、
「張文老」、「林進達」、「商法海」、「蔡阿發」、「蔡義吉」、「林阿三」、「許丁
爲」、「許丁保」、「許丁貴」、「許丁完」，以上共有 16 位領兵的大哥，都未見
於林豪《東瀛紀事》、吳德功《戴案紀略》、蔡青筠《戴案紀略》、陳肇興《咄
咄吟》、《清宣宗實錄》以及丁日健《治台必告錄》。若從上面段落所指的地名
看來，這些人應該是住在鳳山縣、臺灣縣的居民，但是，就目前所見的史料
看來，戴潮春武裝反抗政府的主要戰區北到大甲城，南到臺灣府城。

據林豪記載，同治 1 年（1862）3 月 20 日戴軍佔據彰化縣城之後，到處
都有人殺官兵來響應戴潮春，鳳山縣有許夏老、劉來成響應戴軍，臺灣縣有
蕭壠莊陳蓋、楊毛響應戴軍。〔註85〕同治 1 年（1862）6 月，鳳山縣許夏老、
李從、楊振等人佔據岡山地區，不久被官兵擊敗，被殺。又，鳳山縣民劉來
成潛往彰化，領戴潮春軍令，回岡山招集群眾反抗政府，同治 1 年（1862）
10 月被官兵清莊，劉來成逃往北臺灣。又，同治 1 年（1862）10 月 12 日鳳
山縣水底寮陳大目、柯歹、吳旺、連包又起事反抗政府，不久失敗。此後，
鳳山縣大致安定。〔註86〕

或許是鳳山縣的戰況不大，而被忽略，也或許是這一首歌的作者編造出
來的人名。由於這一首歌是高雄縣田寮鄉的曾先生以手抄本保存，聽的人應
該也是南臺灣的居民，因此在內容上特別注重臺灣府城到鳳山縣這一個範圍
內的情節。

〔註85〕詳見林豪《東瀛紀事》，pp.6～7。
〔註86〕詳見林豪《東瀛紀事》〈南路防剿始末〉，pp.34～35。

4. 戴潮春轉而先攻葫蘆墩

行到今夜三庚時分，卜打彰化城。卜打彰化想不久（？），一時發兵先打葫蘆墩。眾兄弟去到未幾時，看見大門開離離。也有人**京**塊走，也有人**京**塊閃，也有人**京**……。城外人看一見，暢心佮歡喜。城內殺總理，四快五曹，六快共九曹，四界尋總無。

「行到今夜三更時分，卜打彰化城。」這兩句是說戴潮春的軍隊計畫在半夜進軍攻打彰化縣城。據吳德功《戴案紀略》記載：同治1年（1862）3月「19夜三更，王萬與粗役陳在、何有章、蔡沛等賊夥開東門以引，賊蜂擁而入，頭髮披散，口稱洪英兄弟。」隨後官兵多拋棄武器，官兵絕大多數都死亡。3月20日彰化城被戴軍攻佔。〔註87〕

「卜打彰化想不久（？）。一時發兵先打葫蘆墩。」這兩句應當是說戴軍因爲彰化城不易攻下，臨時決定先出兵攻打葫蘆墩。「葫蘆墩」是今台中縣豐原市的舊地名。據林豪《東瀛紀事》：葫蘆墩附近的「翁仔社」（在今台中縣豐原市）有客家義首羅冠英（羅阿察）的軍隊駐紮。〔註88〕約在同治1年（1862）3月到4月間，客家人劉阿厄（劉阿妹）死亡6天之後又復活，之後，他所說的都是一些「悖亂之事」，戴潮春便請他擔任軍師，還在葫蘆墩設神壇，祭告天地。〔註89〕又，同治1年（1862）閏8月22日羅冠英的軍隊收復「葫蘆墩汛」。〔註90〕可見戴軍也攻佔過葫蘆墩，但是到底是不是先攻打葫蘆墩再攻彰化城，只能存疑。而且戴軍輕而易舉就攻下了彰化城。

「未幾時」是說沒有多久的時間，也就是一下子。「也有人**京**塊走，也有人**京**塊閃，也有人**京**……」，這三句應該是形容居民或官兵逃難的情形，「塊」音「teh」，正在的意思。「走」就是跑。第三句「也有人**京**」後面的動詞未見於手抄本，可能是抄歌的人漏抄。「城外人看一見，暢心佮歡喜。」這兩句指出城外的百姓對戴軍攻佔城感到很高興，可見他們是支持戴軍，而樂於見到官兵慘敗。

「總理」是多由地方耆老擔任，官方任命總理以管理鄉裏的事務。〔註91〕

〔註87〕詳見《吳德功先生全集：施案紀略、戴案紀略、讓台記》（南投：臺灣省文獻會，1992.5.31，pp.6～7）。

〔註88〕見林豪《東瀛紀事》，p.43。

〔註89〕見林豪《東瀛紀事》，p.8。

〔註90〕見林豪《東瀛紀事》，p.43。

〔註91〕林豪《東瀛紀事》：「總理即該地耆老，官給戳記，使理一鄉之事，多係土豪

據戴炎輝的研究，「總理本為地方自治團體的首席，且為其執行人，以辦理自治的事務為其專責。」〔註92〕總理的職務分為「自治的職務」與「官治的職務」，自治的職務又分分：約束境內民人以維持、增進福利而捐建並維持公共事務；官治的職務又分為：行政的職務、司法的職務。〔註93〕

「城內殺總理」的總理可能是同治1年（1862）3月9日以後，被北上彰化縣勦辦天地會的臺灣道台孔昭慈所殺死的「總理洪某」〔註94〕，洪總理被殺的原因未見記載；也可能是協助孔道台勦辦天地會眾的金萬安總局總理林明謙（林大狗），〔註95〕據吳德功《戴案紀略》記載，彰化城被戴軍攻下之時，官員被拘禁在金萬安總局內，至於林明謙是否有被殺，林豪《戴案紀事》、吳德功《戴案紀略》與蔡青筠《戴案紀略》都沒有記載。

「四快五曹，六快共九曹」這兩句裡的「快」和「曹」的意思無法確知。「快」音「khòai」，可解釋為役卒，就是官衙中負責緝捕盜賊罪犯的差役，如：捕快。〔註96〕「曹」音「chô」，古代分職辦事的部門稱為曹，如四曹。清無曹名，稱各部司官為部曹。〔註97〕「四快五曹，六快共九曹」的數字：四、五、六、九，不知是編歌的人隨意加上，還是另有專用。「共」為「和」的意思，音「kāng」。「四界尋總無」是說到處都找不到，也就是不見蹤影。「四快五曹，六快共九曹，四界尋總無。」的前一句是「城內殺總理」，推測這三句的意思與官府中的各級官員有關，可能是說總理被殺之後，其他各級官員捕快如果不是各自逃命，就是已經被戴軍所殺，因此才會到處都已經看不到官員捕快的蹤影。也因為大小官員都自身難保，百姓只好各自尋求活路。

以下描寫詳細官民逃難的情形。

　　富戶人点塊走，做官人点塊溜，店頭人驚甲面憂，掠著馬老爺順紲
　　綴口鬚。有人尋過來，有人尋過去，有人卜殺人，有人愛摀物，有

　　為之。」（p.4）

〔註92〕見戴炎輝《清代臺灣的鄉治》（臺北：聯經出版事業公司，1979.7），pp.21～22。

〔註93〕詳見戴炎輝《清代臺灣的鄉治》（臺北：聯經出版事業公司，1979.7），pp.30～32。

〔註94〕關於總理洪某被殺的記載，見林豪《東瀛紀事》，p.4。

〔註95〕關於林明謙（林大狗）的記載，林豪記為「總理林大狗」（《東瀛紀事》，p.4），吳德功進一步指出他是「金萬安總理林明謙」（《吳德功先生全集：施案紀略、戴案紀略、讓台記》，南投：臺灣省文獻會，1992.5.31，p.5～6）。

〔註96〕「快」的解釋見《大辭典》（上）（台北:三民書局，1985.8 初版），p.1602。

〔註97〕「曹」的解釋見《大辭典》（中）（台北:三民書局，1985.8 初版），p.2112。

　　人愛捫銀，有人愛捫錢，有人**㸃塊趖**（？），有人**㸃塊躍**。
「富戶人**㸃塊走**」就是有錢人家正趕著逃命。「做官人**㸃塊溜**」就是當官的
人不但無法禦敵，還急於偷跑。「店頭人驚甲面憂」就是開店鋪做生意的人因
為害怕擔心而臉色憂愁。

　　「掠著」音「liàh-tiòh」，就是抓到。「馬老爺」可能是馬慶釗，號敦圃，
四川成都人，咸豐 7 年（1857）6 月接任淡水廳同知，同年卸任。咸豐 9 年（1859）
3 月 15 日接任鳳山縣知縣，咸豐 10 年（1860）3 月 24 日卸任。約在咸豐 11
年（1861）擔任過彰化縣知縣。〔註98〕同治 1 年 3 月初，臺灣道台孔昭慈北
上彰化要勸辦戴潮春的天地會，馬慶釗也出示懸賞公告，鼓勵官民捉拿天地
會的會首送官。卻也因此，激化戴潮春天地會會眾的不滿情緒與反抗行動。〔註
99〕同治 1 年（1862）3 月 20 日戴軍攻下彰化縣城時，馬慶釗也在城內，戴潮
春認為他是清官，因此沒有殺他，而讓他逃到鹿港。〔註100〕「順紲」，音「sūn
sòa」，就是順便。「綴嘴鬚」，音「chhoah chhùi-chhiu」，就是拔鬍鬚。被拔鬍鬚
雖然很痛，但是還不至於沒命。由此看來，馬慶釗可能是被教訓一番之後，
才被放走。

　　「卜殺人」就是要殺人。「愛捫物」就是愛拿東西，這裡是指搜刮別人的
東西。「墫」和「趖（？）」都是動詞，「趖」，原稿寫作「墫」，可能讀為「chông」，
就是四處奔跑；「躍」可能讀為「liok」，就是追逐的意思。

　　據吳德功記載，戴軍進入彰化城之後，「時雖安民，而漳泉各分氣類。百
姓惶恐，紛紛繫眷逃鄉。漳人得以出入無阻，泉人之出入皆窒礙遭掠。」〔註
101〕3 月 29 日，戴軍中的將軍葉虎鞭帶了幾百位泉州人會眾，在南門與西門
保護泉州人安然逃出城外，「城中泉人為之一空」〔註102〕。

〔註98〕馬慶釗在臺灣任官的資料詳見許雪姬/總策畫《臺灣歷史辭典》【附錄】（台北：
　　　　遠流出版事業有限公司/編輯製作，行政院文化建設委員會/發行，2004.5.18
　　　　一版，pp.A107、A125、A135）。
〔註99〕詳見林豪《東瀛紀事》：「臺灣道孔昭慈聞會黨滋蔓，於同治元年 3 月初九北
　　　　至彰化，執總理洪某殺之。檄召淡水同知秋日覲。日覲前任彰化，以武健為
　　　　治，豪右屏息，至則以辦賊自任。而同知馬慶釗請出賞格購諸會首。賊大懼，
　　　　逆謀愈決。」（pp.3～4）
〔註100〕見林豪《東瀛紀事》：「前任知縣高廷鏡、馬慶釗，潮春書『清官放回』四字，
　　　　送之鹿港。」（p.7）
〔註101〕詳見《吳德功先生全集：施案紀略、戴案紀略、讓台記》（南投：臺灣省文獻
　　　　會，1992.5.31），p.8。
〔註102〕見《吳德功先生全集：施案紀略、戴案紀略、讓台記》（南投：臺灣省文獻會，

5. 戴潮春軍中的大將（1）

> 戴萬生一時收軍著起行，隨時著安營。候卜三月十八日，卜攻彰化
> 城。王德曾食飯三千股，陳元德講伊守城虎，楊目丁無錢得大股，
> 許保成豬屎魯。洪花好個某，大腳程是伊個踏頭某。

「安營」就是駐紮軍隊。「王德曾」、「陳元德」、「楊目丁」、「許保成」四人都
未見載於其他史料，這四人可能是戴軍中的大哥（股首）、將軍。「食飯三千
股」可能是說投靠股首王德曾的人有 3000 名，這裡以吃飯的口數來代指人數。
「守城虎」應當是說陳元德自願擔任看守城門的人，虎表示他的氣勢威猛。「無
錢得大股」可能是說他雖沒有錢，卻也擔任大股首。

「洪花」是北勢湳（在今南投縣草屯鎮烏溪岸邊）洪木叢（？～1864）
的勇將，「洪姓」自清代以來，就是草屯四大姓之一， 據林豪記載，北勢湳
洪木叢被戴潮春封為元帥。〔註103〕「個某」，音「in bó」，就是他的妻子，「大
腳程」應當是洪花妻子的外號，「踏頭某」應當就是大老婆、正室。《辛酉一
歌詩》中也指出：「洪仔花出陣都是好伊某」。意思說洪花的妻子比他還勇猛
善戰。據林豪記載，同治 1 年（1862）9 月戴軍攻打嘉義縣城時，「嚴辦、廖
談、洪花等妻妾皆立陣前督戰。」〔註104〕

6. 戴潮春軍中的大將（2）

> 簡豬哥、內豬母，邱豬哥、黃豬母，透夜著起行。行過犇肚腸，遇
> 著番人潘米定。看一見，著問伊。点叫林仔郝來參議。相招今夜三
> 人來走監，總（？）著是，走到郭大風家中安身己。郭大風不敢乎
> 伊帶，共伊卜性命。總（？）著行，今夜三人走出城，走出城外牛
> 桐埔，遇著一個六大老，參伊嚴仔辦真正好。共伊一下喝，贈伊白
> 銀三百圓。攎過手，不甘食，不甘用，不甘做身穿。隨時走上司去
> 領令。

這裡的「豬哥」（就是公豬）、「豬母」（就是母豬）都是人名，可能是外號，
名字叫豬公的人可能是男性，豬母可能是女性。「簡豬哥」、「內豬母」、「邱豬
哥」與「黃豬母」四人未見其他史料記載，但是據林豪記載戴軍中有一位將
軍叫「黃豬哥」，是柳仔林（今嘉義縣水上鄉柳鄉村）人。〔註105〕

1992.5.31），p.8。
〔註103〕詳見林豪《東瀛紀事》，pp.6～7。
〔註104〕見林豪《東瀛紀事》，p.27。
〔註105〕見林豪《東瀛紀事》，pp.7、25。

　　「透夜著起行」是說在夜晚出發趕路。「**犇**肚腸」應該是地名，不知在何處。「潘米定」、「林仔郝」、「郭大風」三人未見於其它史料記載。「著」音「tiòh」或「tòh」，就。「走監」音「cháu-kàm」，「監」可能是指監獄，也可能是用來代指被官府通緝中，「走監」可能是指越獄逃跑，也能是指逃避官府的通緝。「相招今夜三人來走監」的「三人」，包含「潘米定」和「林仔郝」，但是另外一人，不能確知是「簡豬哥」、「內豬母」、「邱豬哥」與「黃豬母」之中的那一人。

　　「**迣**著是」的「**迣**」，可能是「就安爾」的合音，讀爲「chôan」；也可能是「總」，讀爲「chóng」，有一定、必定要怎樣的意思。「總著是」可解釋爲總是必須要這樣，「總著行」可解釋爲不得已還是必須要走。「安身己」是說保全性命。「乎伊帶」音「hō i tòa」是說讓他住，「帶」就是住。「共伊卜性命」是說郭大風要取這三人的性命。

　　「城外」不知所指的是那一個城。「嚴仔辦」應當就是「嚴辦」，嘉義縣打貓（今嘉義縣民雄鄉）的牛朝山（又寫做「牛稠山」）人，先前曾因多起案件而被關在嘉義監獄6年，同治1年（1862）2月逃獄，3月前往彰化縣加入戴軍，稱爲征南大將軍。〔註106〕在這一首歌前面提到的「牛稠埔趙仔辦」的「牛稠埔」應當是在今高雄縣鳳山市的「牛稠埔庄」，趙仔辦與嚴仔辦應是不同人。「六大老」不知道是誰。「參伊嚴仔辦眞正好」的「參」音「chham」，「參伊嚴仔辦眞正好」就是和嚴辦的交情很好。「共伊一下喝」就是和他打一下招呼。「攄過手」就是拿到手。「身穿」就是身上穿的衣服。「隨時走上司去領令」，是說立刻去他的上司那裡領受軍令，也就是加入戴軍。「上司」在這裡可能是指戴軍中的大哥級人物。

7. 戴潮春殺臺灣道台孔昭慈、周衣申

　　令旗領落來，遇著戴萬生查路殺道台。一下殺，式下殺，天地多未平。孔道台頭殼做二爿。「今日做有這事，正是周衣申你今做得，今日割肉殺頭，正合該。」周衣申、孔道台殺一死，眾人暢心佮歡喜。

　　周本縣、夏大老死了罪過。隨時點兵攻彰化。

「令旗領落來」是說領了戴潮春的軍令。「領落來」就是領取。「查路殺道台」是說四處搜察臺灣道台孔昭慈（？～1861）的下落，要殺他。「天地多未平」

─────────────

〔註106〕嚴辦的介紹見林豪《東瀛紀事》，p.7。

是說社會動亂不安。「二爿」音「nñg-pêng」，就是兩半。「正合該」就是理所當然。

　　關於孔昭慈的死，《辛酉一歌詩》指出孔昭慈是在彰化城失守之後，逃亡到蕃薯寮，最後吞金自殺。閩浙總督慶瑞在〈奏再臺灣彰化縣轄會匪滋事摺〉中提到三月「二十日黎明，縣城失陷，孔昭慈巷戰受傷，旋即仰藥殞命，隨帶臺灣道關防搶失。」〔註107〕此外，林豪《東瀛紀事》指出孔昭慈先是不聽勸阻，派林日成去協勦戴潮春；又幕僚勸他退守鹿港，他也不聽；等彰化失守後，孔昭慈在當晚就「仰藥死」。〔註108〕

　　「周本縣」不知為何人，「本縣」應是知縣的自稱詞，如果周本縣是知縣，當時臺灣府有四個縣：彰化縣、嘉義縣、臺灣縣、鳳山縣，從咸豐年間到同治3年，沒有一位知縣姓周。〔註109〕而在同治1年（1862）3月20日戴軍攻下彰化縣城時，當時前任知縣高廷鏡與現任知縣雷以鎮都在城中，戴潮春認為高廷鏡是清官，沒有殺他，讓他逃到鹿港。〔註110〕現任雷以鎮因為躲到佛教的菜堂中而免死。〔註111〕據史料當時，並沒有知縣被殺死，因此，也有可能「周本縣」是指周衣申，但是臺灣歷年知縣沒有周衣申這個人，「本縣」二字可能有誤。

　　「夏大老」應當就是夏汝賢，據林豪記載：「咸豐11年冬，知縣高廷鏡下鄉辦事，潮春執莊棍以獻，而北路協副將夏汝賢，猜其貳於己也，索賄不從，革退伍籍。」〔註112〕據閩浙總督慶瑞的奏摺，同治1年（1862）3月時他的職務是「嘉義營參將」，而先前的職務是「北路協副將」，〔註113〕當同治

〔註107〕見《清宮月摺檔臺灣史料（一）》（國立故宮博物院藏清代臺灣文獻叢編，臺北：國立故宮博物院/出版，1994.10），pp.447～448。

〔註108〕詳見林豪《東瀛紀事》，pp.5～6。

〔註109〕詳見許雪姬/總策畫《臺灣歷史辭典》【附錄】（台北：遠流出版事業有限公司/編輯製作，行政院文化建設委員會/發行，2004.5.18一版，pp.A117～136）。

〔註110〕見林豪《東瀛紀事》：「前任知縣高廷鏡、馬慶釗，潮春書『清官放回』四字，送之鹿港。」（p.7）。

〔註111〕見吳德功《戴案紀略》：「知縣雷以鎮持齋，身帶金剛經逃入菜堂倖免。蓋因戴逆入城之時，其寡嫂羅氏持齋求春入城無殺百姓，并乞無傷菜堂，而後自縊死，時入菜堂者多免之，故雷得以不死。」（《吳德功先生全集：施案紀略、戴案紀略、讓台記》（南投：臺灣省文獻會，1992.5.31，p7）。

〔註112〕見林豪《東瀛紀事》（臺灣銀行經濟研究室/編，《東瀛識略、東瀛紀事、臺灣紀事、台海見聞錄（合訂本）》，臺灣文獻史料刊第七輯，臺灣大通書局/印行，1997.6.30，pp.1～2）。

〔註113〕見《清宮月摺檔臺灣史料（一）》，國立故宮博物院藏清代臺灣文獻叢編，臺

1 年（1862）3 月 20 日戴軍攻下彰化縣城時，夏汝賢一家人都正好在城中，被戴潮春囚禁凌虐至死。〔註 114〕

「死了罪過」就是死了之後，音「chöe-kòa」。「過」的白話音讀為「kòa」。

8. 戴潮春軍隊正式攻彰化城

> 清早起來，天光時，天地有乖意。清天白日雨淋漓，眾好漢不敢去；一營平埔番不驚死，透雨去。去到身打路、下竹圍、田中央、五江水、塭牢腳（？），真落簡家庄。隨時著起行，行到赴卜元帥可合營。候卜三月十八日，卜攻彰化城。眾兄弟看一見，大城門開離離。九蹔連豬五六枝，大鎗小鎗滿滿是。鎗子打著腳腿邊，打著馬老爺無身屍。八城門破一開，義民、將、勇死死大舞堆。

「乖意」就是反意，就是有百姓造反的跡象。「雨淋漓」是說傾盆大雨。「一營」是指一個軍營。

「番」的本義是四隻腳的野獸，不是人類，中國人自唐朝開始，以「番」指稱異文化的民族，有賤視的意味。清國政府將臺灣原住民區分為「生番」和「熟番」。據潘英研究，在清高宗乾隆年間，「生番」和「熟番」的界說趨於固定，熟番與後來的平埔番的已大致等同。「清代熟番的範疇較後來的平埔族為小，後來的平埔族並不必然就是清代的熟番。」日治時期，「番」字改為日文漢字「蕃」，「清代稱平埔番的化番，日人多歸入熟蕃，熟蕃的範圍因之擴大，平埔蕃亦因之等於熟蕃。」昭和 10 年（1935）6 月 4 日，臺灣總督府正式將「生蕃」改稱「高砂族」，將「熟番」改稱「平埔族」。〔註 115〕

「透雨去」就是冒雨趕去。「身打路」可能是地名或路名。不詳。「下竹圍」與「田中央」都是臺灣常見的地名，全台有多處地名以此為稱。在今高雄市新興區有地名「竹圍」（又稱「頂竹圍」）「下竹圍」。〔註 116〕在高雄縣岡

北：國立故宮博物院/出版，1994.10 初版，pp.443、448。

〔註 114〕見林豪《東瀛紀事》：「前任副將夏汝賢一家囚於樓中，受辱尤甚，以憤死。」（臺灣銀行經濟研究室/編，《東瀛識略、東瀛紀事、臺灣紀事、台海見聞錄（合訂本）》，臺灣文獻史料刊第七輯，臺灣大通書局/印行，1997.6.30，p.6），以及吳德功《戴案紀略》：「前任副將夏汝賢，以其貪酷激變，一家受辱死。」（《吳德功先生全集：施案紀略、戴案紀略、讓台記》（南投：臺灣省文獻會，1992.5.31，p7）

〔註 115〕詳見潘英《臺灣平埔族史》（台北市：南天書局，1996.6 初版，pp.16～27。

〔註 116〕見高雄市新興區鄉土情/地理沿革/行政區域古今談（http://www.hhps.kh.edu.tw/%B6m%A4g%B1%D0%A7%F7/1-2-1.htm，參考

山鎮竹圍里，也有地名「上竹圍」與「下竹圍」。〔註117〕清領時期的彰化縣也有多處地名為「下竹圍」與「田中央」。清領時期的鳳山縣鳳山里有地名「田中央」。〔註118〕現在彰化市田中里舊名田中央，彰化縣田中鎮舊地名也有稱田中央。不知道這首歌中所指的地名是在清領時期同治年間的鳳山縣或彰化縣。「五江水」與「塭岸腳」應該也是地名，但不知在何處。

「眞落」可能是說「落腳」，就是駐紮軍隊。「簡家庄」不知在何處。「九躂」應該是武器的名稱。「連豬」可能讀為「liân tū」，「豬」應是音近借字，「豬」可能有安插、攜帶的意思。「九躂連豬五六枝」應該是說在身上安插（攜帶）了五、六枝武器。「大鎗小鎗滿滿是」是說大小鎗枝都一應俱備，隨身攜帶。這裡是形容戴軍的武器裝備很多。「鎗子」就是子彈。

「馬老爺」可能是前面所說的馬慶釗。「無身屍」應該是說馬老爺被亂槍打死，身上滿是彈痕，慘不忍睹。同治1年（1862）3月20日戴軍攻下彰化縣城時，馬慶釗逃到鹿港。〔註119〕沒有看到他被亂槍打死的記載。「八城門」，應當有誤，彰化縣城只有四個城門。

「義民」是指在民變發生之後，協助清國政府討平變亂，維持地方秩序的漢人。〔註120〕戴潮春事件官兵能力不足以平定，多賴臺灣義民助官圍剿。特別是鹿港、大甲、嘉義城這三個地區，之所以無法被戴軍攻下或久佔，都是因為義民比官兵還奮勇抵抗的緣故。〔註121〕一旦民變被平定，義民的身份也就自動解除。

「將勇」泛指清國官兵和臺灣鄉勇。據許雪姬研究，清聖祖康熙年間由於不信任臺灣人，曾下令嚴禁臺灣人當兵，此後212年中，都沒有明文廢止不准都臺灣人當兵的規定，但是，整個清領時期臺灣人卻透過各種方式進入

日期：2004.9.4）。

〔註117〕見阿公店地方鄉土資訊網/地理環境/地方舊稱（http://kangshan.tacocity.com.tw/206.htm，參考日期：2004.9.4）。

〔註118〕見盧德嘉《鳳山縣采訪冊》（光緒20年（1894）脫稿，收在《臺灣方志集成・清代篇—— 第一輯》，高賢治/主編，第13冊，臺北：宗青圖書出版公司/印行，p.4）。

〔註119〕見林豪《東瀛紀事》：「前任知縣高廷鏡、馬慶釗，潮春書『清官放回』四字，送之鹿港。」（p.7）。

〔註120〕義民的解釋詳見丁光玲《清代臺灣義民研究》（台北市：文史哲出版社，1994.9初版，p.3）。

〔註121〕義民在戴潮春事件中的表現詳見丁光玲《清代臺灣義民研究》（台北市：文史哲出版社，1994.9初版），pp.99～105。

軍中服務。「戰爭爆發是台人能夠當兵的最大原因。臺灣在清廷統治期間，亂事層出不窮，再加上外敵窺伺，頓覺班兵之不足，於是戰時常募臺灣人為勇來助戰。」戰爭結束後，大部份的台勇會被裁撤，但壯健可用的台勇，可能還會晉升軍職。〔註122〕「死死大舞堆」是形容死者眾多，屍體堆積如土堆。

三、結尾：戴潮春收兵，解散武裝部隊，勸兄弟各自營生

> 清早起來，天光時，混濁不分男共女，觀見水清老盤魚。戴萬生出
> 來著講起：伊今連打三陣過，未知乜（？）人可收尾？掠恁呾：「眾
> 兄弟著起行，隨時卜回營。勸惷眾兄弟：咱小錢銀著去趁。」思去
> 思前，共處意完備。

「混濁不分男共女」可能是形容雖然天亮了，但是天空卻仍烏雲遮日，天色昏暗。「觀見水清」，據林豪記載：嘉義縣和彰化縣界的濁水溪，水色混濁，如果水色忽然變清澈，就表示地方會發生動亂。同治 1 年（1862）春天，濁水溪水有三日變成清澈。〔註123〕「老盤魚」，可能是「喉盤魚」，這種魚還有個名字叫「姥姥魚」，體型不大，身體長度通常在五公分以內，最小的一種還不到兩公分，身體多半是黑褐色的，在水中很難看到喉盤魚，因為牠們的體型小，身體又有保護色。〔註124〕因為河水變清澈了，所以連不容易見到的喉盤魚也都看得一清二楚。

「伊今連打三陣過」，「伊」就是他，這裡指戴潮春。「今」音「taⁿ」，就是現在。「三陣」是形容戴潮春領兵與官兵交戰對陣多次。「乜」，音「mih」，「乜人」就是何人、那一個人。「可收尾」，是說能夠將這場戰爭結束。「呾」，在此作「說」。從上下文看來，「掠恁呾」可能是戴潮春召集部眾手下來集體訓話。「掠」本義是捉拿，這裡也許可以解釋為召集。「恁」音「lín」，就是你們。

「起行」，就是出發、啟程。意思是說不要再打仗了，離開軍營。「勸惷惷眾兄弟」的「惷」不知是何意，可能是用來形容「眾兄弟」。「惷」也許是「蠢」的誤寫，「蠢」當作愚笨解釋時，有可寫為「惷」，音「chhún」。也可能

〔註122〕台勇的介紹詳見許雪姬《清代臺灣的綠營》（台北市：中央研究院近代史研究所/編印發行，1987.5 初版），pp.379～383。

〔註123〕見林豪《東瀛紀事》，p.53。

〔註124〕「喉盤魚」的介紹詳見邵廣昭〈海底生物世界-05：海裡的蝌蚪喉盤魚〉（《國語日報週刊》，第 289 期，網址：http://www.mdnkids.com/fun/fun_c/html_f/f_04_289.html，參考日期：2004.8.27）。

是「存」的借音字，「存」音「chhûn」，可當尊重解釋。〔註125〕「咱小錢銀著去趁」的「咱」是我們，「著去趁」的「趁」音「thàn」，就是賺錢。

　　「思去思前共處意完備」的「思」就是想，考慮。「共處」，可能是「到此」的意思，就是故事到這裡。「處」音「tè」。「意完備」就是劇情完備，該說的都說了，可以結束了。

〔註125〕蠢、悉、存的解釋詳見陳修《臺灣話大辭典（修訂新版）》（台北：遠流出版事業公司，2000.9.1 二版），pp.468～469。